乡村振兴之路

——实施乡村振兴战略建设现代美好家园

湖北省乡村振兴研究院◎主编

长江出版传媒
Changjiang Publishing & Media
湖北科学技术出版社
HUBEI SCIENCE & TECHNOLOGY PRESS

图书在版编目(CIP)数据

乡村振兴之路：实施乡村振兴战略 建设现代美好家园/湖北省乡村振兴研究院主编. —武汉：湖北科学技术出版社,2018.9（2019.4重印）

ISBN 978-7-5706-0493-7

Ⅰ.①乡… Ⅱ.①湖… Ⅲ.①农村—社会主义建设—研究—中国 Ⅳ.①F320.3

中国版本图书馆 CIP 数据核字（2018）第 214719 号

乡村振兴之路

——实施乡村振兴战略 建设现代美好家园

XIANGCUN ZHENXING ZHI LU

——SHISHI XIANGCUN ZHENXING ZHANLÜE JIANSHE XIANDAI MEIHAO JIAYUAN

出 品 人：王力军

责任编辑：邱新友 王贤芳 罗晨薇　　封面设计：喻 杨

出版发行：湖北科学技术出版社　　电话：027-87679468

地 址：武汉市雄楚大街 268 号

（湖北出版文化城 B 座 13-14 层）　　邮编：430070

网 址：http://www.hbstp.com.cn

印 刷：武汉中科兴业印务有限公司　　邮编：430071

710×1000 1/16　　25 印张 300 千字

2018 年 9 月第 1 版　　2019 年 4 月第 2 次印刷

定价：68.00 元

《乡村振兴之路
——实施乡村振兴战略　建设现代美好家园》

编　委　会

Preface

前　言

实施乡村振兴战略，是党的十九大作出的重大决策部署，是决胜全面建成小康社会、全面建设社会主义现代化国家的重大历史任务，是新时代做好“三农”工作的总抓手。2018 年中央一号文件对实施乡村振兴战略进行了全面部署，要求举全党全国全社会之力，以更大的决心、更明确的目标、更有力的举措，推动农业全面升级、农村全面进步、农民全面发展，谱写新时代乡村全面振兴新篇章。2018 年 2 月，为推进乡村振兴战略实施，中共湖北省委、省人民政府提出了《关于推进乡村振兴战略实施的意见》。2018 年 4 月，习近平总书记视察湖北时强调，要切实实施乡村振兴战略，并对湖北做好新时代“三农”工作提出明确要求。

为了贯彻习近平总书记视察湖北重要讲话精神，落实党中央和湖北省委决策部署，湖北省乡村振兴研究院组织专家编写了《乡村振兴之路——实施乡村振兴战略　建设现代美好家园》一书。全书分为战略篇、践行篇、借鉴篇三大部分。战略篇包括第一至三章，主要解读了乡村振兴战略的重大意义与总体架构，并从“重塑城乡关系，走城乡融合发展之路”“巩固和完善农村基本经营制度，走共同富裕之路”“深化农业供给侧结构性改革，走质量兴农之路”等七个方面准确界定了中国特色社会主义乡村振兴道路。践行篇包括第四至十章，重点阐释了湖北省乡村振兴战略的实践，首先从总体要求、现实基础、行动计划三个方面探讨了乡村振兴战略的湖北方案，其次是按照产业兴旺、生态宜居、乡风文明、治理有效、生活富裕五个方面，从理论到实例，详细剖析了湖北省乡村振兴之路，最后提出了湖北省乡村振兴的保障体系。借鉴篇包括第十一至十二章，主要介绍了国内其他省份、部分发达国家乡村振兴的经验。

本书综合了湖北省委农工部、湖北省农业科学院、华中农业大学、中南财经政法大学、湖北工业大学等多个部门和研究单位的知名专家在各自领域的观点与成果，是编写组全体人员共同智慧的结晶，在此一并表示感谢！

限于时间和水平，不足之处在所难免，敬请广大读者批评指正。

编　者

2018年7月

Contents

目　录

01　战　略　篇 / 001

03 借鉴篇 / 333

01

战略篇

战/略/篇

第一章

乡村振兴战略的重大意义

党的十九大把乡村振兴战略作为七大战略之一与科教兴国战略、人才强国战略、创新驱动发展战略、区域协调发展战略、可持续发展战略、军民融合发展战略一同写入党章，足见对其的高度重视。乡村振兴正是关系到我国是否能从根本上解决城乡发展不平衡、不充分的问题，也关系到中国整体发展是否均衡，是否能实现城乡一体化发展的问题。党的十九大报告提出实施乡村振兴战略，具有重大的历史性、理论性和实践性意义。从历史角度看，它是在新的起点上总结过去，谋划未来，深入推进城乡发展一体化，提出了乡村发展的新要求新蓝图。从理论角度看，它是深化改革开放、实施市场经济体制、系统解决市场失灵问题的重要抓手。从实践角度看，它是呼应老百姓新期待，以人民为中心，把农业产业搞好，把农村保护建设好，把农民发展进步服务好，提高人的社会流动性，扎实解决农业现代化发展、社会主义新农村建设和农民发展进步遇到的现实问题的重要内容。

第一节　习近平总书记关于“三农”工作的重要论述

习近平总书记曾在陕西梁家河村当过近7年农民，在河北省正定县工作3年多，在福建工作17年半，在浙江工作近6年，在探索和实践中形成了关于“三农”工作的重要论述。党的十八大以来，习近平总书记就做好“三农”工作作出一系列重要论述，提出一系列新理念新战略，已经成为习近平新时代中国特色社会主义思想的重要组成部分。这些新理念新战略，是习近平总书记扎实实践基础、深厚经验积累和深邃理论思考的结晶，是我们党“三农”工作理论创新的最新成果，是指导过去几年我国农业农村发展取得历史性成就、发生历史性变革的科学理论，也是实施乡村振兴战略、做好新时代“三农”工作的行动指南。

一、习近平总书记关于“三农”工作的重要论述的实践源头

习近平总书记曾长期在基层工作和生活，对我国农业发展、农村建设有着深入思考，对基层群众、农民兄弟怀着深厚感情。习近平总书记15岁到梁家河村下乡插队做了近7年农民，7年里，他吃苦在前，带领村民打坝治沟，改善环境，21岁就全票当选党支部书记。在梁家河村他体会了中国农村的厚重与广阔，也了解了中国农民的艰辛和付出，更是在这里形成了他脚踏实地、实事求是的作风。梁家河村是习近平总书记“三农”足迹的第一站，也是他心系“三农”的起点和初心。在谈及在梁家河村插队7年的经历对个人的影响时，习近平总书记说，“看到了人民群众的力量，看到了人民群众的根本，

真正理解了老百姓，了解了社会，这个是最根本的。很多实事求是的想法，都是从那个时候生根发芽的，以至于到现在，每时每刻影响着我。”从梁家河村下乡插队的实践中，习近平总书记已经逐渐形成了以人民为中心的思想萌芽，那就是深入基层，立根群众。习近平总书记从梁家河村大队党支部书记开始其“三农”实践，对“三农”怀有深厚的情怀。他在不同的层面对“三农”问题进行深入的思考和探索，并躬身实践，就“三农”问题先后发表了许多内容丰富、观点深刻的讲话和著述；担任总书记以来，他高度重视“三农”问题，在许多重要会议、重要活动、重要场合，作出了一系列关于转变农业发展方式、全面深化农村改革、加快新农村建设、促进农民增收致富的重要论述。追溯习近平总书记在河北省正定县、福建省、浙江省三地的工作与实践，可将习近平总书记关于“三农”工作的重要论述的实践源头大致分为以下几个方面。

（一）务农重本，国之大纲

始终把解决好“三农”问题作为全党工作重中之重，是习近平新时代中国特色社会主义思想的重要内容，也是习近平总书记关于“三农”工作的重要论述的重要内涵。习近平总书记在不同时间、不同场合反复强调“三农”工作的战略地位，高度重视农业的基础作用。在正定县工作期间他强调“搞经济，搞大农业，都需要多一些战略眼光，从时间上看得远一些，从空间上看得宽一些”。提出了“搞活农村经济，使农民有更多的发展余地，这是时代的要求，党的要求，农民的希望”，明确了农村经济发展战略定位。在福建工作期间提出“农业兴、百业兴；农业衰、百业衰；农业萎缩、全局动摇”，“经济越发展就越要稳定农业、加强农业”。在浙江，他进一步指出“农业兴才能百业兴、农民富才能全省富、农村稳才能全局稳”，强调“无论经济发展到什么水平，无论农业在国民经济中的比重下降到什么程度，农业的基础地位都不会变”，“要切实做到执政为民重‘三农’、以人为本谋‘三农’、统筹城乡兴‘三农’、改革开放促‘三农’、求真务实抓‘三农’”。习近平总书记高度重视农业农村经济发展战略的思想，有助于我们提高对实施乡村振兴战略重大意义的认识。新时代新使命，解决“三农”问题，仍然要高度重视农业农村经济发展战略。

（二）城乡融合，以城带乡

在“三农”发展战略上，习近平总书记指出“城乡发展不平衡不协调，是我国经济社会发展存在的突出矛盾，是全面建成小康社会、加快推进社会主义现代化必须解决的重大问题。改革开放以来，我国农村面貌发生了翻天覆地的变化。但是，城乡二元结构没有根本改变，城乡发展差距不断拉大趋势没有根本扭转。根本解决这些问题，必须推进城乡发展一体化”。这给实施乡村振兴战略指明了重要方向。他在正定县深入调研基础上，提出“要积极研究探索发展‘半城郊型’经济的新路子。一方面要把正定县毗连城市的各种优势充分挖掘出来，利用起来，依托城市，服务城市，起到为城市拾遗补缺的作用，促进经济发展；另一方面要立足本地资源和条件，搞好农工商综合经营，获取较高的经济效益。不丢城，不误乡，利城富乡”。在发展“半城郊型”经济的实践中，总结出“投其所好，供其所需，取其所长，补其所短，应其所变”的“二十字经”。这充分体现了系统思维和战略眼光，体现了对农村经济的功能定位和发展路径的深入思考与科学谋划，有着很强的前瞻性和指导性。在福建的“三农”实践中，他十分重视城乡协调发展和新农村建设，提出“在发展现代农业过程中必须重视农村城镇化的同步推进，尤其要重视探索多渠道就业门路，合理引导农村劳动力转移，把发展现代农业与推进城乡一体化进程有机地结合起来的途径”。在浙江，习近平总书记站在全局和战略的高度，按照统筹城乡经济社会发展的战略思想，以城乡关系认识“三农”问题，作出“浙江已全面进入以工促农、以城带乡的新阶段”的重要判断，这是认识“三农”问题思维方式的重大变革，深刻揭示了“三农”问题是工业化城镇化进程中城乡关系失衡的本质，全面阐述了解决好“三农”问题在现代化全局和长远发展中的根本地位，推动了“三农”工作思路的大创新、内容的大拓展和机制的大变革。

（三）加快推进农业现代化

在发展现代农业上，习近平总书记指出“农业出路在现代化，农业现代化关键在科技进步。我们必须比以往任何时候都更加重视和依靠农业科技进步，走内涵式发展道路”。在正定县工作期间，针对农业结构单一、农业和农村经济效益不高等问题，习近平总书记强调“农业和农村经济健康发展必须走农林牧副渔全面发展和农工商综合经营的道路”，“必须摆脱‘小农业’思想的局限和束缚，充分发挥优势，逐步形成合理的生产和经营结构”，指出“从单一的种植业的小农业，到农林牧副渔全面发展的立体化大农业，这是认识上的一个飞跃，也是一个突破性的战略转变”，“农业不再是自给自足的小农经济，也不再是仅仅提供原料的传统农业，而已升华为商品化生产的现代农业。从发展趋势看，乡村工业和商业将在农村经济孕育中迅速发展起来，使农业生产资料供应—农业生产—农产品加工、贮藏、运输、销售联成一体，形成中国式的农工商一体化”。在福建工作期间，针对福建人多地少、农业多样性资源丰富的特点，习近平总书记提出福建要发展特色农业、大农业，搞好农业多种功能开发。他指出“大农业是朝着多功能、开放式、综合性方向发展的立体农业。它区别于传统的、主要集中在耕地经营的、单一的、平面的小农业”，“要根据市场需要，紧紧依靠科技，调整种养业结构，大力发展名特优新产品和绿色食品，提高农业的综合效益”。他指出，“我们发展现代农业，不能沿用西方国家的发展模式”，“要积极探索一条适合国情、省情、县情，依靠科技进步和提高农民素质，花钱省、多办事和集中力量办大事的现代农业发展路子”，同时强调要发挥各类市场主体的作用。在浙江工作期间，习近平总书记准确地把握住新世纪初农业市场化国际化进程加快的机遇，顺应传统农业向现代农业转变的趋势和经济社会可持续发展的要求，审时度势地作出了大力发展高效生态农业的重大决策，强调“以绿色消费需求为导向，以农业工业化和经济生态化理念为指导，以提高农业市场竞争力和可持续发展能力为核心，深入推进农业结构的战略性调整”，提出“大幅度提高农业的土地产出率、劳动生产率和市场竞争力，推动农业全面走上新型农业现代化的路子”。习近平总书记早期在实际工作中提出的发展大农业思路，就是实施乡村振兴战略，促进农村一二三产业融合发展思想的重要来源，这对于以农业供给侧结构性改革为主线，调整优化农业结构，转变农业发展方式，拓宽农民增收渠道具有重要的指导意义。针对现代农业发展中的科技、人才短板，习近平总书记早在正定县工作期间就专门制定了《树立新时期的用人观点，广招贤才的九条措施》，强调“建设现代化大农业，靠什么？很关键的一条就是靠现代科学技术的推广和应用，靠掌握这些科学技术的专门人才”，指出“发展经济一靠政策，二靠科技，这好比是推动经济发展的两个车轮。而要使车轮运转自如，稳步前进，就需要靠人去驾驶，要靠人的聪明才智，要靠有较多知识、较高技能水平的技术人才和管理人才，归根结底离不开人才的积极作用”。这指明了科技与人才是发展现代农业、繁荣农村经济的重要支撑，对强化科技创新驱动、支撑乡村振兴战略有着深远的指导意义。

（四）推进农村生态文明建设

在正定县工作期间，习近平总书记就合理利用自然资源、保持良好生态环境，指出“农业经济已不仅是农业生产本身，而是由农业经济系统、农业技术系统与农业生态系统组合而成的复合系统，是人类的技术经济活动与生物系统和环境系统联结而成的网络结构。人类从水土流失、肥力下降、土壤沙化、环境污染、海洋毒化、气候变坏、灾害频繁的严重后果中，越来越认识到生态问题的重要，农业经济早已超出自为一体的范围，只有在生态系统协调的基础上，才有可能获得稳定而迅速的发展”。在福建期间，他提出“生态省”建设战略构想，2001年成立了福建省生态建设领导小组，他亲自担任组长。提出要“通过以建设生态省为载体，转变经济增长方式，提高资源综合利用率，维护生态良性循环，保障生态安全，努力开创‘生产发展、生活富裕、生态良好的文明发展道路’，把美好家园奉献给人民群众，把青山绿水留给子孙后代”。在浙江期间，他作出了建设生态省、打造“绿色浙江”的战略决策。针对浙江先期遇到保护生态环境与加快经济发展的尖锐矛盾和激烈冲突，习近平总书记在安吉县天荒坪镇余村考察时强调“绿水青山就是金山银山”，“要坚定不移地走这条路”，指出“绿水青山可带来金山银山，但金山银山却买不到绿水青山”，“如果能够把这些生态环境优势转化为生态农业、生态工业、生态旅游等生态经济的优势，那么绿水青山也就变成了金山银山”，由此形成了习近平总书记的“两山”理论，这是对绿色、生态、可持续发展的科学论述，指明了生态文明建设的发展方向。

（五）促进农民增收，推进扶贫开发

早在正定县工作期间，习近平总书记就提出“治国之道首先裕民，民富才能国强”，“要继续放宽政策，搞活农村经济，使农民有更多的发展余地，这是时代的要求，党的要求，农民的希望”，强调“绝不能光讲粮食生产、光讲高产粮，不讲经济效益”。在福建期间，他指出“如果在农业和农村经济发展中农民不能增收入、集体不能增实力，这种经济增长就是无效益的和虚假的”。在浙江期间，他强调“必须坚持富民为本、富民为先，切实把增加农民收入、提高农民生活质量作为新阶段‘三农’工作的出发点和落脚点”。针对当时欠发达地区发展滞后和仍有大量贫困人口的问题，提出“努力使欠发达地区的发展成为全省经济新的增长点”，“不能把贫困村、贫困人口带入全面小康社会”的战略要求，强调“现代化建设不能留盲区死角，实现全面小康一个乡镇也不能掉队”。在福建宁德工作期间，习近平总书记就对农村扶贫开发工作提出许多新观点、新理念。他提出“扶贫先扶志”，人穷不能志短，更要振奋精神往前奔，“锲而不舍”，“久久为功”，要有“滴水穿石”的精神，要找准路子。他强调“贫困县、贫困乡要把扶贫攻坚的目标任务落实到贫困村、贫困户”，“逐村逐户制定脱贫计划，一个村一个村、一个户一个户地落实下去，把有限的人力、物力、财力集中用到贫困村贫困户的脱贫致富上，真正做到‘真扶贫、扶真贫’”。他在福建工作期间，亲自探索实践扶贫开发的路子和途径，解决了“茅草房”和“连家船”问题，组织实施“造福工程”，创新形成了一套行之有效的扶贫开发办法，福建成为他“精准扶贫、精准脱贫”思想的发源地。

（六）农业农村经济发展要靠深化改革

深化农村改革激发农村发展新活力，是习近平总书记关于“三农”工作的重要论述的重要内容。习近平总书记在正定县工作期间强调“要把对待改革的态度如何、改革工作搞得好坏，作为检验和考核各级领导干部是否称职的一个重要标准”，在福建工作期间指出，“革命是解放生产力，改革也是解放生产力”，强调“开创农业和农村发展新局面，必须在继承的基础上创新农村工作机制”。在浙江工作期间指出“改革是解决农业农村发展中各种矛盾和问题的根本出路”，“深化改革是新农村建设的体制保障和动力源泉”。针对农村服务流通体系落后问题，他强调“要搞好供销社体制改革，真正办成农民集体所有的合作商业，成为农村经济的综合服务中心”，要求“把供销社体制改革放在深化农村改革的全局位置上统筹考虑，把它真正办成农民集体所有制的合作商业，以发挥其在农村商品流通中的特有作用”。他高度重视农村集体林权制度改革，率先推动开展试点，强调“林改的方向是对的，关键是要脚踏实地向前推进，让老百姓真正受益。集体林权制度改革要像家庭联产承包责任制那样从山下转向山上”。在浙江期间，习近平总书记着眼于构建城乡一体化制度体系，大力推进统筹城乡发展工程建设，着力改革城乡二元体制、机制，部署实施了县乡财政体制、乡镇机构、征地制度、农村金融、教育卫生等农村综合改革，探索实践了发展“三位一体”合作经济改革试点，并指出“统筹城乡发展最根本的是要消除城乡二元结构，形成以工促农、以城带乡，城乡互动、共同进步的发展格局”。改革是党做好农业农村经济工作的重要抓手。习近平总书记的这些论述，为深化农村改革指明了方向，有利于巩固完善农村基本经营制度。巩固完善农村基本经营制度是发展农业农村经济的根本动力。习近平总书记在正定县工作期间指出“统分结合这种经营方式是中国农民的杰出创造，它有广泛的适应性和强大的生命力”。坚持家庭经营，完善统一服务，是农业农村经济发展的基本方向。承包地二轮承包到期后再延30年，是对农村基本经营制度的坚持；承包地所有权、承包权和经营权“三权分置”，壮大集体经济，发展农民合作组织，是新时代对农村基本经营制度的完善。习近平总书记关于巩固完善农村基本经营制度的思想是处理农村改革、稳定和发展关系的根本原则，是实施乡村振兴战略的重要制度基础。

（七）促进农村全面发展

加快社会主义新农村建设、促进农村全面发展是以人民为中心的发展思想的根本体现，也是习近平总书记关于“三农”工作的重要论述的重要内容。习近平总书记在正定县工作时提出“建设科学化生活的现代农村，逐步把农村建成高度精神文明和高度物质文明的高水平的文明村，使农村成为优良传统、先进思想、现代文明的集合体，使千家万户成为小康之家”，强调“教育关系着子孙后代，要做到全村最好的房子是学校”，“要舍得在精神文明建设上花点钱、投点资，实实在在地为群众办几件长精神、长志气的好事”。在福建期间，他提出“整治村容村貌、建设社会主义新农村，是农村经济社会发展水平的综合标志，也是彻底改变农村落后面貌的重要途径，也是农村小康建设成果的直接体现”。在浙江工作期间，习近平总书记针对农民公共服务需求日益增长而农村公共服务发展明显滞后的问题，强调“要加大公共财政向农村倾斜的力度，把基础设施建设和发展教科文卫体等社会事业的重点放到农村，全面改善农村的供水、供电、环保、交通、通信、广播电视、信息网络等公共服务的基础条件，继续大力实施城乡教育均衡工程、农民健康工程、农村文化建设工程、小康健身工程，全面提高农村社会事业发展水平；建立健全多层次、普惠性的农村社保体系，不断提高农村社保水平，逐步缩小城乡公共服务的差距”。习近平总书记的这些论述，为实施乡村振兴战略指明了路径和方向。

（八）加强农村基层党组织建设

做好“三农”工作，关键在农村基层党组织。习近平总书记历来重视农村基层党组织建设，在正定县工作期间，习近平总书记针对农村基层干部队伍老化、工作能力差等问题，指出“搞好农村基层班子建设，充分发挥它的职能作用，是搞好农村各项工作的保证”，强调“提高班子的战斗力，使之成为一支带领群众搞好两个文明建设的坚强堡垒”，“一定要挑选那些拥护和执行党的路线、方针、政策，党性强、作风正派、秉公办事的人进班子，把好政治质量关。同时，要注意选拔那些有文化、有知识、懂经济、有工作能力的年轻人进班子，把德与才结合起来，综合考察，以利于实现班子的革命化、年轻化、知识化、专业化”。在福建工作时，习近平总书记进一步指出“农村基层组织是党在农村全部工作和战斗力的基础，也是保持农业、农村经济发展和农村社会稳定的组织保证”，并要求增强党的基层组织的战斗力和发展能力，“在指导思想上、组织保证上使党组织在农村的社会主义建设中真正能站到前台，真正能居于‘第一线’，切实发挥党组织的核心作用”。他大力推动调整不适宜、不协调、不健全的“三不”班子，实施党的“堡垒工程”。在浙江期间，他针对农村社会结构变动、价值观念多元、民主意识增强等新情况新问题，建立推行了农村工作指导员制度，总结提炼了“后陈经验”(建立村务监督委员会)，创新发展了“枫桥经验”(矛盾不上交、问题不出村)，提升实践了“新仓经验”(生产供销联合与合作)。这是对农村基层党建、基层民主、基层管理和新型联合与合作的创新实践，是完善乡村治理机制的有效探索。习近平总书记的这些论述和实践，回答了加强农村党建的必要性和重大战略意义。加强农村基层党组织建设，关系党的路线方针政策和决策部署在农村的落实，关系乡村振兴战略的实施，关系治理体系和治理能力现代化的推进，对新时代农村经济发展、农民增收和农村社会稳定具有十分重要的意义。

二、习近平总书记关于“三农”工作的重要论述的科学内涵

党的十八大以来，习近平总书记多次强调农业与农村问题的重要意义，坚持将“三农”事业摆在全党工作的重要地位。面对经济社会转型加速和农业适应变革迟缓的矛盾，在以习近平同志为核心的党中央领导下，我国农业农村发展取得了巨大成绩，粮食“十二连增”，农业综合生产能力提高；农村基础设施和公共服务明显改善；城乡居民收入差距缩小。习近平总书记多次亲自考察调研“三农”发展状况，对在新时期进一步做好农业农村工作提出了一系列重要的战略指示和思想指引，全面地指导了十八大以来的“三农”工作实践。

（一）坚持“重中之重”战略地位，切实把农业农村优先发展落到实处

正确认识和处理农业农村农民问题，在革命、建设、改革各个历史时期都至关重要。党的十八大以来，习近平总书记观大势、谋全局，把解决好“三农”问题的重要性提升到了历史新高度。在2013年中央农村工作会议上，习近平总书记提出“中国要强，农业必须强；中国要美，农村必须美；中国要富，农民

必须富”，并作为新时期农业农村工作的总体目标和要求。“三个必须”通过论述“三农”强、美、富与国家强、美、富之间的关系，指出“三农”问题是关系中国特色社会主义事业发展的根本性问题，是关系我们党巩固执政基础的全局性问题，这是对“三农”工作基础性地位的总把握。2015 年 7 月，习近平总书记在吉林调研时指出：任何时候都不能忽视农业、不能忘记农民、不能淡漠农村。“三个不能”从历史维度审视“三农”发展规律，表明了在任何时期、任何情况下都始终坚持强农惠农富农政策不减弱、推进农村全面建成小康社会不松劲的决心和态度，明确了我们党在经济上保障农民物质利益、在政治上尊重农民民主权利的宗旨使命。2016 年 4 月，习近平总书记在安徽凤阳县小岗村召开的农村改革座谈会上进一步提出“三个坚定不移”：“坚定不移深化农村改革，坚定不移加快农村发展，坚定不移维护农村和谐稳定。”“三个坚定不移”从全局角度明确了“三农”工作重点，在关键时期释放了党中央高度重视“三农”工作的强烈信号，表明了我们党坚定深化农村改革、加快农村发展、维护农村和谐稳定的政策目标，既是加快农村改革的响鼓重槌，也是推进“三农”发展的必由路径。在党的十九大报告中，习近平总书记强调，农业农村农民问题是关系国计民生的根本性问题，必须始终把解决好“三农”问题作为全党工作重中之重。在 2017 年的中央农村工作会议上，习近平总书记再次强调，农业强不强、农村美不美、农民富不富，决定着亿万农民的获得感和幸福感，决定着我国全面小康社会的成色和社会主义现代化的质量。习近平总书记的重要论断，科学回答了如何看待“三农”、对待“三农”、抓好“三农”的重大问题，为我们把实施乡村振兴战略摆到重要位置提供了根本遵循。

（二）坚持立足国内保证自给的方针，牢牢把握国家粮食安全主动权

农业的基础性地位，重点体现在它是保障粮食安全和国家安全的根本，农产品过度依赖国际市场十分危险。保障粮食安全历来是治国安邦的头等大事。对此,习近平总书记指出:“粮食安全是国家安全的重要基础,要创新粮食生产经营模式,优化生产技术措施,落实各项扶持政策,保护农民种粮积极性,着力提高粮食生产效益。”要坚持“以我为主、立足国内、确保产能、适度进口、科技支撑”的原则,保证粮食等农产品的自给率,粮食生产不可能完全交给市场、交与他国。在我国对外开放不断扩大的背景下,通过什么方式保障粮食安全、着力点放在哪里?基于战略全局考量,从我国基本国情出发,习近平总书记多次强调,中国人的饭碗要牢牢端在自己手中,我们的饭碗应该主要装中国粮。实施藏粮于地、藏粮于技战略,提高粮食产能,确保谷物基本自给、口粮绝对安全。习近平总书记的重要论断,不仅强调了解决吃饭问题的极端重要性,指明了保障国家粮食安全的方向,也确立了战略重点、实现路径和配套政策,是保障国家粮食安全的基本方略。

(三)坚持不断深化农村改革,激发农村发展新活力

习近平总书记指出,要坚持不懈推进农村改革和制度创新,充分发挥亿万农民的主体作用和首创精神,不断解放和发展农村社会生产力,激发农村发展活力。不管怎么改,不能把农村土地集体所有制改垮了,不能把耕地改少了,不能把粮食生产能力改弱了,不能把农民利益损害了。习近平总书记在安徽凤阳县小岗村召开农村改革座谈会时强调:“新形势下深化农村改革,主线仍然是处理好农民和土地的关系。最大的政策,就是必须坚持和完善农村基本经营制度,坚持农村土地集体所有,坚持家庭经营基础性地位,坚持稳定土地承包关系。要抓紧落实土地承包经营权登记制度,真正让农民吃上‘定心丸’。”习近平总书记的重要论断,深刻阐明了新时代深化农村改革的出发点和落脚点,为改革明确了底线,指明了方向。围绕处理好农民和土地的关系这条主线,实行农村土地“三权分置”,开展农村土地“三项改革”试点,全面推进农村承包土地确权登记办证，稳步推进农村集体产权制度改革，强化对农民土地承包经营权、宅基地使用权、集体收益分配权的制度保障。一系列农村改革举措的落地，为农业农村发展注入了强大的内生动力。

（四）坚持把推进农业供给侧结构性改革作为主线，加快提高农业供给质量

不同历史时期农业农村的主要矛盾是不同的，如何正确认识和把握，事关“三农”工作的成效。针对农业农村发展的新情况新变化新特征，习近平总书记作出科学判断：我国农业农村发展已进入新的历史阶段，农业的主要矛盾由总量不足转变为结构性矛盾，矛盾的主要方面在供给侧。他要求坚持以推进农业供给侧结构性改革为主线，坚持质量兴农、绿色兴农，加快推进农业由增产导向转向提质导向，加快构建现代农业产业体系、生产体系、经营体系，不断提高我国农业综合效益和竞争力。要更加注重农产品质量和食品安全，注重生产源头治理和产销全程监管，让人民吃得饱、吃得好、吃得放心。习近平总书记的重要论断，洞察了我国农业农村发展的阶段性特征和主要矛盾，不仅指引我们及时调整完善“三农”政策、取得了农业供给侧结构性改革的显著成效，也为实施乡村振兴战略、加快农业农村现代化指明了方向。

（五）坚持绿色生态导向，推动农业农村可持续发展

在科学总结国内外处理发展经济和保护生态环境关系经验教训基础上，习近平总书记作出了“绿水青山就是金山银山”的重要论断，并强调良好生态环境是农村最大优势和宝贵财富。农业发展不仅要杜绝生态环境欠新账，而且要逐步还旧账。要树立正确发展思路，因地制宜选择好发展产业，切实做到经济效益、社会效益、生态效益同步提升，实现百姓富、生态美有机统一。习近平总书记的重要论断，阐明了发展经济和保护生态环境的内在统一性，为协调推进农村经济建设和生态文明建设提供了根本指南。

（六）坚持在发展中保障和改善民生，让广大农民有更多的获得感

在指导“三农”工作中，习近平总书记特别关心农村民生实事，多次指出，增加农民收入是“三农”工作的中心任务。检验农村工作实效的一个重要尺度，就是看农民的钱袋子鼓起来没有。全面建成小康社会一个不能少；共同富裕路上，一个不能掉队。党的十八大以来，在以习近平同志为核心的党中央的坚强领导下，一场前所未有的脱贫攻坚战在全国范围全面打响。5年来，6000多万贫困人口稳定脱贫，贫困发生率从10.2%下降到4%以下，脱贫攻坚战取得决定性进展。习近平总书记抓民生抓得很实，专门就推进农村“厕所革命”多次作出重要指示，要求把这项工作作为乡村振兴战略的一项具体工作来推进。习近平总书记的重要论断和重要指示，体现了以人民为中心的发展思想，科学回答了农村发展为了谁、发展依靠谁、发展成果由谁享有的根本问题，在抓“三农”工作、推进乡村振兴中，必须一以贯之加以坚持。

（七）坚持遵循乡村发展规律，扎实推进美丽宜居乡村建设

过去农村建设成绩很大，但一些地方也有“去农村化”、照搬城镇模式、搞缩小版城镇的问题。针对这些问题，从现代化建设全局出发，习近平总书记多次强调，新农村建设一定要走符合农村实际的路子，遵循乡村自身发展规律，充分体现农村特点，注意乡土味道，保留乡村风貌，留得住绿水青山，记得住乡愁。要因地制宜搞好农村人居环境综合整治，给农民一个干净整洁的生活环境。习近平总书记的这些重要论断，深刻揭示了乡村发展的规律性要求，为搞好新时代的农村建设和乡村振兴提供了基本指引。

（八）坚持加强和改善党对农村工作的领导，为“三农”发展提供坚强政治保障

习近平总书记强调，办好农村的事情，关键在党。党管农村工作是我们的传统，这个传统不能丢。各级党委要加强对“三农”工作的领导，各级领导干部都要重视“三农”工作。要高度重视农村社会治理，加强基层党的建设和政权建设。把党组织建设成为落实党的政策、带领农民致富、密切联系群众、维护农村稳定的坚强领导核心。在2017年中央农村工作会议上，习近平总书记再次强调，实施乡村振兴战略，迫切需要造就一支懂农业、爱农村、爱农民的农村工作队伍。习近平总书记的重要论断，深刻阐述了党的领导在农业农村工作中的重要地位，也对加强和改善党对乡村振兴的领导提出了明确要求。

三、新时代“三农”工作总抓手

习近平总书记在党的十九大报告中指出，农业农村农民问题是关系国计民生的根本性问题，必须始终把解决好“三农”问题作为全党工作重中之重。要坚持农业农村优先发展，按照产业兴旺、生态宜居、乡风文明、治理有效、生活富裕的总要求，建立健全城乡融合发展体制、机制和政策体系，加快推进农业农村现代化。巩固和完善农村基本经营制度，深化农村土地制度改革，完善承包地“三权分置”制度。保持土地承包关系稳定并长久不变，第二轮土地承包到期后再延长30年。深化农村集体产权制度改革，保障农民财产权益，壮大集体经济。确保国家粮食安全，把中国人的饭碗牢牢端在自己手中。构建现代农业产业体系、生产体系、经营体系，完善农业支持保护制度，发展多种形式适度规模经营，培育新型农业经营主体，健全农业社会化服务体系，实现小农户和现代农业发展有机衔接。促进农村一二三产业融合发展，支持和鼓励农民就业创业，拓宽增收渠道。加强农村基层基础工作，健全自治、法治、德治相结合的乡村治理体系。培养造就一支懂农业、爱农村、爱农民的“三农”工作队伍。

党的十九大提出实施乡村振兴战略，在我国“三农”发展进程中具有划时代的里程碑意义。实施乡村振兴战略，是以习近平同志为核心的党中央着眼党和国家事业全局，深刻把握现代化建设规律和城乡关系变化特征，顺应亿万农民对美好生活的期待，对“三农”工作作出的新的战略部署，是决胜全面建成小康社会、全面建设社会主义现代化国家的重大历史任务，是新时代“三农”工作的总抓手。振兴乡村反映了时代的呼唤、发展的必然、人民的期盼。

实施乡村振兴战略，要全面贯彻落实党的十九大精神，以习近平新时代中国特色社会主义思想为指导，加强党对“三农”工作的领导，坚持稳中求进工作总基调，牢固树立新发展理念，落实高质量发展的要求，统筹推进“五位一体”总体布局和协调推进“四个全面”战略布局，坚持把解决好“三农”问题作为全党工作重中之重，坚持农业农村优先发展，按照产业兴旺、生态宜居、乡风文明、治理有效、生活富裕的总要求，建立健全城乡融合发展体制、机制和政策体系，统筹推进农村经济建设、政治建设、文化建设、社会建设、生态文明建设和党的建设，加快推进乡村治理体系和治理能力现代化，加快推进农业农村现代化，走中国特色社会主义乡村振兴道路，让农业成为有奔头的产业，让农民成为有吸引力的职业，让农村成为安居乐业的美丽家园。

习近平总书记为乡村振兴战略指明五个具体路径，即推动乡村产业振兴、乡村人才振兴、乡村文化振兴、乡村生态振兴和乡村组织振兴。要紧紧围绕发展现代农业，围绕农村一二三产业融合发展，构建乡村产业体系，实现产业兴旺；把人力资本开发放在首要位置，强化乡村振兴人才支撑；弘扬主旋律和社会正气，培育文明乡风、良好家风、淳朴民风；打造农民安居乐业的美丽家园，让良好生态成为乡村振兴支撑点；建立健全党委领导、政府负责、社会协同、公众参与、法治保障的现代乡村社会治理体制。

第二节　乡村振兴战略的时代要求

一、党的十八大以来“三农”发展的历史性变革与成就

党的十八大以来我国农业农村发展取得历史性成就、发生历史性变革，来之不易。

（一）党的十八大以来“三农”发展的重大变革①

党的十八大以来，农业农村各项改革事业在中国大地上四处开花。在东南沿海的浙江温州，通过农村集体产权制度改革，将集体资产确权到户，明晰的产权让集体资产活力更强。在青藏高原的西藏曲水，通过规范农村土地流转，有效地保障了流转双方的合法权益，促进了土地适度规模经营和农牧业发展。在岭南大地的广东清远，通过理顺农村治理机制，为村民自治找到了一双“合脚的鞋子”，促进了农村社会的和谐稳定。在松辽平原的吉林九台，通过农村金融制度改革，探索出了“直补保”贷款模式，破解了农民贷款抵押物少、贷款难的难题。

5 年来，农村改革踏石留印、蹄疾步稳，不仅为农业农村发展不断积聚着动力、创造着活力，也为经济社会改革发展全局夯实了基础、增添了动能。

1. 土地制度改革：既注重公平，又突出效率。2013 年 7 月 22 日，习近平总书记来到武汉农村综合产权交易所，了解涉农村产权尤其是土地流转交易

① 施维：《将深化农村改革进行到底——党的十八大以来农村改革成就综述》，《农民日报》2017-09-20(1)。

情况，并鼓励说，这是有益探索。习近平总书记高度重视的土地流转，正是党的十八大以来农村土地制度改革的一个核心环节。

处理好农民与土地的关系，始终是农村改革的主线。近年来，随着中国工业化、信息化、城镇化和农业现代化深入推进，农村劳动力大量转移，新型农业经营主体不断涌现，土地流转和规模经营发展已成为必然趋势。但如何规范流转行为，确定流转双方的权责，亟须从顶层制度设计上加以统筹。为此，中央在总结各地改革实践经验的基础上，2016 年正式发文确立了农村承包地坚持集体所有权、稳定农户承包权、放活土地经营权的“三权分置”。这是继家庭联产承包责任制后中国农村改革的又一大创新，为推动今后一段时间农村土地产权制度改革打下了坚实的基础。

土地制度改革，在坚持集体所有制的前提下，一方面要保障农民的基本权益，稳定承包权；另一方面要提高土地要素配置效率，放活经营权。稳定农户承包权，首先要做好确权颁证工作，通过“确实权、颁铁证”，让农民吃上“定心丸”。在这方面，截至 2017 年 11 月底，全国已完成确权面积 11.1 亿亩，占二轮家庭承包耕地面积的 82%。而另一方面，则是放活经营权。2014 年中央专门印发文件对土地经营权有序流转发展农业适度规模经营进行引导规范。截至 2016 年年底，全国耕地流转面积达到 4.79 亿亩，建立了近两万个土地流转服务中心。农村土地有序流转、适度规模经营局面已现雏形。

除了经营权流转，经营权入股、抵押等也是放活经营权的重要方式。2015 年农业部在黑龙江、江苏等地的 7 个县区开展土地经营权入股发展农业产业化经营试点，为农业适度规模经营探索了一条新路。“两权”抵押改革也取得初步成效，通过承包地经营权抵押贷款，为现代农业发展带来了资金活水。同时，农村土地征收、集体经营性建设用地入市、宅基地制度改革试点稳步推进，与社会主义市场经济体制相适应的土地制度正在加快形成。

2. 经营体系改革：既培育主体，又创新服务。在坚持家庭承包经营基础上，培育从事农业生产和服务的新型农业经营主体是关系中国农业现代化的重大战略。在新一轮农村综合改革中，新型农业经营主体的培育，以及规模化服务主体和市场化经营环境的培养最为重要。

2017 年 5 月，中共中央办公厅、国务院办公厅印发了《关于加快构建政策体系培育新型农业经营主体的意见》，而在此之前农业部也先后制定了促进和规范家庭农场、农民合作社、龙头企业等发展的意见。既要培育新型经营主体，也要支持引领普通农户参与到农业现代化建设中来，为此，发展农业社会化服务至关重要。党的十八大以来，中国在多个省份开展了农业生产全程社会化服务试点，目前中国已有各类农业社会化服务组织超过 115 万个。2017 年，农业部、财政部联合出台指导意见，对以农业生产托管为重点的社会化服务提供财政支持。尤其是 2015—2016 年，农业部在全国选择 26 个省份的 62 个县，开展政府购买农业公益性服务机制创新试点，以统防统治、农机作业、粮食烘干、集中育秧等普惠性服务为重点，实现了政府、社会、农户三者的良性互动，创新了农业社会化服务的供给机制，激发了农业生产性服务业的市场活力。

3. 集体产权制度改革：既明晰权属，又完善权能。有恒产者有恒心。党的十八大以来，农村改革的版图中，产权的内涵愈加清晰，产权的价值更加深入人心，产权制度改革的步伐明显加快。全国农村集体经济组织账面资产总额由 2012 年的 2.18 万亿元增长到 2016 年的 3.1 万亿元，年均增长 9.2%。然而，数量如此庞大的资产，却长期面临权属不清、权责不明、保护不严、流转不畅等问题，尤其是随着工业化、城镇化的快速发展，农村集体资产还面临流失的风险。

党的十八大及十八届三中、五中全会，以及近年来多个中央一号文件，都高度重视农村集体产权制度改革。2016年12月,《中共中央国务院关于稳步推进农村集体产权制度改革的意见》正式发布。这是向全国逐步推开农村集体产权制度改革的重大标志性事件。在明晰农村集体产权、引导农民发展股份合作的同时,改革也注重完善集体产权权能,赋予农民对农村集体资产股份占有、收益、有偿退出及抵押、担保、继承等相关权能。上海市闵行区率先开展了赋予集体资产股份六项权能的探索,将六项权能细化为"占有、收益""退出、继承""抵押、担保"三大子类,分别结合当地实际提出具体的实现办法。以抵押担保为例,经街镇集体资产监督管理部门批准,集体经济组织成员可以申请股权抵押贷款,并由第三方担保公司或由区、镇财政建立的股权抵押贷款风险基金分担一定风险。改革成果也非常明显。截至2016年年底,全国已有6.7万个村和6万个村民小组完成这项改革。其中,北京、上海、浙江完成改革的村占到95%以上,完成改革的村组累计向农民股金分红2840亿元,2016年当年分红434.1亿元,改革的作用清晰可见。

4.农村改革试验区:既敢闯敢试,又落地生根。回望中国改革开放的一路征程,每一次重大制度变革,都不同程度地来源于试点试验,农村改革更是如此。改革要讲究方法,对那些有实践基础、已经看准了的改革,要加大推进力度;对那些尚需实践进一步检验的改革,要采取试点引路的办法,降低改革风险。为做好新形势下农村改革工作,党的十八大以来,在中央农村工作领导小组的领导下,农业部会同农村改革试验区工作联席会议成员单位加强支持和指导,58个农村改革试验区围绕中央部署的农村改革试点试验事项开展改革探索、先行先试。

在现行法律政策框架下,农村改革试验区敢破善立,从当地实际出发,以农民发展需要和利益诉求为导向,勇于探索,主动作为,在农村改革的重点领域和关键环节突破创新,为农业农村发展积聚了力量,创造了活力,切实发挥出了改革先行军的作用。近年来，在农村改革试验区中，涌现出一批各具特色的改革典型。广西田东县金融改革推进扶贫开发，安徽宿州市构建现代农业产业化联合体，甘肃金昌市金川区开展“以井定田”互换并地，四川成都市探索推广土地流转履约保证保险，重庆市永川区开展财政补助资金农民持股，贵州毕节市探索涉农建设性资金“多个渠道引水、一个龙头放水”，江苏淮安市洪泽区建立农田水利设施“五位一体”管护机制，湖北秭归县村民自治重心下沉推进“微自治”……这些做法不仅造福了一方百姓，更催化了更大范围的改革探索，试验区的“样板扩散效应”正在逐步增强。农村改革试验区的发展，也伴随着工作机制的不断健全。为使改革于法有据，管理有章可循，相关部门制定了《农村改革试验区工作运行管理办法》，建立起部际联席会议制度、各部门分工协作机制、向中央改革领导机构报告报备制度、第三方评估机制以及试验区退出机制等，提高了改革试验区运行的规范性和效率。

试验的最终目的是要把成果上升到政策和法律。党的十八大以来，改革试验区的试验成果不断加快转化、落地生根。据统计，农村改革试验区已有涉及 40 项试验内容的 61 项试验成果在 54 件省部级以上政策文件制定中得到相应转化，另有 30 项试验成果送有关部门供制定政策时研究参考。推出了 60 个鲜活的改革典型案例，在更大范围产生了示范引领作用。

（二）党的十八大以来“三农”发展的巨大成就

党的十八大以来，在以习近平同志为核心的党中央坚强领导下，坚持把解决好“三农”问题作为全党工作重中之重，持续加大强农惠农富农政策力度，扎实推进农业现代化和新农村建设，全面深化农村改革，农业农村发展取得了历史性成就，为党和国家事业全面开创新局面提供了重要支撑。5 年来，粮食生产能力跨上新台阶，农业供给侧结构性改革迈出新步伐，农民收入持续增长，农村民生全面改善，脱贫攻坚战取得决定性进展，农村生态文明建设显著加强，农民获得感显著提升，农村社会稳定和谐。农业农村发展取得的重大成就和“三农”工作积累的丰富经验，为实施乡村振兴战略奠定了良好基础。

1. 农业供给侧结构性改革取得新成效。农产品价格“天花板”和农业生产成本“地板”双重挤压，生态资源亮起“红灯”，补贴政策逼近“黄线”，国际市场竞争压力和农民持续增收压力叠加而至……回首5年前，中国农业发展面临的形势之复杂不可谓不险。习近平总书记的判断高屋建瓴：新形势下，农业主要矛盾已经由总量不足转变为结构性矛盾，主要表现为阶段性的供过于求和供给不足并存。着眼结构性，发力供给侧，直面人民日益增长的美好生活需要，从主要满足“量”的需求，向更加注重满足“质”的需求转变，农业供给侧结构性改革大幕开启。玉米收储制度改革正是农业供给侧结构性改革的一场硬仗。自2016年改革以来，玉米降价、加工回暖、贸易走活、进口减少，改革稳步推进并取得明显效果。改革头一年，全国籽粒玉米种植面积下降了3000万亩、大豆种植面积增加了1000多万亩，种植结构得到优化。随着玉米、大豆收储制度改革的推进，中国粮食生产呈现的“高产量、高进口、高库存”怪象正在改变。在减少无效供给的同时，中国更注重培育耕地地力，通过轮作、休耕、增施有机肥、推广节水灌溉等方式，让长期紧绷的水土资源这根弦有所放松，给子孙后代更可持续的利用空间。2017年，全国轮作休耕面积扩大到1200万亩，轮作重点集中在曾经遍布大豆与高粱的东北冷凉区、北方农牧交错区，休耕集中在河北地下水漏斗区、湖北湖南重金属污染区和贵州云南等生态严重退化地区。国家统计局发布的数据显示，2017年全国粮食总产量达6179亿千克，比2016年增加16.5亿千克，增长0.3%，是历史上第二高产年。这是继2013年中国粮食产量首次突破6000亿千克大关以来，连续5年站稳这个台阶。

2. 城乡协调发展迈出新步伐。党的十八大以来，习近平总书记就建设社会主义新农村、建设美丽乡村提出了一系列新理念、新论断、新举措。他强调："农村不能成为荒芜的农村、留守的农村、记忆中的故园。"建设美丽村庄，是广大农民的热切期盼，更是建设新农村的时代呼唤。党的十八大以来，为改善农村人居环境，大力开展"厕所革命"。数据显示，中国农村卫生厕所普及率从2012年的71.7%提高到2016年的80.4%，不仅明显改善了农村环境卫生面貌，还有效预防和减少了疾病发生率。全面推进农村危房改造，建立村庄保洁制度，推行垃圾源头减量，全面治理生活垃圾，开展生活污水处理；建设规划先行，保留乡村特色。环境质量和农民幸福指数节节攀升，很多乡村成了城市"后花园"。农村基础设施建设全面加速。加大移动互联网基础设施建设投资力度，电信网络向偏远山区覆盖。普及自来水，加大集中供水，提高水质达标率，3亿多农村人口饮水安全问题得到解决；加快推进农村公路发展，5年来新建改建农村公路127.5万千米；井井通电、村村通动力电、小城镇电网改造，新一轮农网改造让农村发展产业的路子更广。从通电、通水、通路到通邮、通网，影响农民生活品质的设施短板正在补齐。农民收入增速连年快于城镇居民，城乡居民基本医疗和养老制度开始并轨，8000多万农业转移人口成为城镇居民。农村公共服务和社会事业达到新水平，农村教育、文化、卫生等社会事业快速发展。

3. 脱贫攻坚开创新局面。党的十八大以来，以习近平同志为核心的党中央把脱贫攻坚摆到治国理政突出位置，中国扶贫开发事业取得了历史性的成就。习近平总书记高度重视产业扶贫，作出了一系列重要论述，强调"发展产业是实现脱贫的根本之策。要因地制宜，把培育产业作为推动脱贫攻坚的根本出路"。习近平总书记的重要论述，丰富和发展了中国特色社会主义产业扶贫理论，成为推动中国产业扶贫事业的科学指南。贫困地区多样化的资源优势逐渐转化为产业优势、经济优势和后发优势，贫困农民腰包逐渐鼓起来了。2013—2016 年贫困地区农村居民人均收入连续保持两位数增长，年均实际增长 10.7%，其中国家扶贫开发工作重点县农民收入是 2012 年的 1.52 倍、2010 年的 2 倍。以农业部定点扶贫县湖北恩施来凤县为例，2016 年农民收入比 2012 年增长 89.5%。全国 6600 多万贫困人口稳定脱贫，脱贫攻坚取得决定性进展。农村社会焕发新气象，农村党群干群关系更加融洽，社会保持和谐稳定，党在农村的执政基础得到进一步夯实。

二、新时代"三农"发展面临的机遇与挑战

认识和理解乡村振兴，首先要把握"新时代"这个大背景。习近平总书记在十九大报告中强调，进入新时代，中国社会主要矛盾已经转化为人民日益增长的美好生活需要和不平衡不充分的发展之间的矛盾。新时代要决胜全面建成小康社会，农业农村不仅是关键一环，更是薄弱一环。实施乡村振兴战略，就是要破解农业农村发展中存在的深层次矛盾和问题，彻底解决"三农"这一关系国计民生的根本性问题。

（一）新时代"三农"发展的基础

党的十八大以来，中国农业农村发展取得历史性成就、发生历史性变革，不仅为经济社会持续健康发展提供了坚实支持，也为新时代实施乡村振兴战略奠定了扎实基础。

过去 5 年，国际形势极其复杂严峻，国内经济增速放缓、深层次矛盾凸显，多种自然灾害频繁发生，农业农村发展面临诸多困难和挑战。经过全国上下共同努力，农业连续丰收，农民收入持续增长，农村社会和谐稳定，农业农村发生很多标志性变化：水利灌溉等农业生产条件持续改善，人畜力为主

的耕作方式加快向机械化为主转变，农业综合生产能力迈上新的台阶，靠天吃饭的状况明显得到改观。市场体系、市场机制更加健全，面向市场的生产经营更为普及，农业市场化程序大幅提升。农民人均可支配收入增长速度连续快于城镇居民，生活水平明显提高，脱贫攻坚取得决定性进展。农村承包地“三权分置”、粮食等重要农产品收储制度改革取得重大突破，农村集体产权、供销合作社、集体林权、国有林场林区、农垦等改革深入推进，农业领域制度建设的“四梁八柱”基本确立。农村资源环境保护和生态修复进一步加强，农业节水行动取得积极成效，化肥农药使用量实现零增长，绿色发展迈出重要步伐。城乡居民基本医疗保险和基本养老保险制度实现并轨，农村基础设施和公共服务明显改善，农村治理体系和治理能力显著提升。

中国特色社会主义进入新时代，乡村振兴的基础已经夯实。我们有习近平总书记把舵定向，有党中央高度重视、科学决策，有全党全国全社会大力支持、积极参与，乡村振兴在政治上有根本保证。我们有社会主义制度能够集中力量办大事的优势，有不断健全的城乡融合发展体制、机制和政策体系，有农村土地集体所有制和双层经营体制，农村改革正在深入，政策红利还将不断释放，乡村振兴在制度上有坚强保障。我们有源远流长的优秀农耕文明，有寻根溯源的人文情怀，中华民族的乡村情结渗透基因血脉，加上现代城市文明的导入融汇，乡村振兴在文化上有深厚土壤。我们有人口众多、收入不断增长形成的巨大消费空间，有农村丰富资源要素和现代科技相结合带来的新增长点，有不断增长的农村投资需求，乡村振兴在经济上有市场潜力。同时，随着中国经济实力和综合国力日益增强，国家对农业农村的支持力度不断加大，农村生产生活条件加快改善，农民收入持续增长，乡村振兴在物质上有坚实支撑。这些年我们推进农业现代化和建设社会主义新农村建设，各地积累了很多成功经验和做法，乡村振兴在实践上有扎实基础。

（二）新时代“三农”发展的机遇

中国特色社会主义进入新时代，这是中国发展新的历史方位。进入新时代的中国经济发展呈现出了新的趋势。高速增长变为中高速增长，经济总量的快速扩张变为全面的质量提升，需要新的增长动力，因此必须实现动力转换。经济新常态是中国过去经济发展累积的结果，也是中国经济持续发展的新阶段。在新常态下，经济可持续发展必须建立在质量第一、效益优先的基础上，同时必须以供给侧结构性改革为主线。改革开放后的中国经济增长，一方面依靠释放出来的巨大需求来拉动；另一方面依赖低成本的要素投入来推动。而且，在这两方面之间还存在着相互促进的机制，形成了强大的增长动力。然而，这些动力在今天都不同程度地遇到发展“瓶颈”，迫切需要寻找新的动力和探索新的发展方式。

提高经济质量和效益，需要在供给侧下功夫，但不是靠供给侧的要素投入，而是需要供给侧的结构调整和创新驱动，因为这其中还具有很大的增长潜力。实现供给侧的结构调整，这是中国过去长期追求的一个目标，必须通过改革才可能最终实现。供给侧结构性改革中的结构调整，不再是增量意义上的调整，也不是有选择地进行调整，而是全方位的、整体性的结构调整。如此，城乡结构、农村内部结构都是供给侧结构性改革的重要组成部分。在改革开放后，中国农村实现了短暂的领先发展，但很快就在城乡发展不平衡中相对落后了。“三农”问题就是在这样的现实过程中逐步形成的，因此，彻底解决“三农”问题，必须有针对性地调整城乡发展不平衡的现状。中国经济进入新常态后，供给侧结构性改革把农村也纳入其中，这意味着解决“三农”问题有了客观基础。

2017年12月召开的中央农村经济工作会议提出，走中国特色社会主义乡村振兴道路，显示出中央解决“三农”问题的坚定决心和战略思路。实现乡村振兴，必须坚持以工补农、以城带乡，把公共基础设施建设的重点放在农村，推动农村基础设施建设提档升级，优先发展农村教育事业，促进农村劳动力转移就业和农民增收，加强农村社会保障体系建设，推进健康乡村建设，实现新型工业化、信息化、城镇化、农业现代化同步发展，加快形成工农互促、城乡互补、全面融合、共同繁荣的新型工农城乡关系。

新中国成立后，农村经济一直伴随着城乡互动关系变化而发展。计划经济体制时期，工农业产品价格“剪刀差”形成的农业、农村补贴工业、城市的关系，大大限制了农业和农村发展。改革开放后，农村的生产要素向城市转移，实现资源有效配置的同时，也引起了新的城乡差距，导致农村发展相对落后。中国经济进入新时代，具有了改变过去城乡关系的客观基础和主观条件，对于农村经济发展和解决“三农”问题来说，这无疑是一个具有历史意义的新机遇。当然，任何历史机遇都不会是自然地降临到任何当事者头上，因为，获得历史机遇必然要面对新挑战，并且有勇气和能力迎接新挑战。

（三）新时代“三农”发展面临的挑战

面对新时代农村发展的新机遇，彻底解决困扰农村发展的“三农”问题，必须形成农村发展的内生动力。如何形成农村发展的内生动力？这迫切需要新时代“三农”发展有效破解所面临的现实挑战。

解决“三农”问题必须做强农业，而农业的弱质性一直以来都是城乡差距的基础。目前农村推动的农业供给侧结构性改革，探索实现一二三产业融合，提升农业价值链，确实是解决“三农”问题的产业发展之路，但走通这条路需要一定的条件，对于农村来说面临不少挑战。技术、资金、人才是农业供给侧结构性改革必备的条件。没有重大的农业技术创新，无法解决农业生产的绿色化和农业产量之间的矛盾；没有大量的资金投入，实现农业技术创新难有动力；没有更多人才加入农业技术创新队伍，农业技术创新很难实现。

以此对照农村的现状，技术、资金和人才都存在较大短板，城乡之间的技术、资金和人才的流动还是单向度的，城市的“洼地效应”依然十分明显。

解决“三农”问题必须建立新的农业经营制度，而相关的配套制度建设滞后影响了新农业经营制度的建立。农村经济体制改革以实行家庭承包责任制起步。家庭联产承包责任制是将统一的土地集体所有权分离，并在分置所有权和承包权的基础上，把土地承包权交给农户的一种制度安排。该制度在近40年的农村经济发展中发挥了“定盘星”作用，推动了农村经济不断发展。然而，该制度无法解决城乡发展的差距，也制约了农业规模化经营，进而限制了农村经济进一步发展。如何实现农业规模化经营，这是新时代农村经济发展的出发点。目前，在农村探索实行的“三权分置”，以土地集体所有权和农户土地承包权为前提，通过土地经营权流转来实现农业规模化经营。这是一个正确的方向。但农村较为复杂的条件，以及发展的不平衡，使这一新经营制度的实施也面临挑战。问题的核心在于，农民把经营权流转后的出路在哪里。农民流转其土地经营权必须要解决的一个问题是，如何实现土地对农民保障功能的替换。为此，农民社会保障制度的建立是留在农村的农民愿意流转土地经营权所需要的配套制度；城市公共服务均等化是转移到城市的农民愿意流转土地甚至放弃土地承包权所需要的配套制度。

解决“三农”问题必须打赢脱贫攻坚战，而返贫概率高是攻坚脱贫的重大考验。中央部署在2020年全面建成小康社会，为此，要实现剩余的贫困人口脱贫。在精准扶贫的政策指导下，这一任务一定能够完成。不过，我们也应该清晰地认识到，农村的扶贫脱贫基础比较脆弱，这使得脱贫攻坚不仅是达标问题，更重要的是挖掉农民贫困的根基，形成农民内生发展的机制。农民内生发展机制的建立对于彻底解决“三农”问题，既是出路，也是挑战。

总之，乡村振兴有需求、有条件，我们必须紧紧抓住这一历史契机，顺势而为，主动作为，不失时机地向前推进，努力开创农业农村发展新局面。

三、实施乡村振兴战略的紧迫要求

乡村衰退导致的“乡村病”、城市贫民窟是一个全球共同面临的挑战。一直以来，围绕乡村发展有许多争论。比如，“凋敝论”，认为随着城市化进程加快，乡村必然凋敝甚至消亡，是城市化的必然代价，这是无法改变的“规律”。“悲观论”，其主要观点与前者相似，虽然认为乡村虽然不会消亡，但是也不可能繁荣。“担忧论”，这主要是农民和有乡村情结的人，对于乡村的未来感到非常彷徨，担心会被城市化浪潮抛弃。“振兴论”，一些专家呼吁国际社会应该像重视全球减贫、应对气候变化那样，给予振兴乡村同等的重视。2017 年 8 月 17 日，中国科学院地理科学与资源研究所研究员、长江学者特聘教授刘彦随和副研究员李玉恒在《自然》杂志上发表了一篇论文：《振兴世界乡村》（*Revitalize the world' s countryside*），认为在全球的城市化进程中，乡村同时需要振兴。

对于乡村衰退这一问题，我们要有四个基本判断：第一，乡村的衰落不是必然规律。在已经实现现代化的国家，如美国、法国、日本等，尽管农业占GDP比重很低，农业人口的比重也很低，但是乡村仍然是一派兴旺景象，并没有衰落下去。事实上，无论是发达国家，还是发展中国家，都制定了各种战略规划、实施行动计划，如日本的“农村振兴运动”、韩国的“新村运动”和“归农归村计划”、德国的“村庄更新”、法国的“农村改革”等。第二，中国目前仍然有将近 6 亿人生活在农村。未来城市化水平即便达到 70%，如果按照 15 亿人口计算，仍然有 4.5 亿人在农村。在已经实现现代化的国家中，人口过亿的只有美国和日本，美国 3 亿多，日本 1.3 亿，也就是说，这两个国家人口加起来都不到中国农村人口。我们党不允许如此数量巨大的人口在现代化进程中掉队。当然，农业农村现代化是“慢变量”，过程会相对长久一些。第三，其他国家出现乡村衰落，并不是中国乡村就必然会衰落。没有任何一个国家和地区的成功经验告诉我们，像中国这样一个具有数千年农耕文明史的东方大国，如何去实现农业农村现代化。中国在现代化进程中，农业农村农民到底会发生什么变化，实现现代化后，城乡是什么样的局面，人口呈怎么样的分布，社会要如何去治理，我们要未雨绸缪，做好顶层设计，积极应对挑战。第四，迄今为止，还没有哪个发展中大国能够解决好农业农村农民现代化问题。既然没有可以借鉴的规律，那么我们就要去探索，寻找和发现规律，走中国特色社会主义乡村振兴道路。中国干好乡村振兴事业，就是要为解决人类问题贡献中国智慧和中国方案。

党的十九大报告把乡村振兴战略作为党和国家重大战略，这是基于中国社会现阶段发展的实际需要而确定的，是符合中国全面实现小康，迈向社会主义现代化强国的需要而明确的，是中国特色社会主义建设进入新时代的客观要求。乡村不发展，中国就不可能真正发展；乡村社会不实现小康，中国社会就不可能全面实现小康；乡土文化得不到重构与弘扬，中华优秀传统文化就不可能得到真正的弘扬。所以振兴乡村对于振兴中华、实现中华民族伟大复兴的中国梦都有着重要的意义。

（一）实现“两个一百年”奋斗目标的紧迫要求

党的十九大作出的中国社会主要矛盾已经转化为人民日益增长的美好生活需要和不平衡不充分的发展之间的矛盾的重大政治论断，反映了中国社会发展的客观实际，是制定党和国家大政方针、长远战略的重要依据。当前，中国最大的发展不平衡，是城乡发展不平衡；最大的发展不充分，是农村发展不充分。中国三大差距（收入、城乡、区域差距）中城乡差距最为突出。如果乡村再不振、再不兴，就会拖国家现代化的后腿。乡村是否振兴，决定着全面小康社会的成色，决定着社会主义现代化的质量。

乡村兴则国家兴，乡村衰则国家衰。习近平总书记指出，中国要强农业必须强，中国要美农村必须美，中国要富农民必须富。如期实现第一个百年奋斗目标并向第二个百年奋斗目标迈进，最艰巨最繁重的任务在农村，最广泛最深厚的基础在农村，最大的潜力和后劲也在农村。必须统筹推进农村经济建设、政治建设、文化建设、社会建设、生态文明建设和党的建设，加快推进农业农村现代化，为决胜全面建成小康社会、全面建设社会主义现代化国家补齐短板、增强弱项、夯实基础，让亿万农民平等参与现代化进程，公平分享现代化成果。

（二）建设现代化经济体系的紧迫要求

党的十九大提出，中国经济已由高速增长阶段转向高质量发展阶段，必须坚持质量第一、效益优先，以供给侧结构性改革为主线，推动经济发展质量变革、效率变革、动力变革，把建设现代化经济体系作为中国发展的战略目标。中国特色社会主义进入了新时代，中国经济发展也进入了新时代，基本特征就是中国经济已由高速增长阶段转向高质量发展阶段。第一，原有的低成本优势逐步消失，生态环境约束强化，经济高速增长难以为继，高质量发展是必由之路。第二，更好满足人民对美好生活的多样化需求，不仅要量的增长，更要质的提升，高质量发展是时代之需。第三，世界发展规律表明，从中等收入国家迈向高收入国家，无不经历从速度到质量的整体转变，高质量发展是历史选择。建设现代经济体系，推动经济高质量发展，农业农村尤其繁重。当前，中国农业结构性矛盾突出，农业供给质量、综合效益和竞争力不高，农村一二三产业融合发展深度不够。

乡村振兴，产业兴旺是重点。建设现代化经济体系，必须坚持以农业供给侧结构性改革为主线，坚持质量兴农、绿色兴农，加快推进农业由增产导向转向提质导向，加快构建现代农业产业体系、生产体系、经营体系，提高农业创新力、竞争力和全要素生产率，实现由农业大国向农业强国转变。

（三）建设美丽中国的紧迫要求

党的十九大把生态文明建设提到更加重要的战略位置，强调坚持人与自然和谐共生，坚定走生产发展、生活富裕、生态良好的文明发展道路，建设美丽中国。在党的十九大报告中，习近平总书记提出了“在本世纪中叶建成富强、民主、文明、和谐、美丽的社会主义现代化强国”的伟大目标，明确地将建成“美丽中国”列为坚持和发展中国特色社会主义的总任务之一；在任务实施阶段安排上，习近平总书记提出要在2035年时基本实现建成“美丽中国”的目标。乡村在地理上占据了中国国土面积的绝大部分，是塑造中国山河基本面貌的主体，它不仅养育了数亿中华儿女，更是承载了中国绝大部分的自然旅游资源和绵延数千年的乡村文化，没有“美丽乡村”，就不会有“美丽中国”，实施乡村振兴战略是对建设“美丽乡村”的强有力的支持，更是建设“美丽中国”的主要支撑。农业是生态产品的主要供给者，乡村是生态涵养的主体区，生态系统保护修复的主战场在乡村。“美丽中国”要靠美丽乡村打底色，美丽乡村要成为现代化强国的标志。当前，农业资源环境压力大、面源污染依然严重、乡村生态依然脆弱、村庄“脏乱差”现象普遍存在，与建设“美丽中国”的要求还有很大差距。

乡村振兴，生态宜居是关键。建设“美丽中国”，必须牢固树立和践行“绿水青山就是金山银山”的理念，尊重自然、顺应自然、保护自然，坚持节约优先、保护优先、自然恢复为主的方针，统筹山水林田湖草系统治理，加快形成农业绿色发展方式，构建人与自然和谐共生的乡村发展新格局，实现百姓富、生态美的统一。

（四）传承中华优秀传统文化的紧迫要求

党的十九大提出，没有高度的文化自信，没有文化繁荣兴盛，就没有中华民族伟大复兴。中华文明的基本载体是乡村，中华文明的源头是农耕文化。农耕文明与工业文明相比有落后的一面，但从人与人、人与自然的关系上看，是具有长久生命力的。农耕文化中蕴含的社会理想、人文精神、道德规范、治理之道、生态理念、哲学思维等精华，是中华传统文化的精髓所在，是中华民族一脉相承的精神追求、精神特质、精神脉络。如果农业萎缩了、乡村凋敝了，乡村将会成为记忆中的故园，中华文明的根脉就会受到严重威胁。乡村文化是维持乡村秩序的重要基础。传统文化的碎片化、地域过疏化、地方空洞化等已成为影响乡村发展的重要因素，导致一些农民对乡村日积月累的乡情已逐渐淡薄，乡村文化的公共性出现了衰微的迹象。中国是一个几千年农耕文化植根深厚的农业大国，如无法有效解决当下农民故乡意识淡化、“向城而居”的问题，政府即使有再多的基础设施和公共服务，也难以真正实现乡村的可持续发展。

乡村振兴，乡风文明是保障。传承中华优秀传统文化，提升发展软实力，必须丰沃农耕文化传承的土壤，深入挖掘乡村文化蕴含的思想观念、人文精神、道德规范，结合时代要求继承创新，让农耕文明在新时代展现出永久魅力和风采。

（五）健全现代社会治理格局的紧迫要求

党的十九大提出，加强和创新社会治理，打造共建共治共享的社会治理格局。社会治理的基础在基层，薄弱环节在乡村。当前，农村正处于社会转型关键期，人口大量外流，村庄缺人气、缺活力、缺生机等现象普遍存在，到村里一看，农宅残垣断壁、老弱妇孺留守，房堵窗、户封门，见到的年轻人不多，村庄“空心化”、农户“空巢化”、农民“老龄化”不断加剧。农民形容这种现象为“外面像个村，进村不是村，老屋没人住，院荒杂草生”。

乡村振兴，治理有效是基础。健全现代社会治理格局，推进国家治理体系和能力现代化，必须把抓基层、打基础作为长远之计和固本之策，一切往基层倾斜，实现重心下移，夯实基层基础，健全乡村治理体系，创新乡村治理机制，形成有效的社会治理、良好的社会秩序，确保广大农民安居乐业，农村社会安定有序。

（六）实现全体人民共同富裕的紧迫要求

党的十九大提出，必须始终把人民利益摆在至高无上的地位，让改革发展成果更多更公平惠及全体人民，朝着实现全体人民共同富裕不断迈进。当前，中国城乡区域发展和收入分配差距依然较大，农民持续增收形势严峻，农村民生还有不少短板，脱贫攻坚任务艰巨。习近平总书记强调，“消除贫困、改善民生、逐步实现共同富裕，是社会主义的本质要求，是我们党的重要使命。”全面建成小康社会，最艰巨最繁重的任务在农村，特别是在贫困地区。没有农村的小康，特别是没有贫困地区的小康，就没有全面建成小康社会。

乡村振兴，生活富裕是根本。促进全体人民共同富裕，必须不断拓宽农民增收渠道，提高农民就业质量和收入水平，完善公共服务体系，保障群众基本生活，增进农民福祉，促进社会公平正义，坚决打好脱贫攻坚战，巩固脱贫攻坚成果，让农民的钱袋子进一步鼓起来、日子好起来，让广大农民在共同富裕的道路上赶上来、不掉队，让全体人民在共建共享发展中有更多获得感，增强中国特色社会主义的感召力、凝聚力，汇聚起亿万农民建设社会主义现代化强国的磅礴力量。

战/略/篇

第二章

乡村振兴战略的总体架构

实施乡村振兴战略是党中央部署的一项重大战略任务，具有全局性、总体性和长期性。必须从系统性出发对乡村振兴战略的科学内涵、目标任务、总体要求、主要内容和实施要点进行科学把握。

第一节 乡村振兴战略的科学内涵

乡村振兴战略不只是社会主义新农村建设的重要升级，而是一个全方位、立体式振兴的综合概念。乡村振兴不仅是产业的振兴，也是人才、文化、生态和组织的振兴，包括农业全面升级、农村全面进步、农民全面发展，其内涵非常丰富，包含五个方面的重点。

一、坚持农业农村优先发展是前提

党的十九大报告中有三处提出了“优先发展”，分别针对教育、就业以及农业农村。由此可见，农业农村地位发生了实质性的根本变化。2018年中央农村工作会议再次明确要求，坚持重中之重战略地位，各级党委和政府要坚持工业农业一起抓、坚持城市农村一起抓，把农业农村优先发展的要求落到实处，凸显了乡村振兴战略的重要地位，不局限于农业振兴、农村振兴的单一范畴，而是站在建设社会主义现代化强国的历史新高度提出加快实施乡村的全面振兴；不仅强调农业现代化不能再成为“四化同步”发展中的短腿，农村不能再成为全面小康社会建设中的短板，农业农村不再处于工业反哺农业、以工促农、以城带乡的弱势地位，而且强调必须将农业农村置于优先于工业、城市发展的首要地位。因此，在“两个一百年”奋斗目标的历史交汇期，必须始终把解决好“三农”问题作为全党工作的重中之重，通过各种举措振发兴举，增强农业农村活力。

二、实现“产业兴旺、生态宜居、乡风文明、治理有效、生活富裕”是总要求

2005年党的十六届五中全会提出建设“生产发展、生活宽裕、乡风文明、村容整洁、管理民主”社会主义新农村。经过长期努力，我国社会生产力水平总体上显著提高，农业现代化稳步推进，中国特色社会主义进入了新时代，社会主要矛盾已经转化为人民日益增长的美好生活需要和不平衡不充分的发展之间的矛盾。这就要求乡村建设提升，从单纯追求数量的“生产发展”到质

量第一的“产业兴旺”，从生存型的“生活宽裕”到体验型的“生活富裕”，从生活性的“村容整洁”到自然性的“生态宜居”，从单一的“管理民主”到综合的“治理有效”等，从而统筹推进农村经济、政治、文化、社会和生态“五位一体”建设。

三、推进农业农村现代化是目标

乡村振兴战略，是在深刻认识城乡关系、变化趋势和城乡发展规律的基础上提出的重大战略。从“城乡统筹”转向“城乡融合”，强调了城乡地位的平等、城乡要素的互动，以及城乡空间的共融。从“农业现代化”提升为“农业农村现代化”，增加了农村现代化的概念，农村不仅仅是为了服务于城市，农业也不仅仅是为了服务于工业。乡村振兴不在于乡村是否变成城市，关键在于农村和城市居民的生产生活水平和人居环境差别是否缩小和逐步消除；也不在于村民是否变成市民，关键在于城乡户籍所附带的公共福利是否平等，城乡公共服务是否均等化。农业现代化和农村现代化密不可分，只有农业农村的共同现代化，才能最终推动农业全面升级、农村全面进步、农民全面发展。实施乡村振兴战略的最终目标就是实现农业农村现代化。

四、建立健全城乡融合的体制、机制和政策体系是新动能

乡村振兴是全面的振兴，要着眼于重塑城乡关系、健全完善城乡融合发展的体制、机制，打破权益僵化固化模式，推动城市资本、技术、人才等要素流向农业农村，推动城乡规划布局、产业发展、公共服务、生态保护等方面共同发展，为乡村振兴注入新动能。建立健全城乡融合发展体制、机制和政策

体系，要充分发挥市场在资源要素配置中的决定性作用，通过市场机制实现城乡要素资源的优势互补、互通有无，做好“人”“钱”“物”等文章，解决好城乡发展中各自面临的重点任务。还要发挥好政府在城乡融合发展中的作用，加快推进城乡基本公共服务均等化，加大农村各项事业建设力度，逐步缩小城乡发展差距，提升农民的获得感、幸福感、安全感。建立健全城乡融合发展体制、机制和政策体系，要靠改革破解制约城乡发展的制度障碍，进一步推进农村集体产权制度改革，以农村“三权分置”改革给农民“还权赋能”，壮大集体经济。要深化城乡综合配套改革，在构建城乡一体化的土地制度、户籍制度、公共服务制度和政府行政管理制度改革上取得突破性进展。

五、加强党对农村工作的领导是保障

党管农村工作，是我们党的一个传统，也是一个重大原则。办好农村的事情，实现乡村振兴，关键在党。要把解决好“三农”问题作为工作重中之重，把农业农村优先发展的要求落到实处，要在干部配备上优先考虑、在要素配置上优先满足、在资金投入上优先保障、在公共服务上优先安排。在领导体制上，要健全党委统一领导、政府负责、党委农村工作部门统筹协调的农村工作领导体制。五级书记抓乡村振兴，县委书记要当好乡村振兴“一线总指挥”。建立选派第一书记工作长效机制，全面向贫困村、软弱涣散村和集体经济薄弱村党组织派出第一书记。努力实现乡村治理体系和治理能力现代化，培养造就一支懂农业、爱农民、爱农村的“三农”工作队伍，为实施乡村振兴战略提供组织与人才保障。

第二节　乡村振兴战略的目标任务

一、三个阶段性目标

实施乡村振兴战略是一项长期的历史性任务，不可能一蹴而就。中共中央国务院《关于推进乡村振兴战略实施的意见》（中发〔2018〕1号）文件根据党的十九大提出决胜全面建成小康社会、分两步走实现第二个百年奋斗目标的战略安排，按照"远粗近细"的原则，从三个时间节点，对实施乡村振兴战略的阶段性目标任务作了部署。

第一阶段：到2020年，乡村振兴取得重要进展，制度框架和政策体系基本形成。农业综合生产能力稳步提升，农业供给体系质量明显提高，农村一二三产业融合发展水平进一步提升；农民增收渠道进一步拓宽，城乡居民生活水平差距持续缩小；现行标准下农村贫困人口实现脱贫，贫困县全部摘帽，解决区域性整体贫困；农村基础设施建设深入推进，农村人居环境明显改善，美丽宜居乡村建设扎实推进；城乡基本公共服务均等化水平进一步提高，城乡融合发展体制、机制初步建立；农村对人才吸引力逐步增强；农村生态环境明显好转，农业生态服务能力进一步提高；以党组织为核心的农村基层组织建设进一步加强，乡村治理体系进一步完善；党的农村工作领导体制、机制进一步健全；各地区各部门推进乡村振兴的思路举措得以确立。

第二阶段：到2035年，乡村振兴取得决定性进展，农业农村现代化基本实现。农业结构得到根本性改善，农民就业质量显著提高，相对贫困进一步缓解，共同富裕迈出坚实步伐；城乡基本公共服务均等化基本实现，城乡融合发展体制、机制更加完善；乡风文明达到新高度，乡村治理体系更加完善；农村生态环境根本好转，美丽宜居乡村基本实现。

第三阶段：到2050年，乡村全面振兴，农业强、农村美、农民富全面实现。

前两个阶段，尤其是2020年，距离现在时间比较近，目标表述相对具体；第三阶段距离现在时间比较远，目标阐述抽象一些，只提出了“两个全面”。对于乡村全面振兴目标，中央农办主任韩俊同志认为，至少有三个鲜明标志。一是在农业绿色发展的基础上，乡村产业向多样化发展，乡村经济向多元化发展，乡村就业创业机会增多；二是乡村基础设施日趋完善，生态环境显著改善，城乡生活水平差距显著缩小；三是乡村的功能价值日益凸显，吸引力显著增强，人口由农村向城市单向流动的局面缓解。概括起来，就是乡村经济要兴，乡村环境要好，乡村人气要旺。如果再简单一点，就是农业强、农村美、农民富！

二、五大振兴任务

实施乡村振兴战略，既要推进农村生产力发展、生产关系变革，也要调整城乡关系、优化国家发展战略布局，涉及范围广、触及层次深，必须统筹谋划，科学推进。2018年两会期间，习近平总书记参加山东代表团审议时提出“五个振兴”的科学论断：即乡村产业振兴、乡村人才振兴、乡村文化振兴、乡村生态振兴、乡村组织振兴。要扎扎实实把乡村振兴战略实施好，必须突出完成好以下五大振兴任务。

（一）乡村产业振兴

乡村要振兴，产业振兴是源头、是基础。要紧紧围绕发展现代农业，围绕农村一二三产业融合发展，深入推进农业产业化，推动农村各产业融合发展，构建乡村产业体系，实现产业兴旺，把产业发展落到促进农民增收上来，进一步拓宽农民增收空间，全力以赴消除农村贫困，推动乡村生活富裕。

以农业供给侧结构性改革为主线，加大农业结构调整力度，重点在去库存、提质量上下功夫。以加快推进农业由产量导向向质量导向转变为目标，大力实施质量兴农战略，加快农业向绿色化、优质化、特色化、品牌化发展。大力加强农业综合生产能力建设，严格保护耕地，夯实保障国家粮食安全的基础。加快农业科技进步，强化创新驱动能力。完善农业支持保护制度，加快构建现代农业产业、生产、经营三大体系，不断提高农业创新力、竞争力和全要素生产率，提高农业质量、效益、整体素质。大力发展数字农业，提高农村电子商务发展水平，积极发展基于互联网的新业态新模式，为农业农村插上互联网的翅膀，促进农村经济社会发展。

（二）乡村人才振兴

乡村振兴关键在人。要把人力资本开发放在首要位置，让乡村能留住人才，让人才有更强大的信心及更广阔的发展空间，激励各类人才在农村广阔天地大施所能、大显身手，打造一支强大的乡村振兴人才队伍。

全面建立职业农民制度，实施新型职业农民培育工程，大力培育新型职业农民。加强农村专业人才队伍建设，特别是要扶持培养一批农业职业经理人、经纪人、乡村工匠、文化能人和非遗传承人等。探索新机制，全面建立高等院校、科研院所等事业单位专业技术人员到乡村和企业挂职、兼职和离岗创新创业制度，发挥好各类农业科技人员的作用。建立有效激励机制，吸引支持企业家、党政干部、专家学者、技能人才等通过下乡担任志愿者、投资兴业、包村包项目、捐资捐物等方式，参与到乡村振兴的伟大事业中来。要研究制定管理办法，允许符合要求的公职人员回乡任职；加快制定鼓励引导工商资本参与乡村振兴的指导意见。创新乡村人才培育引进使用机制，包括多方式并举的人力资源开发机制，城乡、区域、校地之间人才培养合作与交流机制，城市医生教师、科技文化人员定期服务乡村机制。同时，要积极引导发挥新乡贤在乡村振兴，特别是在乡村治理中的积极作用。

（三）乡村文化振兴

乡村文化是乡村振兴的重要基础和保障，乡村文化振兴是实现乡村经济发展、产业兴旺、生活富裕的重要动力，也是实现乡风文明、生态宜居、治理有效的重要支撑。实施乡村振兴战略，文化振兴是题中应有之义。

乡村文化振兴，要坚持中国特色社会主义文化发展道路，牢牢把握乡村文化建设的民族性、科学性和创造性，探索“既富口袋又富脑袋”的乡村文化振兴路径；要体现浓郁的地方特色，从乡土社会的特征中找出乡土社会的合理价值；要加强农村思想道德建设，传承农村优秀传统文化，培育文明乡风、良好家风、淳朴民风，提升农民精神风貌，提高乡村社会文明程度，焕发乡村文明新气象。

（四）乡村生态振兴

良好的生态环境是乡村振兴支撑点和展现点。实现乡村生态振兴，要把农业绿色发展摆在生态文明建设全局的突出位置，全面建立以绿色生态为导向的制度体系，基本形成与资源环境承载力相匹配、与生产生活生态相协调的农业发展格局，努力实现耕地数量不减少、耕地质量不降低、地下水不超采，化肥、农药使用量零增长，秸秆、畜禽粪污、农膜全利用，实现生态美、百姓富的有机统一，实现农业农村可持续发展。

推动乡村生态振兴，除了要坚持绿色发展之外，还要增加生态产品和服务供给，通过实施重要生态系统保护和修复工程，健全耕地草原森林河流湖泊休养生息制度，全面加强农村生态环境建设。积极发展生态产业、壮大绿色经济，把农村生态优势转化为发展经济的优势，打造农民安居乐业的美丽家园。

乡村生态振兴，要落实生态发展理念，实现可持续发展。要提升广大农民群众的环保意识，实现绿色发展。要大力推进农村“厕所革命”，不断完善乡村基础设施建设。留住绿水青山，就是留住金山银山，禁止乱砍滥伐，保护乡村乡韵，留住乡村特色，是当下乡村振兴的应有之义。

（五）乡村组织振兴

农村富不富，关键看支部；支部强不强，关键看“头雁”。农村基层党组织强不强，基层党组织书记行不行，直接关系乡村振兴战略实施效果。要加强农村基层党组织建设，打造千千万万个坚强的农村基层党组织，培养千千万万名优秀的农村基层党组织书记，把农村基层党组织建成坚强战斗堡垒，切实以抓党建促乡村振兴。乡村组织应加强自身建设，要用知识、能力充实党支部，提高党支部领导服务人民的能力，实现乡村经济的稳步发展。

乡村产业振兴、人才振兴、文化振兴、生态振兴、组织振兴，是一个有机整体，要统筹谋划、科学推进。要抓住产业振兴这个重点，以人才振兴为支撑，以文化振兴为灵魂，以生态振兴为根本，以组织振兴为保障，共同绘就乡村振兴的美丽蓝图。

第三节　乡村振兴战略的总体要求

习近平总书记在十九大报告中提出了实施乡村振兴战略的总要求，即“产业兴旺、生态宜居、乡风文明、治理有效、生活富裕”。这是站在新的历史背景下，农业农村发展到新阶段的必然要求，这五句话是一个有机整体，是不可分割的，应注重协同性、关联性、整体性，不能顾此失彼、只抓其一不顾其他。实施乡村振兴战略总要求继承和发展了中共中央关于制定“十一五”规划建议中关于建设社会主义新农村建设的总要求，即“生产发展、生活宽裕、乡风文明、村容整洁、管理民主”20字方针，同时又提出了新的变革和发展。

一、产业兴旺：建设现代农村产业体系

乡村振兴，产业兴旺是重点。要紧紧围绕促进产业发展，引导和推动更多的资本、技术、人才等要素向农业农村流动，调动广大农民的积极性、创造性，形成现代农业产业体系，实现一二三产业融合发展，保持农业农村经济发展旺盛活力。

将新农村建设总要求中的“生产发展”，替换为实施乡村振兴战略总要求中的“产业兴旺”，是对产业发展水平的新要求，强调构建现代农业产业体系、生产体系、经营体系，突出了产业发展的重要性和一二三产业的融合发展。

第一，突出了以推进农业供给侧结构性改革为主线，顺应了我国经济由高速增长阶段转向高质量发展阶段背景下，推动经济发展质量变革、效率变革、动力变革的要求，有利于更好地瞄准满足人民日益增长的美好生活需要这个目标。之前在新农村建设中强调“生产发展”，但如不重视流通的匹配及其与需求的衔接，有可能导致生产越多，无效供给越多，资源和要素的浪费越大，供给体系的质量、效益和竞争力越差，越难以实现产业兴旺。在市场经济条件下，检验产业是否兴旺的主要标尺，应该是产业发展的成果是否能够更好地满足居民需求扩张和消费结构升级的需求，产业发展质量、效率和竞争力是否得到可持续提升。

第二，突出了农村产业的融合发展，而非单纯的农业发展。许多发展中

国家在工业化、城镇化迅速发展阶段，出现农村经济结构单一化、农业副业化和农村发展萧条衰败的问题。要求“产业兴旺”有利于规避这些问题。目前农村的产业发展需要改变以往引进城市落后产能的怪圈，从绿色、环保、无污染产业入手，尤其要延长以农产品为主的农业产业链，提高农业附加值。早在2015年中央一号文件就提出“推进农村一二三产业融合发展”并单独列为一点进行论述，把产业链、价值链、生态观等现代产业发展理念和组织方式引入农业，延伸产业链、打造供应链、形成全产业链；并完善利益联结机制，让农民从产业链中获得更多利益，而不再仅仅获得较小份额的第一产业增加值，还可获得第二三产业的加工和流通利润等附加价值。产业兴旺实现的途径和载体，是通过一二三产业的相互融合，形成生产、加工、销售、服务一体化的完整产业链。广大乡村要立足资源优势和区位环境等综合因素，以市场需求为导向，大力发展特色种养业、农产品加工业、农村服务业、乡村旅游业等，扶持发展一村一品、一乡一业，壮大以村域经济和乡域经济为基础的县域经济，带动农民就业致富。这其中重点是提高农产品加工流通效率，推进农产品储藏、保鲜、加工，大力发展“公司+农户”“公司+合作社”“农户+合作社”的农业产业化经营，加强产地市场体系建设，支持发展直销、配送、电子商务等农产品流通业态，引领种养业品牌培育与产业升级。此外，还可依托农村景观，搭建乡村旅游平台，以带来更多的人气，寻求新的商机。总之，从“生产发展”升级到“产业兴旺”，体现了农业不仅是一个提供物质产品的生产部门，还是提供精神文化产品、生态产品、第三服务业以及乡村旅游、互联网+农业等为依托的多功能农业，这必须推动农村产业体系转型升级，实现一二三产业融合发展。

多年经验表明，一个地区的乡村振兴，必须要有产业支撑。产业是乡村振兴战略的核心，也是逐步实现农民就地城镇化、就近就业化的核心因素。

产业是经济社会发展的基础，也是乡村振兴战略的基础。深入推进乡村振兴战略，根本是加快产业转型升级，以产业兴旺带动事业兴旺，以事业兴旺支撑乡村兴旺。

二、生态宜居：建设山水田园美丽家园

乡村振兴，生态宜居是关键。要加强农村资源环境保护，大力改善水电路气房信等基础设施，统筹山水林田湖草保护建设，保护好绿水青山和清新清净的田园风光。

“生态宜居”被放在实施乡村振兴战略总要求的第二位，凸显了贯彻新发展理念和以人民为中心发展思想的自觉性。将新农村建设总要求中的“村容整洁”，置换为实施乡村振兴战略总要求中的“生态宜居”，是农村生态和人居环境质量的新提升，更加突出了重视生态文明和人民日益增长的美好生活需要。

党的十九大报告指出：“建设生态文明是中华民族永续发展的千年大计。”既强调人与自然和谐共处共生，要“望得见山，看得到水，记得住乡愁”，也是“绿水青山就是金山银山”理念在乡村建设中的具体体现。同时强调城乡公共服务的均等化，增强农村居民的获得感。

生态宜居无论对于城市和乡村来说，居住在其中的人们幸福感应该是最高标准和最直接体现。其保护与合理利用一切自然资源，技术与自然充分融合，人、自然、环境融为一体，生产力得到最大限度的发挥和利用，居民的身心健康和环境质量得到充分保护，民众的幸福感得到最大化体现。

目前对于乡村衰败来说，主要是以人口流出、乡村环境破坏为特征。随着“绿色经济”“低碳生活”的深入人心，引发了城市人群对“生态乡村”的渴望。

生态宜居指明了乡村宜居的至高目标，是包括环境、村容、设施建设等在内的综合表现。要实现生态宜居首先要保护当地现有的原始山、水、林、田、湖、草等最基本的生态基础，其次要建设以交通便利、生活方便、就医及时、文化繁荣、健身设施等为基本条件的基础设施，再次要对乡村中不利于当地环境保护和健康生存的污染企业、小作坊、小加工厂进行整治。这样才有利于居民的长久幸福，以及子孙后代的健康成长。

三、乡风文明：建设现代和谐精神家园

乡村振兴，乡风文明是保障。要促进农村文化教育、医疗卫生等事业发展，推进移风易俗、文明进步，弘扬农耕文明和优良传统，使农民综合素质进一步提升、农村文明程度进一步提高。

“乡风文明”，是实施乡村振兴战略总要求与新农村建设总要求提法唯一相同的，但同时也赋予了丰富的新内涵和更高水平的新要求。

乡风淳朴是中华民族优秀的传统文化，注重乡风文明体现了历史和现代的统一。中国人历来有修志的传统，翻看各地的志书，大都有“乡风淳朴”的写法，仔细找寻可以看到很多地方的乡规民约，可以说乡规民约对于乡风的传承起到了很好的示范效应。乡风是维系中华民族文化基因的重要纽带，是传承中华优秀文化的重要载体，更是实现中华民族伟大复兴的重要标志。改革开放初期，邓小平同志面对不良的社会现象提出物质文明和精神文明要两手抓，两手都要硬。实践证明，精神文明的重视和发展有利于促进经济社会文化各方面的繁荣发展。

建设文明乡风，就是要在农村倡导尊老爱幼、邻里团结、遵纪守法的良好乡风民俗，用文明言行来抵制各种歪风邪气，抓好农村移风易俗，坚决反对铺

张浪费、婚宴大操大办等陈规陋习，消除各种丑恶现象，树立文明新风，全面提升农民素质，提高农村社会的文明程度，形成团结、互助、平等、友爱的人际关系，构建和谐家庭、和谐村组、和谐村镇，打造农民的精神家园。

四、治理有效：建设祥和安定村庄

乡村振兴，治理有效是基础。要加强和创新农村社会治理，加强基层民主和法治建设，让社会正气得到弘扬、违法行为得到惩治，使农村更加和谐、安定有序。

将新农村建设总要求中的“管理民主”，替代为实施乡村振兴战略总要求中的“治理有效”，是对乡村治理目标的新导向，强调治理体制与结构的改革与完善，强调治理效率和基层农民群众的主动参与。相较于管理民主，治理有效要求更高、任务更重。报告提出“健全自治、法治、德治相结合的乡村治理体系”，为实现有效的乡村治理指明了新方向。

党的十八大以来，尤其是党的十八届三中全会提出社会治理体系和治理能力的现代化，从管理到治理，虽一字之变，但是内涵外延截然不同。

治理不是一整套规则，也不是一种活动，而是一个过程；治理过程的基础不是控制，而是协调；治理涉及公共部门，也包括私人部门；治理不是一种正式的制度，而是持续的互动。治理是一个舶来品，治理理论认为各国政府并不完全垄断一切合法权力，政府之外还有一些其他机构和单位负责维持秩序，参与经济和社会调节。

中国的政治改革在很大程度上是一种以政府治理或政府管理体制为重点内容的改革。纵观从 1978 年到 2008 年 30 年中国治理变革的轨迹，可以看到这样一条清晰的路线图：从一元治理到多元治理；从集权到分权；从人治到法治；从管制政府到服务政府；从党内民主到社会民主。改革开放以来以村民自治试水推动城市居民自治的规范化制度化成为我国基层社会治理体制的最大变革，同时基层群众自治制度也成为我党创新的基本政治制度之一。

党的十九大报告提出实施乡村振兴战略的基础就是“治理有效”，尤其是提出“加强农村基层基础工作，健全自治、法治、德治相结合的乡村治理体系。培养造就一支懂农业、爱农村、爱农民的‘三农’工作队伍”。报告中提出的自治、法治、德治相结合的乡村治理体系，为破解乡村治理困境指明了方向，充分体现了以人为本和系统治理、依法治理、综合治理、源头治理的理念。

在实践中，可以通过健全自我管理、自我服务、自我监督的自治建设体系，努力实现“市场能做的交给市场去做，社会能做的交给社会去做，居民能做的交给居民去做”。道德是一切良治善治的基石，要坚持以规促德，调动村民参与的积极性，修改完善有关乡规民约，树立用规章制度和行为准则的习惯，强化规范约束，发挥明导向、正民心、树新风的积极作用。对于法治，逐步通过送法下乡，引导广大村民习惯用法律方式解决纠纷，努力把基层矛盾解决在基层。同时要让自治、法治、德治真正落地，还要补齐干部素质不高、治理模式落后、制度建设不健全等现实短板，这将是下一步工作的重点。从“管理民主”升级到“治理有效”，体现了由“管”到“治”的乡村治理新思维，体现了从注重基层民主制度建设过程到追求农村社会稳定目标的转换。

五、生活富裕：建设现代富美乡村

乡村振兴，生活富裕是根本。要让农民有持续稳定的收入来源，经济宽裕，衣食无忧，生活便利，共同富裕。

“生活富裕”被放在实施乡村振兴战略总要求的最后，有利于突出目标导向，突出新时代解决“三农”问题的新要求。将新农村建设总要求中的“生活宽裕”，置换为实施乡村振兴战略总要求中的“生活富裕”，显然在目标导向上要求更高，是在生活宽裕基础上，对进一步提升农村居民生活水平、生活质量做出了更高的要求。这与我国当前正处于“决胜全面建成小康社会、进而全面建设社会主义现代化强国”的新时代密切相关。之前，我国社会的主要矛盾是人民日益增长的物质文化需要同落后的社会生产之间的矛盾。进入新时代，我国社会主要矛盾已经转化为人民日益增长的美好生活需要和不平衡不充分的发展之间的矛盾。与之前相比，当前我国城乡居民收入和消费水平明显提高，对美好生活的需要内涵更丰富、层次更高，因此仅用“生活宽裕”难以涵盖新时代农民日益增长的美好生活需要。

目前我国已经成为世界第二大经济体，综合国力显著强盛，具备了实施乡村振兴战略的物质技术条件，尤其是处于全面建成小康社会的决胜期，农民的小康更是关键所在，关系着全面建成小康社会的实现。适应我国发展的阶段性特征，宜坚持工业反哺农业、城市支持农村和多予少取放活的方针，建立健全城乡融合发展体制、机制和政策体系，加快形成城乡经济社会发展一体化格局，让农业成为有奔头的产业，让农民成为有吸引力的职业，让农村成为安居乐业的美丽家园。所以现在适时提出“生活富裕”的目标是可行的。

总之，党的十九大报告提出的实施乡村振兴战略的总要求，是基于对新时代我国社会主要矛盾变化和不平衡不充分发展实际的深刻洞察，抓住了与乡村振兴相关的人民最关心最直接最现实的利益问题，凸显了鲜明的问题导向和目标导向，富有前瞻性和现实针对性。

第四节　乡村振兴战略的主要内容

中央关于乡村振兴战略部署的主要内容，体现在2018年中央农村工作会议和2018年中央一号文件上。

2018年中央农村工作会议对实施乡村振兴战略进行了谋篇布局。习近平总书记在中央农村工作会议上发表了重要讲话，深刻地阐述了实施乡村振兴战略、走中国特色社会主义乡村振兴道路的一系列重大的理论问题、政策问题和实践问题。习近平总书记向全党、全国发出了实施乡村振兴战略的总动员令，中共中央以《关于实施乡村振兴战略的意见》（2018年中央一号文件）的形式，对我国乡村振兴战略作了具体的部署和安排。2018年是改革开放40周年，中国改革的序幕就是从农村拉开的。2018年中央一号文件具有承前启后的里程碑意义，既体现了改革开放40年来“三农”工作的继承和总结，更是开创新时代“三农”工作新局面的一个纲领性文件。

2018年中央一号文件是一个管全面的文件。过去一号文件讲农业、讲经济多一些，今年除了强调农业的现代化、农村的经济建设，还对农村的政治建设、文化建设、社会建设、生态文明建设和党的建设做了全面部署。2018年中央一号文件也是一个管长远的文件。乡村振兴战略的实施，要贯穿社会主义现代化建设的全过程，贯穿中华民族伟大复兴的全过程。

2018年中央一号文件全面总结了党的十八大以来农业农村发展的历史性成就和历史性变革，这5年，是我国“三农”事业发展的又一个“黄金期”，“三农”事业取得的成就对党和国家事业发展全局发挥了“压舱石”的重要作用。

当前，我国的主要矛盾已经转化为人民日益增长的美好生活需要和不平衡不充分的发展之间的矛盾。中央一号文件用五个“亟待”来分析当前“三农”发展中的深层次矛盾：第一，农业供给亟待提升；第二，新型职业农民队伍亟待加强；第三，农村基础设施和民生领域欠账较多，农村环境和生态问题比较突出，乡村发展的整体水平亟待提升；第四，国家强农支农政策体系相对薄弱，农村金融改革任务繁重，城乡之间要素合理流动机制亟待健全；第五，农村基层党的建设存在薄弱环节，乡村治理体系和治理能力亟待加强。

乡村振兴战略不能简单地理解为是新农村建设的升级版。中央一号文件把农业农村优先发展具体化为“四个优先”，即在干部配备上要优先考虑，在要素配置上要优先满足，在资金投入上要优先保障，在公共服务上要优先安排。中央一号文件定方向、定思路、定任务、定政策，通过一系列抓手，搭建了实施乡村振兴战略的“四梁八柱”，指明了要走中国特色社会主义乡村振兴道路的新方向，谱写了“让农业成为有奔头的产业、让农民成为有吸引力的职业、让农村成为安居乐业的美丽家园”的新时代乡村全面振兴新篇章。

一、培育乡村发展新动能

农业兴、百业旺，乡村才会有活力。乡村振兴离不开产业的支撑、经济的繁荣，必须加快构建现代农业产业体系、生产体系、经营体系，提高农业创新力、竞争力和全要素生产率，加快实现由农业大国向农业强国转变。

一是坚持质量兴农、绿色兴农，实施质量兴农战略，推动农业由增产导向转向提质导向。这是农业供给侧结构性改革最为紧迫的任务。一方面，要通过多种渠道、多种方式消化粮食库存，特别是加大粮食加工转化力度，地方各部门要积极予以支持。同时，要采取有力措施，引导农民以市场为导向，提高优质专用粮食比重，大力发展绿色生产健康养殖。另一方面，要以提高农产品质量为主攻方向，推动农业质量革命。抓紧制定和实施国家质量兴农战略规划，引导农业加快向绿色化、优质化、特色化、品牌化发展。打造质量兴农引领平台，加快完善农产品管理制度体系，抓好“三园三区”建设。二是确保国家粮食安全，实施藏粮于地、藏粮于技战略，在高标准农田建设、农业机械化、农业科技创新、智慧农业等方面迈出新步伐。推进农业供给侧结构性改革，要在抓好农业结构调整的同时，大力加强农业综合生产能力建设，夯实保障国家粮食安全的基础，关键是要保护和建设好耕地。对全国划定的15.50亿亩永久基本农田，要建立健全“划、建、管、补、护”长效机制，全面落实永久基本农田特殊保护政策。要大规模推进土地综合整治和高标准农田建设，改善农田灌溉设施，稳步提升耕地质量，实现数量、质量、生态“三位一体”发展。三是开发农业多种功能，挖掘乡村多种价值，推进农村一二三产业融合发展。要做好用地保障服务，不断完善农村土地管理政策体系。在符合土地利用总体规划前提下，允许县级政府调整优化村庄用地布局，有效利用农村存量建设用地；预留部分规划建设用地指标，用于农业设施和休闲旅游设施等建设。对利用收储农村闲置建设用地发展农村新产业新业态的，给予新增建设用地指标奖励。四是统筹兼顾培育新型农业经营主体和扶持小农户，强化服务和利益联结，把小农生产引入现代农业发展轨道。五是实施特色优势农产品出口提升行动，深化与“一带一路”沿线国家和地区农产品贸易关系，积极支持农业走出去，构建农业对外开放新格局。

二、形成人与自然和谐共生发展新格局

长期以来，农业边际产能过度开发，农业农村领域生态环境欠账问题比

较突出。还有很多地方生态资源丰厚，但“养在深闺人未识”，空守着绿水青山这个“金饭碗”受穷。保护生态环境就是保护生产力，改善生态环境就是发展生产力。必须牢固树立“绿水青山就是金山银山”的发展理念，尊重自然、顺应自然、保护自然，把该减的减下来、该退的退出来、该治理的治理到位。

一是要加大农业生态系统保护力度，统筹山水林田湖草系统治理，实施重要生态系统保护和修复工程，健全耕地草原森林河流湖泊休养生息制度，分类有序退出超载的边际产能。二是要开展农业绿色发展行动，实现投入品减量化、生产清洁化、废弃物资源化、产业模式生态化，加快形成种养结合、生态循环、环境优美的田园生态系统。三是要建立市场化多元化生态补偿机制，让保护生态环境不吃亏、得到实实在在的利益，让农民成为绿色空间的守护人。四是要大力发展生态产业、绿色产业、循环经济和生态旅游，提供更多更好的绿色生态产品和服务，让更多老百姓吃上生态饭，走出一条发展“美丽经济”的新路子。

三、提升农民精神新风貌

乡村振兴，既要富口袋，也要富脑袋，必须坚持物质文明和精神文明一起抓。

一是要深入实施公民道德建设工程，深化群众性精神文明创建活动，引导广大农民自觉践行社会主义核心价值观，树立良好道德风尚，建设幸福家庭、友爱乡村、和谐社会。要推进诚信建设，让诚实守信者得到激励，让有违道德者得到戒束。二是要深入挖掘、继承、创新优秀传统乡土文化，把保护传承和开发利用有机结合起来，让优秀农耕文明在新时代展现其魅力和风采，让乡村焕发文明新气象。三是要完善农村公共文化服务体系，保障农民群众基本文化权益，提供更多更好的农村公共文化产品和服务。四是要加强农村移风易俗工作，旗帜鲜明地引导群众抵制封建迷信、摒弃陈规陋习，形成文明健康的生活方式，培育文明乡风、良好家风、淳朴民风，不断提高乡村社会文明程度。

四、构建自治、法治、德治相结合的乡村治理新体系

当前，乡村社会“空心化”、家庭“空巢化”、人际关系“商品化”等问题日益凸显，农村内部大小各类矛盾突出，农村基层社会矛盾处于易发多发期。必须把夯实基层基础作为固本之策，抓住农村基层组织建设这个“牛鼻子”，着力解决乡村社会“散”的问题，建立健全党委领导、政府负责、社会协同、公众参与、法治保障的现代乡村社会治理体制。要注重现代治理方式与传统治理资源相结合，健全自治、法治、德治相结合的乡村治理体系。在依法治理的基础上，重视综合治理、系统治理、源头治理，法、德、礼并用，以法治定纷止争、以德治春风化雨、以自治消化矛盾，以党的领导统揽全局。

一是要加强农村基层党组织建设。把农村基层党组织建成坚强战斗堡垒，强化农村基层党组织领导核心地位。二是要深化村民自治实践。要推动乡村治理重心下移，创新基层管理体制、机制，整合优化县乡公共服务和行政审批职责，打造“一门式办理”“一站式服务”的综合便民服务平台。三是要建设法治乡村。强化法律在维护农民权益、规范市场运行、农业支持保护、生态环境治理、化解农村社会矛盾等方面的权威地位。四是要提升乡村德治水平。深入挖掘乡村熟人社会蕴含的道德规范，强化道德教化作用，建立道德激励约束机制。五是要建设平安乡村。深入开展扫黑除恶专项斗争，严厉打击农村黑恶势力、宗族恶势力，严厉打击黄赌毒盗拐骗等违法犯罪，持续开展农村安全隐患治理，建设平安乡村，确保乡村社会充满活力、和谐有序。

五、提升农民群众幸福感获得感

让亿万农民生活得更美好，是实施乡村振兴战略的出发点和落脚点。要围绕农民群众最关心最直接最现实的利益问题，一件事情接着一件事情办，一年接着一年干，把乡村建设成为幸福美丽新家园。

一是要优先发展农村教育事业，推进健康乡村建设，提高农村民生保障水平，在农村幼有所育、学有所教、住有所居、病有所医、老有所养、弱有所扶等方面持续取得新进展。二是要健全覆盖城乡的公共就业服务体系，拓宽农民增收渠道，促进农村劳动力转移就业和农民增收，保持农村居民收入增速快于城镇居民。三是要推动社会保障制度城乡统筹并轨，织密兜牢困难群众基本生活的社会安全网。四是要适应农民生活改善和产业发展新要求，推动农村基础设施建设提档升级，完善管护运行机制，推动城乡基础设施互联互通。五是要以农村垃圾、污水治理和村容村貌提升为主攻方向，稳步有序推进农村人居环境突出问题治理，坚持不懈推进农村“厕所革命”，给农民一个干净整洁的生活环境。

六、打好精准脱贫攻坚战

乡村振兴，摆脱贫困是前提。就贫困地区而言，2020年之前的乡村振兴，核心还是脱贫攻坚。要做好乡村振兴与脱贫攻坚的政策衔接、机制整合和工作统筹。要坚持精准扶贫、精准脱贫，聚焦深度贫困地区和特殊贫困群体脱贫，把提高脱贫质量放在首位，尽锐出战、精准施策，坚决打好精准脱贫攻坚战，确保实现脱贫目标。

一是瞄准贫困人口精准帮扶。对有劳动能力的贫困人口，强化产业和就业扶持；对“一方水土养不了一方人”之地，要有序推进易地扶贫搬迁；对完全或部分丧失劳动能力的贫困人口，综合实施保障政策；要做好农村最低生活保障工作的动态化和精细化管理。二是聚焦深度贫困地区集中发力。以解决突出制约问题为重点，以重大扶贫工程和到村到户帮扶为抓手，加大政策倾斜和扶贫资金整合力度，增强贫困农户发展能力，重点攻克深度贫困地区脱贫任务。三是激发贫困人口内生动力。要把扶贫同扶志、扶智结合起来，把救急纾困和内生希望结合起来，提升贫困群众发展生产和务工经商的基本技能，引导贫困群众克服“等靠要”思想，形成自强自立、争先脱贫的精神风貌，进而实现可持续发展。要改进帮扶方式方法，更多采用生产奖补、劳务补助、以工代赈等机制。四是强化脱贫攻坚责任和监督。坚持中央统筹省负总责市县抓落实的工作机制，强化党政一把手负总责的责任制，统筹做好进度安排、项目落地、资金使用、人力调配等各项工作，层层压实责任，构成脱贫攻坚的强大合力。

第五节　乡村振兴战略的实施要点

乡村振兴，既是一场攻坚战，更是一场持久战。实施乡村振兴战略伴随着现代化建设全过程，不是几年就可以大功告成、收官交账的，扎实做好乡村振兴战略大文章，要紧紧抓住关键点，精准发力，还要正确把握和处理好各方面的关系。

一、实施好乡村振兴战略的几个关键点

第一，实施乡村振兴战略必须强化规划的引领作用。实施乡村振兴是一项长期的历史性任务，要科学把握乡村发展走势和分化特征，做到规划先行。目前村庄建设无规划可依，对村庄"空心化"的治理也缺乏有效手段，农村土地资源浪费严重，很多村庄风貌比较差。因此，2018 年中央一号文件部署，要编制国家乡村振兴战略规划，要引导规划下乡，要培养引领乡村建设的规划人才。

第二，实施乡村振兴战略要有党内法规的保障。2018 年中央一号文件提出，要研究制定中国共产党农村工作条例。党管农村工作是我们的优良传统，要把"三农"事业重中之重的地位落到实处，把"四个优先"落到实处，必须加强党对"三农"工作的领导。这个条例就是要完善党的农村工作领导体制，确保乡村振兴战略实施有坚强的政治保障。

第三，实施乡村振兴战略要见行动、见成效，要实施一系列重要战略、重大行动和重大工程。继续强调要实施国家粮食安全战略，藏粮于地、藏粮于技；要实施食品安全战略，建立健全质量兴农的评价体系、政策体系、工作体系和考核体系；要加快实施数字乡村战略，加快农村地区宽带网络和第四代移动通信网络覆盖的步伐，弥合城乡间的数字鸿沟。在重大行动方面，出台打好脱贫攻坚战三年行动计划，启动实施农村环境治理整治三年行动，以及产业强村兴县行动、农业绿色发展行动、国家农业节水行动、特色优势农产品出口提升行动、乡村就业创业行动，开展农村扫黑专项斗争等。在重大工程方面，大规模推进土地整治和高标准农田的建设，发展高端农机装备制造和智慧农村水利，建设现代化海洋牧场和现代化农产品冷链仓储物流体系，深

入开展电子商务进农村综合示范等。

第四，实施乡村振兴战略必须有全方位的制度性供给做保障。2018年中央一号文件围绕巩固和完善农村基本经营制度，深化农村土地制度改革，深入推进农村集体产权制度改革，完善农业支持保护制度，全面建立职业农民制度，建立市场化、多元化的生态补偿机制，建立自治、法治、德治相结合的乡村治理体系，健全乡村人才培育，引进适用机制，建立工商资本参与乡村振兴制度等，部署了一系列重大改革举措和制度建设。

第五，乡村振兴必须要解决钱从哪里来的问题。一是要建立健全实施乡村振兴战略的财政投入保障制度。公共财政要更大力度向“三农”倾斜，但要规范地方政府的举债融资行为，不能借乡村振兴之名违法违规变相举债。二是对金融怎么服务好乡村振兴提出了硬要求。要建立适合农业农村特点的农村金融体系，推动农村金融机构回归本源，不能脱农进城。三是要拓宽资金筹措渠道，鼓励社会资本参与乡村振兴。乡村振兴的大门是向工商企业、社会资本敞开的，绝不是政府唱“独角戏”，应当是政府和社会唱好“大合唱”。

第六，要坚持和完善党对农村工作的领导。2018年中央一号文件提出要实施乡村振兴战略领导责任制，党政一把手是第一责任人。五级书记抓乡村振兴，县委书记要当好乡村振兴的一线总指挥，各个省、市、区的党委和政府每年都要向党中央报告实施乡村振兴战略的进展情况，要建立市、县领导班子和领导干部推进乡村振兴战略实绩考核制度。

总之，实施乡村振兴战略，最关键的就是要调动亿万农民的积极性、主动性、创造性，发挥好农民在乡村振兴中的主体作用，促进农业全面升级、农村全面进步、农民全面发展。只要咬定目标，苦干实干，久久为功，到2020年，乡村振兴战略实施一定会取得重大进步，到2035年会取得决定性胜利，到本世纪中叶一个崭新的农业强、农村美、农民富的乡村一定会展现在我们面前。

二、处理好乡村振兴的几个关系

在实施乡村振兴战略过程中，要注意处理好几个重要关系。

一是乡村振兴与新农村建设的关系。2005 年 10 月，党的十六届五中全会作出建设社会主义新农村建设的战略部署，并提出了五句话二十字的要求，即“生产发展、生活宽裕、乡风文明、村容整洁、管理民主”。12 年时间过去了，我国农业农村发展取得了历史性成就，发生了历史性变革，说明社会主义新农村建设是成功的，要结合形势变化和时代发展，赋予其新的内涵。现在提实施乡村振兴战略，总要求还是五句话二十字，即“产业兴旺、生态宜居、乡风文明、治理有效、生活富裕”。除了“乡风文明”之外，其他 4 句话是不一样的，但这次的内容明显立意更高、要求更高，内涵也更加深刻，顺应了亿万农民群众对美好生活的需要。第一，过去讲“生产发展”，主要是发展农业生产，搞粮食生产；现在强调“产业兴旺”，则要求乡村要有产业体系作为支撑，既要农业兴，更要百业旺，要让乡村呈现五谷丰登、六畜兴旺、三产融合的新景象。第二，过去讲“村容整洁”，主要是农民的房前屋后要整理得干净就可以了；现在强调“生态宜居”，不仅对村庄人居环境有更高的要求，而且还要求整个农业走绿色发展道路，使破坏的生态环境得到修复，实现人与自然和谐共生。第三，过去讲“管理民主”，主要是村两委的基层管理要民主；现在强调“治理有效”，要在适应农村社会结构变化，加强基层基础工作，推进治理体系和治理能力现代化，健全自治、法治、德治相结合的乡村治理体系。第四，过去讲“生活宽裕”，主要是农民手上要有点闲钱，当时农民年收入只有 2000 多元，解决好温饱过日子的问题；现在强调“生活富裕”，2017 年全国农民人均收入 1.3432 万元，“宽”与“富”只有一字之差，表明人民追求发生了巨大改变，生活不仅要过得去，更要过得好、过得幸福，要像城里人一样享有高质量的公共服务和社会保障。而且“生活富裕”四个字被移到五句话的最后讲，其实就是要体现乡村振兴的根本目的。第五，只有“乡风文明”没有改变，一方面说明过去新农村建设进程中，这个问题没有完全解决好，还需要一个长期过程，久久为功；另一方面表示内涵和要求发生了很大的变化，这次更强调繁荣兴盛农村优秀传统文化，提升农民精神风貌，培育文明乡风、良好家风、淳朴民风，不断提高乡村社会文明程度。

二是乡村振兴与新型城镇化的关系。实施乡村振兴与推进城镇化，不是非此即彼的关系，而是互促共建、相辅相成的。我国的城镇化还处在进行时，农民进城还是大趋势，要坚持乡村振兴与新型城镇化一起抓，两个轮子一起转。当务之急是让符合条件的农业转移人口在城市落户安居，加快实现基本公共服务常住人口全覆盖。要通过制度保障，让进城的进得放心，让留在乡村的留得安心，实现城镇与乡村相得益彰。中央关于城镇化的大政方针已经明确，现在的工作重心是如何实现乡村振兴。要对乡村地位、城镇化作用和现代化要求进行新定位、新思考和新解读，让乡村建设尽快跟上国家发展步伐。只有农业和农村这个“基本盘”稳住了，国家现代化建设的“整盘棋”才能活下来。

三是乡村振兴与脱贫攻坚战的关系。打好精准脱贫攻坚战，是全面建成小康社会的三大攻坚战之一，是最具有决定性意义的攻坚战。脱贫是乡村振兴的基础，乡村振兴也可以巩固脱贫攻坚成果，并为农民逐步富裕创造条件。习近平总书记在中央农村工作会议上阐述走中国特色社会主义乡村振兴道路时，强调要“打好精准脱贫攻坚战，走中国特色减贫之路”。2018 年中央一号文件在部署落实五句话二十字总要求之后，用了一个章节的篇幅对打好精准脱贫攻坚战进行安排，要求在工作中做好实施乡村振兴战略与打好精准脱贫攻坚战的衔接。就各级部门目前的重视程度、工作力度和资源投入强度而言，如期完成脱贫攻坚任务是没有多大问题的。所以，中央强调不要追求速度，要把提高扶贫质量和脱贫质量放在首位，实施乡村振兴战略的各项举措也要首先对贫困地区给予支持，以便为稳定脱贫创造更好的保障条件。需要说明的是，脱贫攻坚要坚持实事求是，不能层层加码，提不切实际的目标。中央提出贫困人口实现“两不愁三保障”，并解决区域性整体贫困，就是消除传统概念上的“绝对贫困”。应该来说，现行扶贫标准能够达到全面小康生活的基本要求，在国际上也是一个高的标准。实现这个标准下的脱贫是一项了不起的成就，也是很不容易的。不能做超越发展阶段的事，否则贫困农民就可能会陷入“福利陷阱”，对非贫困人口就会造成“悬崖效应”，不仅难以做到，而且还会留下后遗症。

四是乡村振兴与粮食安全观的关系。粮食问题是人们普遍关注的一个问题。现在粮食连年丰收，库里粮食装不下，财政负担增加，品种结构存在问题，进口压力增大。这个问题不能回避，所以要优化农业结构、改革收储制度、推进休耕轮作、消化过量库存。对粮食问题，要善于透过现象看本质。在一个 13 亿多人口的大国，粮食多了是问题，少了也是问题，但这是两种不同性质的问题。多了是库存压力，是财政压力；少了是社会压力，是整个大局的压力。目前，我国粮食供求相对宽松，农副产品价格比较稳定，老百姓没有意见，人心安定。但是粮食少了是经历过的。粮食一时多一点、少一点是技术性问题，但粮食安全是战略性问题，要看深一点、远一点。粮食收储制度改革关系国家粮食安全，关系种粮农民生计，要稳中求进，不能搞休克疗法，更不能甩包袱。调整政策要给农民留出转圜的时间和空间。粮食生产，我们要苦练内功、强身健体，提高市场竞争力。

战/略/篇

第三章

中国特色社会主义乡村振兴道路

党的十九大报告提出实施乡村振兴战略，并作为七大战略之一写入党章，这在我国农业农村发展历史上具有划时代的里程碑意义。2017 年 12 月 28 日至 29 日，中央农村工作会议在北京举行，会议强调，走中国特色社会主义乡村振兴道路，一是必须重塑城乡关系，走城乡融合发展之路；二是必须巩固和完善农村基本经营制度，走共同富裕之路；三是必须深化农业供给侧结构性改革，走质量兴农之路；四是必须坚持人与自然和谐共生，走乡村绿色发展之路；五是必须传承发展提升农耕文明，走乡村文化兴盛之路；六是必须创新乡村治理体系，走乡村善治之路；七是必须打好精准脱贫攻坚战，走中国特色减贫之路。

第一节　重塑城乡关系，走城乡融合发展之路

从党的十六大首次提出统筹城乡经济社会发展，到党的十八大提出推动

城乡一体化，到党的十九大提出建立健全城乡融合发展体制、机制和政策体系。改革开放以来，城乡发展由“统筹”到“融合”的关系定位，不仅体现了我们党对城乡发展有了更加科学的认识和定位，也为乡村振兴指明了方向和道路，同时还表明破除城乡二元体制的历史进程一直都在有条不紊地向前推进。

一、城乡融合发展是实现乡村振兴战略目标的历史必然

首先，城镇和乡村是相互促进、共生共荣的命运共同体。能否处理好城乡关系，关系社会主义现代化建设全局。习近平总书记指出，实现中华民族伟大复兴的中国梦，农民不能缺席，乡村不能掉队，农业不能拖后腿。从现实看，没有乡村的现代化，就没有全国的现代化。我国目前仍然有将近6亿人生活在农村。未来城市化水平即使达到70%，如果按照15亿人口计算，仍然有4.5亿人在农村。当前，中国的社会矛盾已经转变为人民日益增长的美好生活需要和不平衡不充分的发展之间的矛盾。满足人民日益增长的美好生活需要，实现社会主义现代建设的宏伟目标，必须把农村发展不平衡不充分的短腿补上去。

其次，城乡融合发展事关社会主义现代化建设战略目标的实现。农业农村现代化是国家现代化的重要组成部分和基础支撑。改革开放以来，中国步入了以工业化城镇化为核心的现代化发展快车道，城镇数量迅速增多、规模急剧膨胀、边界不断拓展。但是，乡村居民在分享现代化发展成果的同时，也累积了很多问题。比如，随着农村人口大量向城镇转移，“空心村”现象日益严重；青壮年劳动力外出务工，农业人口老龄化现象严重；生源流失，学校功能折损，留守儿童教育成为问题；公共基础设施建设和公共服务体系建设不到位，农村人居环境堪忧；土地使用权分割严重和流转不畅，农业经营方式现

代化受到挑战；虽然收入水平大幅提高，但与城镇居民收入差距拉大的趋势仍未缓解。特别是面临流转的地，留守的人（老人、妇女、儿童），留闲的房（空闲房），留下的“毒”（农村环境污染），流失的乡土文化。与高度现代化的城镇相比，农村的差距反而更大了，乡村振兴迫在眉睫。

再次，城乡融合发展是促进乡村振兴的助推器。新中国成立初期形成的城乡二元结构，导致城乡间长期存在价格剪刀差现象（农业产品价低和工业产品价高），农村为城市发展做出了很大的牺牲。与“城乡统筹”“城乡一体化”发展要求明显不同，城乡融合是要将乡村置于城市同等重要地位，让人才、资金、信息、技术等要素在城乡之间自由流动。目前，城乡二元结构还没有真正破解，城乡之间发展不平衡的问题越来越突出。因此，推进城乡融合发展，充分发挥市场在资源配置中的决定性作用，加快各类要素在城乡之间自由流动、均衡配置，是打破城乡二元结构、实现城乡融合发展和促进乡村振兴的重要力量。

二、坚持走城乡融合发展的乡村振兴发展路径

一是要重塑城乡关系。重塑城乡关系，是一个崭新的提法。说到底，就是如何处理城镇与乡村的关系，做到四个再认识。第一，对乡村的地位要再认识。有的人认为，“三农”对生产总值、财政收入贡献少，不如工业项目来得快，基础设施、公共服务、社会管理还是向城市倾斜，“三农”往往排不上号。有的人看到农业连年丰收，便放松了“三农”工作，“说起来重要、干起来次要、忙起来不要”。在工业化、城镇化进程中，城市发展一马当先，乡村建设被甩在了后面，我国乡村的地位是值得思考的大问题。第二，对乡村的价值要再认识。随着时代发展，乡村不再是单一从事农业的地方，还有重要的生态涵

养功能、令人向往的休闲观光功能、独具魅力的文化体验功能。乡村越来越成为人们养生养老、创业创新、生活居住的新空间，乡村的经济价值、生态价值、社会价值、文化价值日益凸显。过去，土地经营是农民收入的主要来源，这是第一就业空间。后来，随着城镇化工业化进程加快，农民离开土地，转移到城镇和非农产业务工，打开了第二就业空间。现在，适应城乡居民需求新变化，休闲农业、乡村旅游蓬勃兴起，农村一二三产业融合发展模式不断丰富创新，为农村创新创业开辟了新天地，为农民就业增收打开了新空间，即开启了第三就业空间。而且这一空间比前两个空间更广阔。因此，要重新审视乡村价值、提升乡村价值，重点研究如何抓农村新产业新业态，发展乡村休闲旅游、文化体验、养生养老、农村电商等，鼓励在乡村地区兴办环境友好型企业，实现乡村经济多元化。第三，对城镇化作用要再认识。城镇化是有限的历史性现象，城市不可能漫无边际地蔓延，城市人口也不可毫无限制地增长。不是只要城镇化搞好了，大量农民进城了，“三农”问题就可以迎刃而解了。我国城镇化率已接近 60%，但作为有着 960 多万平方千米、13 亿多人口、5000 多年文明史的大国，不管城镇化发展到什么程度，农村人口还会是一个相当大的规模。即使将来城镇达到了 70%，也还有几亿人生活在农村。第四，对现代化要求要再认识。现在我们是全球第二大经济体，城市确实看起来很华丽、很繁荣，但是乡村跟欧洲、日本、美国等发达国家相比差距还很大。如果只顾一头、不顾另一头，一边是越来越现代化的城市，一边却是越来越萧条的乡村，那也不能算是实现了中华民族伟大复兴，要让乡村尽快跟上国家发展的步伐。只有农业农村这个“基本盘”稳住了，国家现代化建设的整盘棋才能下活。我国的城镇化还处在进行时，农民进城还是大趋势，要坚持乡村振兴与新型城镇化一起抓，两个轮子一起转。要坚持“以城带乡”，绝不能“以城代乡”。现在，当务之急是让符合条件的农业转移人口在城市落户安居，加快实现基本公共服务常住人口全覆盖。要通过制度保障，让进城的进得放心，让留在乡村的留得安心，实现城镇与乡村相得益彰。

二是要着力破解要素供给难题。重点是钱、地、人等要素供给。长期以来，各种要素单向由农村流入城市，造成农村严重“失血”。这个问题不解决，乡村振兴的目标就难以实现。这就要求我们加强对政策供给问题的研究。要强化投入保障。实施乡村振兴战略，必须出实招、求实效，没有真金白银的投入，是喊不出来的，也是干不出名堂的。投入主要是三个方面，即财政资金、金融支持和社会资本。实践证明，市场化的力量是巨大的。关键是如何能够去有效激活。用财政资金撬动是一个手段，是否还有其他的途径和办法？我们的政策如何去适应、调整和完善，的确需要深入研究。比如，政府资金投入方式如何创新，湖北省武汉市每年涉农资金约20亿元，准备通过市场化的办法，实行有偿、滚动使用，提高财政支农的公平性和效益。要解决用地问题。从制度上破解，现在很多地方反映，存在着“农村的地自己用不上、用不好”的困局。如何破解左手闲置浪费、右手无地可用的矛盾，只能从制度上去进行破解，政策供给不能落后于实践需求，要做到相伴相随，甚至有一些突破性、超前性，否则这个问题就难以得到根本解决。要提供人才保障。人才是乡村振兴的第一资源。振兴乡村，既要留得住绿水青山，还要留得住人才青年。重点要念好“育、引、用”三字经。在“育”上强机制，就是培育乡村本地人才，包括新型职业农民。在“引”上想点子，就是要着力抓好招才引智，促进各路人才“上山下乡”投身乡村振兴。在“用”上出实招，就是要注重从高校毕业生、农民工、退伍军人、乡村本土人才中选拔充实乡村干部队伍，让农村基层干部有盼头、有奔头、有干头。要想方设法创造条件，让农村的机会吸引人，让农村的环境留用人。

三是要大力完善制度供给。制度带有全局性、稳定性，管长远、管根本。

实施乡村振兴，必须把制度建设贯穿始终，大力推进体制、机制创新，强化全方位的制度供给。比如，在巩固和完善农村基本经营制度方面，处理好农民和土地的关系，仍然是深化农村改革的主线。党中央决定，保持土地承包关系稳定并长久不变，第二轮土地承包到期后再延长30年。这是保持土地承包关系长久不变的重大政策举措，顺应了亿万农民保留土地承包权、流转土地经营权的期待，给农民吃上了长效“定心丸”。明确再延长土地承包关系30年，从农村改革之初的第一轮土地承包算起，土地承包关系将保持稳定长达75年。党的十九大会议期间，习近平总书记在参加贵州省代表团审议时说，“确定30年时间，是同我们实现强国目标的时间点相契合的。到建成社会主义现代化强国时，我们再研究新的土地政策。”中央大政方针已定，现在关键是要衔接好二轮延包政策，真正让党中央的好政策带给农民更多实惠。在深化农村土地制度改革方面，农村闲置农房放在那里任其破败是一个大问题，利用起来却是一笔大资源。中央提出，要完善农民闲置宅基地和闲置农房政策，探索宅基地所有权、资格权、使用权“三权分置”，落实宅基地集体所有权，保障宅基地农户资格权和农民房屋财产权，适应放活宅基地和农民房屋使用权。这是一项重大制度创新，将会发挥难以想象的重要作用。我们要充分利用中央关于深化农村土地制度改革的各项政策，更好地释放出巨大改革红利。在深化农村集体产权制度改革方面，要重点探索推动资源变资产、资金变股金、农民变股东的有效实现形式，建立符合市场经济要求的集体经济运行新机制。在完善农业支持保护制度方面，目前棉花、大豆、油菜籽、食糖和玉米等价格机制已基本理顺，下一步收储制度改革的重点是稻谷和小麦，基本方向还是探索建立以市场形成价格为主的价格形成机制。今年国家将对稻谷最低收购价做较大幅度调整，对此我们也要进一步完善农业支持保护制度。

四是要着力补齐农村短板。改革开放以来，随着城市化进程的快速发展，城乡二元结构之间的差距越来越明显，特别是城乡基础设施建设和公共服务之间的差距越来越大。促进城乡融合发展，必须着力补齐农村基础设施建设和公共服务薄弱的短腿。推动农村基础设施提档升级。坚持把基础设施建设的重点放在农村，继续加强农村公路、供水、供气、环保、电网、物流、信息、广播电视等基础设施建设，推动城乡基础设施互联运通。以示范县为载体，全面加强农村"四好农村路"建设，加快实施通村组硬化路建设。以全面解决农村安全饮水为目标，着力实施农村饮水安全巩固提升工程。积极适应农民生活稳步提升的用电需求，着力加快新一轮农村电网改造升级，制定农村通动力电规划，推进农村可再生能源开发利用。积极适应数字互联网技术运用的普及，实施数字乡村战略，做好整体规划设计，加快农村互联网基础设施建设，不断提高农村互联网覆盖率和使用率；积极开发适应"三农"特点的信息技术、产品、应用和服务，推动远程医疗、远程教育等应用普及，不断弥补城乡数字鸿沟。提升农村基本公共服务水平。结合新型城镇化进程，不断提升中心村基本公共服务水平，不断延伸拓展服务功能到自然村，逐步建立覆盖城乡、全民共享、普惠一体的城乡基本公共服务体系。坚持优先发展农村教育事业，完成义务教育薄弱学校标准化建设，改善农村寄宿制学校的生活条件，加强农村教师队伍建设，尽快建立以城带乡、城乡一体、均衡发展的义务教育发展机制，努力让每一个农村孩子都能享受公平而有质量的教育。加强农村基本医疗卫生服务，完善县、乡、村三级医疗服务网络建设，不断提高新农合筹资水平和补偿标准，逐步扩大新农合常见病和特殊慢性病报销比例，增加重大疾病保险病种，完善城乡统一的居民基本医疗保险制度和大病保险制度，切实减少老百姓看病难、看病贵、不敢看的压力。开展乡村文化体育活动，以建立农家书屋、开展乡村广播电视户户通、建立乡村文化体育活动广场等为契机，引导广大农民群众自觉参与乡村文化体育娱乐等各项活动，不断丰富广大农民群众的精神文化生活。加强农村社会保障体系建设。完善统一的城乡居民基本医疗保险制度和大病保险制度，切实做好广大农民的重特大疾病救助工作。完善城乡居民基本养老保险制度，建立城乡居民基本养老保险待遇确定和基础养老金标准正常调整机制。统筹城乡社会救助体系，完善最低生活保障制度，做好农村社会救助兜底工作，织密兜牢困难群众基本生活的安全网。

第二节　巩固和完善农村基本经营制度，走共同富裕之路

20 世纪 80 年代的农村改革，确立了我国农村集体经济组织实施家庭承包经营为基础、统分结合的双层经营体制，这一体制被宪法确立为我国农村基本经营制度。这是党在农村政策的基石，必须毫不动摇地长期坚持。中国特色社会主义进入新时代，实施乡村振兴战略，必须巩固和完善农村基本经营制度，确保乡村振兴战略的基石稳定，制度有效供给。

一、农村基本经营制度的形成和演变

现行农村基本经营制度是 20 世纪 70 年代末期起农村改革的产物，它是从农民的实践经验总结和升华出来，并被 1991 年中共十三届八中全会正式表述为“统分结合的双层经营体制”。这一制度的确立，激发了亿万农民的积极性和创造性，开创了中国农村改革发展的新局面，为全面改革提供了坚实的物质基础和取之不竭的精神动力。

1949—1956 年：合作社和农村集体所有制初步形成。

在土地改革完成之后，获得土地的农民生产积极性极大提高。一些缺少生产资料的农民为了解决生产中遇到的困难，按照自愿互利的原则，开始在私有财产的基础上进行互助合作，成立了互助组。1951 年发布的《中国共产党中央委员会关于农业生产互助合作的决议（草案）》把互助组分为三种：简单的劳动互助、常年互助组和以土地入股为特点的农业生产合作社。为了克服资本主义自发趋向，把农民引导到互助合作的轨道上来，逐步过渡到社会主义，中共中央于 1953 年发布了《中国共产党中央委员会关于发展农业生产合作社的决议》；1955 年发布《中国共产党第七届中央委员会第六次全体会议（扩大）关于农业合作化问题的决议》，都试图通过合作社引导农民过渡到更高级的社会主义。1955 年公布的《农业生产合作社示范章程》进一步将农业生产合作社的发展分为初级和高级两个阶段。初级社是以土地入股、统一经营为特点的农业生产合作社，具有半社会主义性质；高级社中农民的生产资料包括土地都转化为全体社员集体所有，因此高级社属于完全社会主义性质。1956 年通过的《高级农业生产合作社示范章程》再次强调了高级社的社会主义性质，并指出高级社要"按照社会主义的原则，把社员私有的主要生产资料转为合作社集体所有"。生产队是农业生产合作社的基本单位，有固定成员并负责经营固定土地和固定的副业生产。至 1956 年 4 月，全国绝大多数地区已经基本完成了初级形式的农业合作化，10 月底，多数省市实现了高级形式的合作化。至此，我国农村的集体所有制初步形成，集体所有制和部分集体所有制的合作经济已经在农业经济中占据了绝对优势地位。

1957—1978 年："三级所有，队为基础"的集体所有制。

中共中央在 1957 年 9 月作出了《关于做好农业合作社生产管理工作的

指示》和《关于整顿农业生产合作社的指示》，以通过加强生产管理工作来调动社员的积极性，提高劳动生产率，发挥合作社的优越性。到1957年底，除部分还没有进行土地改革的少数民族地区之外，全国个体农户的比率只剩3%，生产队一级的基层集体所有全面提高。1958年8月，中共中央作出了《关于在农村建立人民公社问题的决议》，决议指出，人民公社的组织规模，以一乡一社、两千户左右农户较为合适，并给出了小社并大社进而升级为人民公社的做法和步骤。中央试图以人民公社的形式，使社会主义集体所有制向全民所有制过渡，从而全面实现全民所有制。1959年8月，中共中央政治局通过了上海会议纪要《关于人民公社的十八个问题》，首次明确了人民公社的三级所有制，即人民公社所有制、生产大队（原高级社）所有制和生产队所有制，其中生产大队所有制为主导。1960年11月中共中央发出了《关于农村人民公社当前政策问题的紧急指示信》，强调"以生产队为基础的三级所有制，是现阶段人民公社的根本制度，从一九六一年算起，至少七年不变"，再次将核算单位下放。1962年2月中共中央发布《关于改变农村人民公社基本核算单位问题的指示》，不仅论述了以生产队为基本核算单位的诸多好处，还提出农村土地可以确定归生产队所有。1962年9月公布的《农村人民公社工作条例修正草案》（即人民公社"六十条"）再次明确，人民公社的基本核算单位是生产队，生产队有权决定自己的生产计划。生产队实行独立核算，自负盈亏，直接组织生产，组织收益分配，而且"这种制度定下来以后，至少30年不变"。"六十条"明确指出，生产队范围内的土地归生产队集体所有。"六十条"使生产队的基本所有制度得到进一步加强，直到1978年启动农村改革前，尽管中间略有调整，我国农村一直实行"三级所有，队为基础"的集体所有制度。

二、农村基本经营制度取得的历史成就

随着农村改革的推进和包产到户在全国范围内普遍实行，1978—1984年，我国农业农村快速发展，家庭经营的优势得到充分展现，主要反映在以下两个方面：

一是粮食产量迅速增加。有关资料的数据显示，我国粮食、棉花和油料的产出，分别从1977年的每公顷2348.42千克、422.84千克、760.31千克，增加到1984年的每公顷3608.13千克、903.90千克、1418.87千克。从1978年到1984年，粮食总产由1978年的3047.5亿千克增加到1982年的3545亿千克，再到1984年的4073亿千克，连上两个500亿千克的台阶。粮食产量的迅速增加，使全国的人均粮食占有量，从1978年的319千克，提高到1984年的396千克，增长了24.1%，年均增长3.7%，创造了以世界7%的耕地养活世界22%的人口的奇迹。

二是农民收入不断增长。《新中国60年统计资料汇编》的数据表明，1978年到1984年，我国农村居民家庭平均每人纯收入由133.6元增加到355.3元。同时，农村家庭用于反映消费支出中购买食物所占比例的恩格尔系数，实现了稳步的下降，从1978年的67.7%下降到1984年的59.2%。另一方面，我国农民的相对收入也明显提高，推动了城乡收入差距的缩小。根据《新中国60年统计资料汇编》和世界银行的数据，在恢复家庭经营后，农村居民人均纯收入和城市居民人均可支配收入比从1978年的1∶2.57降至1984年的1∶1.84，反映贫富差距的基尼系数也从1980年的0.320降低为1984年的0.257。可见，实行家庭承包后，农民的生活状况不仅绝对改善，在国民收入分配中的相对地位也有了迅速的改变。

以上只是恢复家庭经营制度的直接成效。最重要的是，这一核心制度的重新确立，推动了整个农村经济体制、机制的变革，如取消人民公社和建立村民自治制度等，并推动了流通体制、劳动力管理制度、户籍制度、金融制度以至整个经济体制的改革，为进入新世纪以后的中国经济起飞奠定了微观基础。

三、巩固和完善农村基本经营制度，走农民共同富裕的乡村振兴之路

一是要巩固和完善农村基本经营制度。农村基本经营制度是乡村振兴的制度基础。要坚持农村土地集体所有，坚持家庭经营基础性地位，坚持稳定土地承包关系。党中央决定，将农村土地第二轮承包到期后再延长30年，这是保持土地承包关系长久不变的重大举措，顺应了亿万农民保留土地承包权、流转土地经营权的期待，给农民吃下了长效“定心丸”。

二是要坚持家庭经营在农业中的基础性地位。家庭经营是我国农业经营的基本形式，农户始终是农业生产的主体。“大国小农”是我国的基本国情农情，以家庭经营为基础、统分结合的双层经营体制是我国农业经营的基本制度，30多年来，我国农业发展取得的巨大成就，就是在家庭承包经营基础上创建的。尤为重要的是，我国人多地少的情况在相当长的时间内无法改变，即使今后的城镇化率达到70%，我国仍然有4亿多农民生活在农村，所以在城镇化和农业现代化的进程中，我们必须始终坚持家庭经营在农业中的基础性地位不动摇。据第三次全国农业普查显示，到2016年底，全国小农户数量占农业经营户的98.1%，农业从业人员占总数的90%，经营耕地面积占总耕地面积超过70%，三大谷物种植面积占全国的80%。户均经营面积除黑龙江、吉林、内蒙古、宁夏和新疆外，其他省份都在10亩以下，江苏户均3.8亩，

广东户均2.6亩，而浙江仅为1.3亩。四川省平均每户地块在10块以上，平均每块0.45亩，“巴掌田、鸡窝地”非常普遍。普通小农不仅靠小规模生产维持家庭生计，而且是保持乡村人气和活力的坚守者，是生态循环生产生活方式的传承者，也是传统农耕文明的守望者。坚持家庭经营在农业中的基础性地位，是一个涉及走什么样的农业现代化道路、建设什么样乡村的重大问题。

三是要发展多种形式的适度规模经营。发展农业适度规模经营，就是把现代生产要素、经营模式、发展理念引入农业的重要载体，是建设现代农业的前进方向和必由之路，也是农民群众的自觉选择。现在户均不到半公顷地的规模，显然很难有较高的农业种植效益。要坚持适度规模的发展方向，推进土地经营权有序规范流转，特别是要向种田能手流转，引导发展土地入股、土地托管等多种经营形式，培育种植大户、家庭农场、合作社等新型农业经营主体；要鼓励发展规模种养业、农产品加工业和农村服务业，推进生产、加工、物流、营销等一体化发展，不断延伸农业价值链，提高规模种植效益；要不断健全农业社会化服务体系，通过土地流转、生产托管等多种形式，加快发展土地流转型、服务带动型等多种形式规模经营，着力带动小农户走上现代农业发展轨道，为推进农业农村现代化、实现乡村振兴提供有力支撑。

第三节　深化农业供给侧结构性改革，走质量兴农之路

2015年中央农村工作会议强调，要着力加强农业供给侧结构性改革，提高农业供给体系质量和效率，使农产品供给数量充足、品种和质量契合消费者需要，真正形成结构合理、保障有力的农产品有效供给。“农业供给侧结构

性改革”这一新鲜表述首度进入公众视野。

一、农业供给侧结构性改革的基本内涵

推进农业供给侧结构性改革，要在确保国家粮食安全的基础上，紧紧围绕市场需求变化，以增加农民收入、保障有效供给为主要目标，以提高农业供给质量为主攻方向，以体制改革和机制创新为根本途径，优化“三个体系”（农业产业体系、生产体系、经营体系），提高“三个效率”（土地产出率、资源利用率、劳动生产率），促进“一个转变”（农业农村发展由过度依赖资源消耗、主要满足量的需求，向追求绿色生态可持续、更加注重满足质的需求转变）。推进农业供给侧结构性改革，要着重把握好四个关键问题：

一要牢牢把握住“主要目标”。推进农业供给侧结构性改革，要以保障有效供给、增加农民收入为主要目标。保障有效供给既包括数量上的平衡，又包括质量上的提升，还包括形成动态内生对接需求的供给方式，要通过去除无效供给、减少低端供给，增加有效供给、拓展高端供给，实现均衡稳定供给。增加农民收入是“三农”政策的核心目标，是以人民为中心发展理念的具体体现，要让农民在农业供给侧结构性改革有获得感，不能让农民瞎忙活不增收。推进农业供给侧结构性改革，最终是要实现供需的双赢，不仅是要满足消费需求，实现有效供给，农民还要可以增收致富、过上体面生活。只有供需双赢，农业供给侧结构性改革才能谓之成功，也才具有经济上的可持续性，才符合社会主义市场经济的本质要求。

二要牢牢把握住“主攻方向”。推进农业供给侧结构性改革，要以提高农业供给质量为主攻方向。提高供给质量，前提是坚持市场导向。市场需求的变化就是农业供给质量提升的方向，忽视这个导向，就会无的放矢、徒劳无

功，甚至缘木求鱼、南辕北辙。要跟上当前消费需求升级的节奏和步伐，把增加绿色优质农产品供给放在突出位置，不仅满足人民群众对优质农产品的需求，还要满足对农业观光休闲等服务性需求，满足对良好生态的绿色化需求。提高供给质量，关键是提高综合效益和竞争力。要坚持质量兴农，狠抓农产品标准化生产、品牌创建、质量安全监管，推动优胜劣汰、实现优质优价。要加快农业科技进步，增加农业供给的科技含量，创新农业经营方式，提高农业全要素生产率。要坚持效益强农，促进农村一二三产业融合发展，延长农业产业链、提升价值链，全面提高农业整体效益，让农业成为有竞争优势的产业。提高供给质量，基础是推行绿色生产。农业是与大自然最亲近的产业，土地、水、阳光、空气都影响着农业供给质量，只有珍惜利用好农业资源、治理维护好生态环境，才能为质量提升奠定坚实基础。资源环境生态破坏起来容易，修复起来难，需要长期的经营和维护。要推行绿色生产方式，加强农业生态建设，从源头上把好农业供给的质量关。

三要牢牢把握住“根本途径”。推进农业供给侧结构性改革，要以体制改革和机制创新为根本途径。农业供给侧结构性改革是农业供给领域的一场深刻革命，涵盖范围广、触及层次深。不是只注重治标的结构调整，而是注重治本的改革创新。不是只在农产品供给数量上做加减法、求一时的供求均衡，而是重在优化农业资源要素配置上做文章，形成供求动态均衡的长效机制。当前面临的很多结构性矛盾和问题，背后大都有政府和市场关系错位、农业资源要素错配的因素。推进农业供给侧结构性改革，就是要通过改革创新，理顺政府和市场关系，全面激活市场、激活要素、激活主体。激活市场，就是用市场的力量发掘农业农村潜力，实行“市场定价、价补分离”，让农产品价格主要由市场决定。激活要素，就是创新资源要素配置机制，撬动农业农村资源的市场价值。激活主体，就是激活各类人才到农业农村创新创业，把农村打造成干事创业的热土。通过体制、机制改革，改造和提升农业传统动能，培育和增强农业农村发展新的动能。

四要牢牢把握住“三条底线”。推进农业供给侧结构性改革，是“三农”领域的一场深刻变革，是一个长期过程，不可能一蹴而就，还可能会经历阵痛，甚至付出一些代价。但在方向性问题上不能出大的偏差，不能犯颠覆性错误。必须守住“三条底线”：一是确保粮食生产能力不降低。调整优化农业结构，需要部分地区调减玉米越区种植，压减供过于求的品种，但要保持粮食生产总体稳定，不能一哄而上搞减粮扩经，坚决避免陷入粮食“多了砍、少了赶”的怪圈。要深入实施藏粮于地、藏粮于技战略，严守耕地红线，确保粮食产能稳定并巩固提高。二是确保农民增收势头不逆转。农民的钱袋子鼓起来了没有，是检验农业供给侧结构性改革成效的重要尺度。农业供给侧结构性改革成不成功，要看供给体系是否优化、效率是否提高，更要看农民是否增收、是否得到实惠。农业供给侧结构性改革可能有阵痛，但要确保种粮农民不吃亏，确保农民收入持续增长，不能重新拉大城乡收入差距。三是确保农村稳定不出问题。推进农业供给侧结构性改革的政策举措，要充分考虑农民承受能力，统筹各方面利益，把握好节奏和力度，决不能损害农民权益。要充分尊重农民意愿，农业结构调不调、怎么调，最终要听农民的，不能搞强迫命令、瞎指挥。要真正让广大农民切实尝到农业供给侧结构性改革的甜头，为农村和谐稳定注入强大正能量。

二、抓好农业供给侧结构性改革的重点任务

推进农业供给侧结构性改革，重中之重是要把农业结构调优调好调顺，突出抓好“三项重点任务”。

第一，调优产品结构，就是要顺应市场需求变化，消除无效供给，增加有效供给，减少低端供给，拓展高端供给，重点在“优”字上下功夫。

目前，我国农产品供给总量基本能满足城乡居民需要，但在产能方面仍然处于产不足需的状态。仅大豆和食用油两项，每年的进口量已相当于“进口”8亿亩以上当量的耕地产能。而且，由于过去我国农业生产供给主要是追求量的增长，难以满足人们对绿色优质、营养健康农产品显著增加的需求，造成产需结构脱节。对此，一是要按照稳粮、优经、扩饲的思路，统筹调整粮经饲三元种植结构。主要作为口粮的水稻和小麦，目前处于产需总体平衡、产略大于需的状态。要在稳定发展的前提下，以发展优质稻米和强筋弱筋小麦为重点，提高优质化、专用化水平。籽粒玉米产大于需，要在2016年调减3000万亩的基础上，进一步在非优势产区进行调减，实现产需平衡。近年来，优质食用大豆、薯类、杂粮杂豆等受到市场欢迎，可以适度扩大发展。目前我国草食性畜牧业处于快速发展时期，国内饲料供应明显不足，豆粕、鱼粉、饲草等进口量大。要抓住这一有利条件，发展青贮玉米、苜蓿等优质牧草，大力培育现代饲草料产业体系。积极推动粮改饲、粮改豆试点，将去产能与增效益有机结合起来。二是以规模高效为方向优化养殖结构。生猪生产重在优化布局，着力做好饲料来源、环境容量与产业发展匹配，优化南方水网地区的区域布局，引导产能向环境容量大的地区和玉米主产区转移。牛羊等草食性畜牧业要着力改良品种、提高品质，稳步扩大产业规模。奶业重在提振市场信心，着力发展“种养一体化”的适度规模家庭牧场，引导生鲜乳消费，严格执行复原乳标识制度，营造良好发展市场环境。水产业发展要着力提高效益，合理确定内陆水域养殖规模、支持集约化海水养殖、发展海洋牧场及远洋渔业，进一步完善江河湖海限捕禁捕及海洋渔业资源总量管理制度。三要立足比较优势，优化区域布局结构。重点抓好“三区”建设，即依托稻谷、小麦、玉米粮食生产功能区，大豆、棉花、油菜籽、糖料蔗、天然橡胶等重要农产品生产保护区，以及特色农产品优势区建设，引导农产品生产加工向主产区、优势区转移集聚，制定规划、落实政策、强化支持，切实把区域资源优势转变为产品优势、产业优势和竞争优势，形成专业分工、要素集聚、优势明显区域发展格局，让区域特征更加凸显、区域品牌更加响亮，切实把地域土特小品种做成持续成长的大产业，做成助力脱贫致富一方的大产业。四要积极发展适度规模经营，优化经营结构。我国人多地少农业经营分散，简单模仿美国等新大陆国家走大农场规模经营模式行不通。我国 18 亿亩耕地，1 户种 100 亩，只要 1800 万农户。如果 1 户种 1000 亩，就只要 180 万农户。而我国有 2 亿多农户，其他农户就无事可干。这几年的实践表明，大力发展专业化、合作型的社会化服务，完善社会化服务体系，发挥多种形式农业适度规模经营的引领作用，通过经营权流转、股份合作、代耕代种、土地托管等多种形式，小规模家庭经营农户同样可以分享规模经营收益。今后要把促进规模经营与脱贫攻坚和带动一般农户增收结合起来，与推进新型城镇化相适应，使强农惠农政策照顾到大多数普通农户。

第二，调好生产方式，就是要推行绿色生产方式，大规模实施农业节水工程，修复治理生态环境，集中治理农业环境突出问题，重点在“绿”字上下功夫。

过去为了保吃饭、保供给，我们付出了高昂的资源环境代价。现在农产品供给相对充裕，农业增产再也不能以牺牲生态环境为代价，既不能欠新账，还要想方设法还旧账，为子孙后代留下更好的生存发展空间。要坚定不移地贯彻绿色发展理念，推行绿色生产方式，修复治理生态环境，让农业生产“绿起来”，走内涵式绿色农业发展道路。一是坚持质量兴农，全面提升农产品质量和安全水平。当前，老百姓对农产品的最大关切是吃得安全、吃得放心。优质安全农产品是产出来的，也是管出来的。要把增加绿色优质农产品供给放在更加突出的位置，坚持两手抓、两手都要硬，狠抓农产品标准化生产、品牌创建、质量安全监管，千方百计保障人民群众舌尖上的安全。要大力推动农业标准化生产，推行农业良好生产规范，建立优胜劣汰机制，健全监管体制、机制，强化全程管控，促进形成优质优价的市场环境，提高农产品质量安全的法治化水平。二是大力推行清洁生产方式，切实提升农业的环境友好水平。要深入开展农兽药残留超标特别是养殖业滥用抗生素治理，严厉打击违禁超限量使用农兽药、非法添加和超范围超限量使用食品添加剂等行为，降低有毒有害物质在农产品和产地环境中的残留水平。大力推广高效生态循环的种养模式，加快建立农业废弃物资源化利用机制，让农业成为生态产业。三是要把农业节水作为方向性、战略性大事来抓。水资源匮乏是我国农业发展的瓶颈制约，近年来我国在水利设施建设方面取得了突破性进展。但同时要看到，农业用水效率不高、水资源浪费问题仍旧突出。要加快完善国家支持农业节水政策，形成供水节水并重的水利建设新局面。要在加强现代化灌区建设的同时，大力实施区域规模化高效节水灌溉行动，加快开发节水灌溉技术和产品，加大水肥一体化等农艺节水推广力度。四是以“退”为“进”，加大退耕还林还湖还草力度。要以土壤污染防治、农业面源污染综合治理、东北黑土地保护、华北地下水超采区综合治理项目为重点，集中治理农业环境突出问题。加快新一轮退耕还林还草工程实施进度，继续实施轮作休耕，搞好生态修复。要以国土绿化行动、长江经济带重大生态修复工程、林业生态工程等为重点，加快构建国家生态安全屏障。把该退的边际产能坚决退下来，把该治理的生态环境突出问题切实治理到位。除了多年强调农业生产要绿色之外，在农村的发展和建设上也强调绿色，在以前多年讲的“农业增效、农民增收”基础上，2018 年中央一号文件特别增加了“农村增绿”，这是新提出的要求，释放出转变农业发展方式的强烈信号。

第三，调顺产业体系，就是要着力发展农村新产业新业态，促进农村一二三产深度融合，实现农业的全环节升级、全链条升值，重点在“新”字上下功夫。

当前，我国已进入中等收入国家行列，城乡居民的生活方式和消费结构正在发生重大阶段性变化，人们对绿色生态的服务需求，对农业农产品个性化、高端化、体验化的需求逐渐彰显。人们不再满足于吃饱，还要吃得好、玩得好，吃得营养健康。这从需求端对农业产业链延伸、多功能性挖掘提出了更高要求。一是要扶持休闲农业、乡村旅游等新兴产业。充分挖掘和利用农村资源优势，推动绿水青山成为百姓致富的金山银山。绿水青山、田园风光、乡土文化是乡村独特优势，为把优势资源化为优势产业，利用“旅游+”“生态+”等模式，推进农业、林业与旅游、教育、文化、康养等产业深度融合。丰富乡村旅游业态和产品，打造各类主题乡村旅游目的地和精品线路，发展富有乡村特色的民宿和养生养老基地。据有关方面测算，到2020年，我国休闲农业营业收入将达到7000亿元，年均增长10%左右，接待游客突破33亿人次。可以预计，通过制度、科技、商业模式创新和农业文化创意，休闲农业和乡村旅游会得到跨越式发展，衍生出众多新的产业和业态，成为繁荣农村、富裕农民的新兴支柱产业。二是要促进新型农业经营主体与电商全面对接。近年来，我国农产品电子商务进入高速增长阶段，农产品网络零售商增加，交易种类日益丰富，农业生产资料、休闲农业及民宿旅游电子商务平台和模式大量涌现。到2020年，农产品电子商务交易额将达到8000亿元，年均增速保持在40%左右。要促进新型农业经营主体、加工流通企业与电商企业全面对接融合，加快建立健全适应农产品电商发展的标准体系，加强农产品产地预冷等冷链物流基础设施网络建设，着力解决从村到乡镇物流配送的“最初一公里”问题。三是要加快发展现代食品产业。在优势农产品产地打造食品加工产业集群。实施主食加工业提升行动，积极推进传统主食工业化、规模化生产，大力发展方便食品、休闲食品、速冻食品、马铃薯主食产品。大力推广“生产基地+中央厨房+餐饮门店”“生产基地+加工企业+商超销售”等产销模式，挖掘开发具有保健功能的食品。目前，我国农产品加工业与农业总产值比 2.2∶1，明显低于发达国家的（3～4）∶1。技术装备水平不高，比发达国家落后 15～20 年。差距就是潜力，未来几年我国将奋力直追。预计到 2020 年，规模以上农产品加工业主营业务收入达到 26 万亿元，年均增长 6%左右，农产品加工业与农业总产值比达到 2.4∶1，主要农产品加工转化率提高到 68%左右。四是要打造有效的载体和平台。重点是建设好“三园”和“一体”。“三园”指的是现代农业产业园、农业科技园、返乡创业园，“一体”指的是田园综合体。“三园”“一体”是集聚资金、科技、人才、项目的重要平台，要充分利用这些园区发展休闲旅游、农产品加工和农村电商等新产业新业态。要围绕有基础、有特色、有潜力的产业，建设一批农业文化旅游“三位一体”、生产生活生态同步改善、一产二产三产深度融合的特色村镇。同时，绝不能把农民丢到一边，这是必须把握好的一条重要原则。一方面要大力扶持农户和农民合作社，让农民群众自己干、自己闯。另一方面要引导进入农村三产融合的新型经营主体、社会资本，与农民建立更加紧密的利益联结机制，让农民分享更多增值收益。

第四节　坚持人与自然和谐共生，走绿色发展之路

乡村振兴，生态宜居是关键。良好的生态环境是农村的最大优势和宝贵财富。在实施乡村振兴战略过程中，必须尊重自然、顺应自然、保护自然，推动乡村自然资本加快增值，实现百姓富、生态美的有机统一。

一、绿色发展是实施乡村振兴战略的紧迫要求

习近平总书记强调，正确处理好生态环境保护和发展的关系，是实现可持续发展的内在要求，也是推进现代化建设的重大原则。绿水青山就是金山银山。然而，过去较长一段时间里，我们农业农村发展更多考虑的是“填饱肚子”问题，产量增长摆在首要位置，化肥农药大量施用，陡坡耕地、围湖造田等边际产能大量开发，对生态环境价值和生产的负外部性考虑得较少，基本理念还是“先污染、再治理”的工业化思维方式，生态环境的历史欠账问题较为突出。一些地方不计生态环境代价发展生产的事情不时发生，过度养殖、过度捕捞、过度放牧等现象还大量存在，种地还是大肥大药，一些缺水地区还在搞大水漫灌，秸秆、粪便、农膜还没有得到有效治理和利用，土壤污染、水污染、地下水超采等生态环境破坏问题不断暴露出来，生态环境的弦越绷越紧，亟须我们转变发展理念，改变发展方式，更新发展模式，把农业生态文明建设摆在乡村振兴更加关键的位置。

二、积极推进乡村绿色发展，打造人与自然和谐共生的发展新格局

一是要加强治理农业生态突出问题。加强农业面源污染防治，开展农业绿色发展行动，实现投入品减量化、生产清洁化、废弃物资源化、产业模式生态化。积极推进有机肥替代化肥、畜禽粪污处理、农作物秸秆综合利用、废弃农膜回收、病虫害绿色防控。加强农村水环境治理和农村饮用水水源保护，实施农村生态清洁小流域建设。继续推进重金属污染耕地防控和修复，开展

土壤污染治理与修复技术应用试点，加大耕地保护力度。实施流域环境和近岸海域综合治理。严禁工业和城镇污染向农业农村转移。加强农村环境监管能力建设，落实县乡两级农村环境保护主体责任。

二是要加大农业生态系统保护力度。继续实施重要生态系统保护和修复重大工程，完成永久基本农田控制线划定工作，推进荒漠化、石漠化、水土流失综合治理，强化湿地保护和恢复，完善天然林保护制度，扩大退耕还林还草，扩大轮作休耕试点，健全耕地草原森林河流湖泊休养生息制度。

三是要建立市场化、多元化生态补偿机制。推动农业功能区制度，推行重点生态区位商品林政府赎买制度，探索横向利益补偿、生态产品购买、森林碳汇等市场化补偿机制，让保护生态环境不吃亏、得到实实在在的利益。坚决制止和惩处破坏农业生态环境的行为。

四是要发展绿色生态产业。将乡村生态优势转化为发展生态经济的优势，提供更多更好的绿色生态产品和服务供给，促进生态和经济良性循环。比如，加快发展森林草原旅游、河湖湿地观光、冰雪海上运动、野生动物驯养观赏等产业，积极开发观光农业、游憩休闲、健康养生、生态教育等服务。就是要让更多老百姓吃上生态饭，走一条发展“生态农业”“美丽经济”的新路子。农村生态环境好了，土地上就会长出金元宝，生态就会变成摇钱树，田园风光、湖光山色、秀美乡村就可以成为聚宝盆，生态农业、养生养老、森林康养、乡村旅游就会红火起来。

第五节　传承发展提升农耕文明，走乡村文化兴盛之路

优秀乡村文化能够提振农村精气神，增强农民凝聚力，孕育社会好风尚。

乡村振兴，既要塑形，也要铸魂，要形成文明乡风、良好家风、淳朴民风，让广大的农村焕发出文明新气象。

一、文化是一个国家、一个民族的灵魂

优秀的传统文化是农村文化的生长点，是实现乡村振兴的“软实力”。乡村文化是实现乡村振兴的重要内涵。乡村传统文化是生活在特定区域内人们独特的精神创造和审美创造，其包含的风俗、礼仪、伙食、建筑、服饰等，构成了地方独具魅力的人文风景，是人们的乡土情感、亲和力和自豪感的来源，具有很强的凝聚力和生命力。挖掘传承乡村传统文化，促进乡村传统文化的繁荣和发展，用乡村传统文化凝聚广大农民，重振乡村精神，增强农民自豪感，重新树立农民的文化信仰，是实现乡村振兴的重要内涵。乡村文化是人类的精神家园。乡土本色关于“土”的思考，“土”字的基本含义是指泥土。乡下人离不开泥土，是因为在乡下种地是最普通的谋生方法。我们的民族与泥土是分不开的，“土”在我们的文化中占有特殊的位置。乡土社会的信用并不是对契约的重视，而是发生于对一种行为的规矩熟悉到不假思索的可靠性。“乡土”能够演绎和表达一个时代要义，是人类最初始的情感与最深刻理性集合成的一种文化形态。从原始意义上看，“乡土”是众多作家们的物质家园。其中表现对土地、村庄、故乡的怀念，又转化为一种对物质家园的精神追求。因此，“乡土”也成了文明的发源地。“乡土”成为感情寄托的地方。从现代意义上看，是人类的精神家园。乡村文化具有重要的涵养功能。从某种意义上来说，对乡土文化的尊重与延续是一种文化自觉意识。只有认清了乡土文化的重要性，才会深层次地发展其他多元化的文化元素。乡土之爱是自我与家庭、亲友、邻里、种群之爱的延伸，也是社会、国家、世界和人类之爱的基础。

尊重他人乡土，各族群互相尊重与学习，凝聚民族文化、开阔气度、拓展视野，更有利于培养具有人本情怀、乡土国际意识的世界公民。它既是教育后人、了解历史、凝聚国民、陶冶情操、净化灵魂的载体，又具有重要的经济价值；它既是团结凝聚广大人民群众的重要纽带，也是长久的文化资源和文化资本。

二、我国的乡村文化面临着严峻挑战

在很多人心目中，乡村是母亲的唠叨、儿时的玩伴、房前的小溪、婉转的鸟鸣，抑或是一个温情脉脉的眼神，无不寄托着浓浓乡愁，它们深深融入血脉之中，成为人们生命不可分割的一部分。留住乡愁、记忆，让乡村变得更美丽，是每一个人的梦想。实现乡村振兴，绝不仅仅是追求物质上的充裕，更需要精神上的富足。这些年，随着城镇化进程的快速推进，乡村传统建筑急剧减少、乡村风貌发生巨大改变、乡土文化特色遭到破坏。一些地方以城市审美为标准，改造农村的做法大行其道，乡村建设退化为简单的环境整治，基本等同于建筑立面的化妆式改造，乡村建设“千村一面”。乡村美食、文化习俗、手工艺、生活形态日益去乡土化，乡村社会关系和文化特色逐步丧失，乡村文化日渐荒芜。一些地方不良风气盛行，天价彩礼让人“娶不起”，名目繁多的人情礼金让人“还不起”。一些地方农村彩礼盛行“万紫千红”，即人民币紫颜色的币种 1 万张，红颜色的币种 1 千张，“万紫千红”就是 15 万元。有的地方农村彩礼是“三斤”，不是金项链、金戒指、金耳环的“三金”，而是百元人民币用秤称的“三斤”重，“三斤”重的百元人民币大约就是 10 万元。农村彩礼过重，一些地方农村甚至出现了“因婚致贫”的现象。与此同时，农村社会结构发生显著变化，农民生产生活不断原子化，乡土文化赖以生存的共同生产、共同生活基础逐渐消失，生存滋养空间显著缩小。现代都市文化和工业文明的冲击日益升级，乡土文化和民间艺术生存空间受到显著挤压，在凝聚人心、教化民众、淳化民风方面的作用不断减弱。一定程度上，乡村社会“空心化”、相对衰弱，背后交织的是乡村价值失落、乡土文化流逝。

三、坚持传承发展提升农耕文明，走乡村文化兴盛的乡村振兴之路

乡村振兴，乡风文明是保障。必须坚持物质文明和精神文明一起抓，提升农民精神风貌，培育文明乡风、良好家风、淳朴民风，不断提高乡村社会文明程度。

一是要重拾文化自信。在发展农村经济的同时，还要不遗余力地推进乡村文化建设，用乡土文化来提升乡村发展品质和农民生活质量，让农民树立对美丽乡村、文化乡村的自豪感，在乡村文化建设中收获更多幸福。乡村文化在稳定社会、凝聚人心、和谐社会等方面发挥着不可替代的作用。这要求我们守护好文化根脉，深入挖掘优秀传统文化蕴含的思想观念、人文精神、道德规范，并结合时代要求继承创新，让传统文化在传承中焕发出勃勃生机，让乡村展现出独特魅力和时代风采。

二是要传承发展农村优秀传统文化。乡土文化里真挚的道德情感、良好的风俗习惯和朴素的价值观念，是乡村文明的精髓，也是维系乡村稳定、推动乡村发展的重要力量。在实施乡村振兴战略过程中，我们要保护和传承好优秀乡土文化，让乡土文化之根扎得更深，传播得更广，让广大农民既富脑袋、又富口袋。特别是要切实保护好优秀农耕文化遗产，推动优秀农耕文化遗产合理适度利用。要深入挖掘农耕文化蕴含的优秀思想观念、人文精神、道德规范，充分发挥其在凝聚人心、教化群众、淳化民风中的重要作用。要划定好

乡村建设的历史文化保护线，保护好文物古迹、传统村落、民族村寨、传统建筑、农业遗迹、灌溉工程遗产。要支持农村地区优秀戏曲曲艺、少数民族文化、民间文化等传承发展。

三是要大力开展移风易俗行动。淳朴乡风来自人们朴素的信仰、不变的追求和内心的自觉，是乡村文化的重要内容。实施乡村振兴，繁荣农村文化，就是要外修新村，内修新风，大力弘扬优良的家风家训、淳朴的民风民俗，开展移风易俗行动，提升农民精神风貌。要广泛开展文明村镇、星级文明户、文明家庭等群众性精神文明创建活动。遏制大操大办、厚葬薄养、人情攀比等陈规陋习。要加强无神论宣传教育，丰富农民群众的精神文化生活，抵制封建迷信活动，用文明乡风、良好家风、淳朴民风凝聚人心，为乡村振兴战略的实施创造和谐美好的社会环境。

四是要加强农村思想道德建设。人无精神不立，国无精神不兴。党的十八大以来，以习近平同志为核心的党中央从建设社会主义文化强国的战略高度，不断推进社会主义核心价值体系建设，大力培育和践行社会主义核心价值观，更好地构筑起了中国精神、中国价值、中国力量，为中国特色社会主义事业提供了源源不断的精神动力和道德滋养。要结合农村特点，继续深化中国特色社会主义核心价值观和中国梦的宣传教育，大力弘扬民族精神和时代精神。要加强爱国主义、集体主义、社会主义教育，不断深化民族团结进步教育，加强农村思想文化阵地建设。深入实施公民道德建设工程，挖掘农村传统道德教育资源，推进社会公德、职业道德、教育美德、个人品德建设。推进诚信建设，强化农民的社会责任意识、规则意识、集体意识和主人翁意识。

第六节 创新乡村治理体系，走乡村善治之路

国家治理的基石在乡村。乡村振兴，治理有效是基础。必须把夯实基层基础作为固本之策，建立健全党委领导、政府负责、社会协同、公众参与、法治保障的现代乡村社会治理体制，坚持自治、法治、德治相结合，确保乡村社会充满活力、和谐有序。

一、新时代乡村治理面临着新的挑战

面对农村社会结构发生的变化，我国农村社会发展和乡村治理在体制、机制、制度、能力和结构等方面，还存在着诸多不能适应形势的问题。突出表现在：

一是农村基层党组织软弱涣散现象比较普遍。据统计，2017 年全国农村人口比 2010 年减少了 8140 万人，比 2000 年减少了 2. 186 亿人，占全国人口的比例分别下降了 7. 4 和 21. 13 个百分点，大量人口向城镇迁移，许多村庄房堵窗、户封门，村里见不到年轻人，村庄“空心化”、农民“老龄化”程度加剧。本土精英的不断流失，不少地方乡村治理的人才队伍出现青黄不接、后继无人的现象。从调查的情况来看，湖北全省村干部平均年龄为 48. 5 岁，其中 35 岁以下的仅占 13. 7%。许多年轻农村党员长期游离于组织之外，“留守”党员年龄普遍较大，一定程度上影响了党组织的战斗活力和党员作用的发挥。

二是农村基层党组织的服务动员能力普遍不足。农村全面取消农业税后，乡镇政府由“催收催种”“要钱要粮”转为社会管理和公共服务，“财权”被

上收、“事权”被下移，但财政收入普遍下降，乡镇面临着收支倒挂、无钱办事的问题。不少乡镇自己过日子紧张，更无暇顾及基层党组织的建设与发展，村级组织“有心干事，无钱办事”的困境更加突出。基层党组织的领导力、号召力和组织动员能力普遍不足，一些村干部与农民的关系常处于“不求你、不理你、不怕你”的尴尬境地。

三是农村社会治理结构普遍单一。长期以来，乡村治理主要是采取“乡政村治”的模式，乡镇政府和村“两委”班子基本上包办了所有管理和服务事项，很多乡村治理组织体系不健全、结构单一，难以满足农民群众日益增长的多样化、专业化服务需求。很多地方村委会还代行村集体组织的职能，在集体资产达到一定规模、集体经营性活动较多的情况下，行政职能与经济职能不分的不适应性就会凸显出来，容易产生过度干预、越权越位、权责不清的问题，也影响了基层党组织开展公共服务的职能。一些传统乡村缺乏社会组织，很多新型的社会组织又存在规模小、结构散、社会认同不高等问题，社会组织发育不成熟，服务群众的基础性作用较弱。

二、创新乡村治理体系，走乡村善治之路

在决胜全面建成小康社会、实现第一个百年奋斗目标的关键时期，要按照习近平总书记关于乡村治理的系列论述，加快补齐乡村社会治理、农村基层党建等领域的突出短板，更好地推动农村社会全面进步，更好地实现农村各项事业全面发展。

一要抓住健全乡村组织体系这个关键。要充分发挥好农村基层党组织在宣传党的主张、贯彻党的决定、领导基层治理、团结动员群众、推动改革发展等方面的战斗堡垒作用。要强化农村基层党组织领导核心地位，创新组织

设置和活动方式，持续整顿软弱涣散村党组织，稳妥有序开展不合格党员处置工作，着力引导农村党员发挥先锋模范作用。特别是要坚持选派第一书记工作，全面向贫困村、软弱涣散村和集体经济薄弱村党组织派出第一书记。要大力实施农村带头人队伍整体优化提升行动，注重吸引高校毕业生、农民工、机关企事业单位优秀党员干部到村任职，选优配强村党组织书记。

二要加强对农村基层干部队伍的监督管理。推行村级小微权力清单制度，加大基层小微权力腐败惩处力度。坚持把农民群众关心的突出问题作为纪检监察工作的重点，继续紧盯惠农项目资金、集体资产管理、土地征收等领域的突出问题，持之以恒正风肃纪。要针对扶贫领域腐败和作风问题，部署开展专项治理。要依法严厉打击“村霸”、“村痞”、宗族恶势力以及“盗抢骗”等违法犯罪活动，严惩横行乡里、欺压百姓的黑恶势力及充当保护伞的党员干部，廓清农村基层政治生态。

三要健全村民自治制度。坚持自治为基，加强农村群众性自治组织建设，健全和创新村党组织领导的充满活力的村民自治机制。要充分发挥村规民约的作用。新时期的村规民约是法律法规的有益补充，在村民自我管理、自我教育、自我约束中要以制度为抓手，用制度管人管钱管事，确保农民群众的民主权利。要依托村民会议、村民代表会议、村民议事会、村民理事会、村民监事会等，形成民事民议、民事民办、民事民管的多层次基层协商格局。要积极发挥新乡贤在维护农村社会稳定、化解群众纠纷等方面的重要作用，引导和鼓励乡贤积极参与村民自治。要创新基层管理体制、机制，整合优化公共服务和行政审批职责，打造“一门式办理”“一站式服务”的综合服务平台。一些地方探索在村庄建立网上服务站点，实现网上办、马上办、全程帮办、少跑快办，受到农民群众的广泛欢迎。

四要健全农村矛盾预防和化解机制。当前农村处于社会转型关键期和矛盾凸显期，各种新情况、新问题、新矛盾层出不穷，保持社会稳定的难度明显加大。农村社会矛盾主要聚焦在征地、土地承包经营、村级财务、基层干部作风、封建迷信、宗教、侵财盗窃等方面，利益冲突、贫富差距、社会心理不稳是主要的直接诱发因素，基层组织社会控制力弱是客观原因，经济体制转轨、社会结构转型则是根本原因。解决这些问题，必须坚持系统治理、综合治理、依法治理、源头治理，健全农村矛盾纠纷防范和化解机制。要加强社会综治体系建设，加强县、乡镇、村级综治中心规范化建设，实现县、乡镇、村矛盾纠纷联调，社会治安联防，重点工作联动，治安突出问题联治，服务管理联抓，基层平安联创的体制、机制。要加强平安乡镇建设，开展“零命案县（市、区）”、“零刑事案件社区（村）”、平安家庭、无邪教乡镇等创建活动，创新农村和谐维护新机制。要健全矛盾纠纷多元化解机制，坚持党委领导、政府主导、综治协调，完善社会矛盾排查预警机制、重大决策社会稳定风险评估机制、矛盾纠纷多元化解机制，切实维护好农民的合法权益，从源头上减少矛盾的发生。要加强农村精神文明建设，用中国梦和社会主义核心价值观凝聚共识、汇聚力量，增强农民的国家意识、法治意识、道德意识、社会责任意识、生态文明意识。以培育和践行社会主义核心价值观为引领，传承和弘扬优秀传统文化，构筑唱响主旋律、激发新动能、提供正能量的现代新型农村精神文明体系。

第七节　打好精准脱贫攻坚战，走中国特色减贫之路

“贫穷不是社会主义”。消除贫困、改善民生、逐步实现共同富裕，是社会主义的本质要求，是我们党的重要使命。党的十八大以来，以习近平同志为核心的党中央把扶贫开发工作纳入“四个全面”战略布局，摆到治国理政的

重要位置，大力实施精准扶贫，不断丰富和拓展中国特色社会主义扶贫开发道路，不断开创扶贫开发事业新局面，充分体现了新一届中央领导集体实现第一个百年奋斗目标的坚定决心和强大信心，也充分体现了中国特色社会主义制度的优越性。

一、坚决消除贫困，是社会主义的本质要求

小康不小康，关键看老乡。全面建成小康社会，最艰巨的任务在农村，最突出的短板在于农村的贫困人口。坚决打赢脱贫攻坚战，是全面建成小康社会，实现第一个百年奋斗目标的标志性指标。

1. 脱贫攻坚关系到全面建成小康社会目标的实现。到 2020 年全面建成小康社会，是党中央向人民、向历史、向世界做出的庄严承诺，这一目标最终能否实现，关键是要解决农村人口的贫困问题。习近平总书记多次强调，“小康不小康，关键看老乡”，多次指出，“全面建成小康社会，最艰巨的任务是脱贫攻坚”。据有关数据统计，截至 2017 年年底，我国农村贫困人口仍有 3046 万人，比上年末减少 1289 万人；贫困发生率为 3.1%，比上年末下降 1.4 个百分点。2017 年，贫困地区农村居民人均可支配收入为 9377 元，按可比口径计算，比上年增加 894 元，虽然增幅较大，但也只达到全国农村居民人均可支配收入的 69.81%。农村贫困人口脱贫，已经成为全面建成小康社会的短板和重中之重。特别是经过 30 多年的扶贫开发，目前剩余的都是难啃的“硬骨头”，分布的区域基本上都是深度贫困地区，自然条件恶劣，区位交通条件较差；一些贫困户口基本上是家庭一穷二白，缺乏劳动力、劳动本领，通过自身努力实现脱贫的难度较大。因此，只有贫困地区如期脱贫，困难群众真正致富，这样的小康才是经得起历史检验、人民认可、群众满意的全面小康。全面

小康的目标能否如期实现，很大程度上取决于脱贫攻坚。

2. 脱贫攻坚关系着人民群众的福祉。共同富裕是社会主义的本质要求。让全体人民共享改革发展的成果，是我们党治国理政的基本理念。习近平总书记指出“中国梦归根到底是人民的梦”。改革开放40年来，我们取得了巨大成就，人民的生活水平、居民收入水平、社会保障水平持续提高，但仍然还有大量的贫困人口。“贫穷不是社会主义”，贫困往往导致很多社会矛盾和问题，不消除贫困，国家富强、民族复兴、人民幸福的中国梦就难以实现。习近平总书记指出，解决农村的扶贫现状“绝不能让一个少数民族、一个地区掉队，要让13亿中国人民共享全面小康的成果”。通过大力实施脱贫攻坚，有利于缩小收入差距，增加低收入劳动者的收入，扩大中等收入者比重，形成两头小、中间大的橄榄型收入分配结构，更有利于增进全体人民的福祉。

3. 脱贫攻坚关系党的执政基础。全心全意为人民服务是我们党的根本宗旨，也是我们党长期执政的坚实基础。新中国成立以来，党和政府始终高度重视消除贫困，不断加大扶贫开发工作力度，尤其是改革开放以来，我们党把解决贫困问题列入工作重心，成功走出了一条中国特色的社会主义减贫道路。截至2017年年底，全国农村贫困人口从2012年年底的9899万人减少至3046万人，累计减少6853万人；贫困发生率从2012年年底的10.2%下降至3.1%，累计下降7.1个百分点。与20世纪70年代末相比，中国已有7亿多人摆脱贫困，成为世界上最早实现联合国千年发展目标中减贫要求的发展中国家，这不仅极大改善了人民群众的生活水平，而且极大地增强了人民群众的认同感、归属感，有效巩固了党的执政基础，改变了中国的国际形象。

4. 脱贫攻坚关系着国家长治久安。在人类的历史上，富足总是伴随着稳定，贫困必然导致动乱。能否摆脱贫困，是关系整个国家稳定和社会和谐的全局性问题。当前，许多引发社会矛盾和冲突的群众性事件，很多都是由于发展不足所引起的，加快发展，消除贫困，是保证人民安居乐业、保证国家长治久安的基础。改革开放以来，我们党始终抓住发展这个牛鼻子不动摇，深入实施扶贫开发和脱贫攻坚，有效解决了人民群众关心和期盼的就业、教育、医疗、社会保障、收入分配等问题，极大地维护了社会稳定、民族团结，维护了主权和领土完整，实现了国家的长治久安。

二、打好精准脱贫攻坚战，走中国特色社会主义的减贫道路

乡村振兴，摆脱贫困是前提。实施乡村振兴战略，必须坚持精准扶贫、精准脱贫，把提高脱贫质量放在首位，既不降低扶贫标准，也不吊高胃口，采取更加有力的举措、更加集中的支持、更加精细的工作，坚决打好精准脱贫这场对全面建成小康社会具有决定性意义的攻坚战。

一要瞄准深度贫困地区和重点贫困人群。比如湖北省还有不少老乡在受贫受穷，帮助他们脱贫致富，是各级党委政府的重大政治责任。湖北省建档立卡贫困人口还有200万人左右，主要分布在生态环境恶劣、自然资源贫乏、地理位置偏远的老区、山区、库区、少数民族地区，致贫原因复杂，贫困程度更深，减贫成本更高，脱贫难度更大。今后的脱贫工作，要坚持时间服从质量的原则，严格按照“标准既不降低也不提高、时间既不提前也不延后、内容既不增加也不减少”的“六不”要求扎实推进，确保到2020年实现贫困人口全面脱贫、贫困县全部摘帽，与全国人民同步进入全面建成小康社会。

二要坚持扶贫与扶志、扶智相结合。“治穷先治愚、扶贫先扶志”。精神扶贫比物质扶贫更重要，一个人没有精神，没有战胜困难和贫困的勇气、信心，绝对不可能顺利脱贫、成功脱贫。开展精神扶贫，进一步调动贫困群众自主脱贫的积极性、主动性，增强群众自我脱贫致富能力，营造劳动光荣、致富

光荣、脱贫光荣的正确导向，尤为紧迫，也是各级党委、政府以及各部门和各级驻村工作队的重要任务。一方面扶贫必须先扶志气。物质上的贫困贫一时，精神上的贫困贫一世。人穷最怕志短，扶贫必须先扶志气。定期开展送温暖、送物资等活动，这些老百姓看得见、摸得着，能让群众得一时之欢。但更重要的是扶志气，增强贫困群众脱贫致富的本领和信心。各级各部门、各级驻村工作队，要通过树立脱贫标兵、奖励致富能手、设立公益性岗位、购买贫困户劳动力等办法，切实激发贫困群众脱贫致富的内生动力，真正从骨子里挖掉贫困“病根”。另一方面扶志气更要扶智力。帮助群众树立信心，提振精神，只是从精神层面解决了贫困群众的自卑心理、不求进步倾向。要真正从根本激发贫困群众的内生动力，还得增强贫困群众的致富本领，帮助贫困群众找到致富路径，让贫困群众体会到劳动的价值、付出的回报。解决扶智的问题，首先是要高度重视贫困地区的教育，要加大对贫困地区教育支持、倾斜力度，加大乡村教育建设、培训力度，实施城乡教育结对帮扶、远程指导，真正让贫困家庭的孩子接受公平的、有质量的教育。其次是要加强贫困群众的技能培训。技能提一步，收入就能加一档。要组织好、实施好、落实好贫困群众职业教育技能培训政策，帮助贫困家庭掌握生存致富的有效技能，真正实现扶志气与扶智力的结合，实现从“输血”向“造血”的根本转变。

三要发展产业扶贫。发展产业是精准扶贫的核心动力和治本之策，是促进经济长远发展、不断改善民生的重要基础和有力支撑。习近平总书记强调，“贫困地区发展，必须要有产业”。离开产业抓扶贫，是无源之水，无本之木。推进精准扶贫、精准脱贫，必须把引导驻点村和贫困群众发展产业作为重要任务，既解决贫困群众眼前增收之急，又为贫困村、贫困群众的长远发展打下坚实基础。要培育致富带头人。贫困地区欠发达，一个重要原因就是产业发展不够，带动力不强，特色产业不鲜明。推动脱贫攻坚，发展产业支撑，必须把培育带头人作为重要抓手，引导他们先走一步，先脱贫先致富，成为众人追赶的标杆，学习的榜样。要发挥后发优势。贫困地区作为未开发地区，本身具有得天独厚的自然资源和生态资源，如何把后发优势变为先发优势，需要各地进行充分挖掘。各地及各级驻村工作队，要立足自身的资源优势、生态优势，结合区位条件、产业基础、传统优势和资源禀赋，坚持宜农则农、宜牧则牧、宜游则游，大力发展符合当地实际、具有市场需求的特色优势产业。尤其要注意帮助有条件的地区发展乡村旅游和农村电商等新兴产业和新型业态，扬长避短，迎头赶上，加快脱贫攻坚步伐。要创新组织形式。农村经济组织化、规模化程度低，抗市场风险能力较弱，是贫困地区经济发展的一大短腿。推进产业扶贫，要切实抓好贫困地区农村经营形式创新，以推进农村生产经营组织化、规模化为抓手，培育合作组织，引领贫困群众搭伙求财、抱团致富。要大力发展“互联网+农业”。电子商务具有连接市场方便、快捷的特点，能够缩短山区与市场的距离，解决农村信息不对称等问题。要抢抓农村电商发展的机遇，加快建设本地电商平台、服务网点，大力开展电商扶贫，切实解决农产品销售“最后一公里”和“卖难卖贱”“买难买贵”等问题，让更多的特色农产品、绿色农产品走向全国，走向世界。

四要强化脱贫攻坚责任和监督。坚持中央统筹、省负总责、市县抓落实的工作机制，强化党政一把手负总责的责任制。强化县级党委作为全县脱贫攻坚指挥部的关键作用，脱贫攻坚期内贫困县县级党政正职要保持稳定。坚持定期开展扶贫领域腐败和作风问题专项治理，切实加强扶贫资金管理，严厉打击贪污、侵占、挪用扶贫资金等违法犯罪行为，要切实保障扶贫资金安全。完善扶贫督查巡查、考核评估办法，除党中央、国务院统一部署外，各部门一律不再组织其他检查考评。严格控制各地开展增加一线扶贫干部负担的各类检查考评，切实给基层减轻工作负担。

02

践行篇

践/行/篇

第四章

乡村振兴的湖北方案

党的十九大报告提出实施乡村振兴战略，是新时代破解“三农”问题，推进农业发展、农村繁荣、农民增收的根本之策，为新时代农业农村现代化建设指明了方向。湖北省是农业大省，乡村形态极具典型性，平原、山区、丘陵都有，可以说湖北省是中国农村社会和农业发展的一个样本。历届省委、省政府高度重视“三农”工作，近年来农业农村发展取得了显著成就，为实施乡村振兴战略奠定了坚实基础。2018 年，是实施乡村振兴战略开局之年。《中共湖北省委湖北省人民政府关于推进乡村振兴战略实施的意见》出台，这是湖北省当前和今后一个时期实施乡村振兴战略的纲领性文件。湖北将实施超常规措施振兴乡村，不断满足农民群众对美好生活的需求，让农村逐渐成为安居乐业的家园。

第四章／
乡村振兴的湖北方案

第一节　乡村振兴湖北方案的现实基础

湖北省是全国重要的农业大省，13个粮食主产区之一，历史悠久，地位重要，优势明显。改革开放以来，湖北农业大省的地位始终很稳固，多种农产品位居全国前列，不仅“米袋子”产品在全国有地位，而且“菜篮子”产品优势更突出，为国家粮食安全和重要农产品有效供给作出了巨大贡献。湖北省主要粮食作物是水稻，播种面积和产量分别占粮食生产的48%和66%。2017年，我们以占全国3.93%的耕地面积，为国家提供了4.21%的粮食、3.31%的棉花、9.13%的油料，在中国饭碗中增加了“湖北粮”的分量，充分体现了作为农业大省、粮食大省的“湖北担当”。

湖北省农业资源特色和优势主要体现在五个方面。一是区位优势。湖北省具有“承东启西、接南纳北”的区位优势，是全国重要的综合交通运输枢纽。随着农产品国内大市场的逐步形成和国际市场一体化进程的加快，得天独厚的地理位置和四通八达的交通网络使湖北省农产品市场进一步打开，农产品贸易中心和流转枢纽的地位进一步提升。二是资源优势。突出体现在土地、淡水等方面。湖北省土地肥沃，特别是江汉平原，耕地质量比东北还要好，这是湖北农业的一张名片。湖北素有“千湖之省”之称，淡水资源丰富。境内湖泊主要分布在江汉平原上，现有湖泊755个。湖北省还有丰富的硒资源，具有发展富硒产业的核心资源。这些宝贵的农业资源，既具有典型的地域性特色，更具有独特的稀缺性特点。三是气候优势。湖北省地处内陆中部地区，气象条件优越。大部分为亚热带季风性湿润气候，光能充足，热量丰富，无霜期长，降水充沛，雨热同季，农作物全年都能生长种植，大部分地区是一年两熟制或者一年三熟耕作制度，水稻、棉花、油菜籽的单产水平比全国平均水平高出15%以上。四是产品优势。湖北省是全国重要的农产品生产基地，主要产品产量全国领先，水稻、棉花、生猪、茶叶、水果常年产量居全国前五位，淡水产品、油菜籽产量连续22年位居全国第一，禽蛋、蜂蜜、食用菌、小龙虾出口多年位居全国第一。丰富的农产品，为深入推进农产品加工业发展提供了基础。五是科教优势。湖北省涉农专业院士、农业科研教学机构、涉农国家及省级重点实验室（工程技术研究中心）等农业科教力量雄厚，农业科技成果丰硕。这些为湖北建设农业强省，实施乡村振兴战略提供了强力支撑。

一、湖北实施乡村振兴战略的基础

近年来，湖北省抢抓发展机遇，加大改革创新，狠抓强农惠农政策落实，实现了农业连年丰产、农民持续增收、农村和谐稳定的良好发展局面，全省“三农”主要发展指标在全国不断进位，既巩固了农业大省的传统优势，又构建了新的发展优势，成为“三农”发展又好又快的历史时期之一。“三农”的稳定健康发展为全省发展大局起到了“压舱石”的作用，是全省经济社会发展“稳”的基础、“进”的亮点，为实施乡村振兴战略奠定了坚实基础。

（一）农业综合生产能力稳步提升

鄂北地区水资源配置工程开工建设，从2016年起启动整合资金推进高标准农田建设工作，大力推进农业科技创新、农业机械化应用和农业标准化生产，加快推进农业转方式调结构，实现了农业综合生产能力稳步提升，推动了传统农业加快向现代农业转变。2017年湖北省农业科技进步贡献率达到57.7%，主要农作物耕种收综合机械化水平达到68%，农产品质量安全合格率达到99.39%，均稳居全国前列。各地适应市场需求加快推进农业转方式调结构，大力发展双季稻、再生稻，调减棉花面积，建立双低优质油菜生产保护区，推广稻渔综合种养面积381.18万亩。主要农产品连年丰收，2015年全省粮食总产达270.35亿千克，创造历史新纪录；2017年粮食总产259.97亿千克，同比增长1.8%，居历史第三高位。水稻、棉花、生猪、茶叶常年产量居全国前五位，淡水产品、油菜籽产量连续22年居全国第一位，禽蛋、蜂蜜、食用菌、小龙虾出口多年位居全国第一。农产品综合优势进一步凸显，农业大省地位进一步巩固。

（二）农村新产业新业态快速兴起

农业多种功能得到大力开发，农村一二三产业融合发展呈现蓬勃之势，农业产业链价值链加快延伸。农产品加工业实现跨越式发展，“四个一批”工程深入持久实施，2017年全省农产品加工业主营业务收入1.58万亿元，5年增长88%，高于全国平均水平，农产品加工业已成为湖北省规模最大、发展最快、就业最多、效益最好、农民获利最丰的“五最”产业。乡村旅游蓬勃兴起，全省休闲农业和乡村旅游综合收入达到320亿元，5年增长近2倍。

（三）农民收入保持较快增长

近5年来，湖北省农民平均每年增收1000元以上，2014年农村居民人均可支配收入破万元，2017年达到13812元，年均增长超过10%。特别是精准扶贫、精准脱贫大力实施，贫困农民群众加快脱贫致富，450万人摘掉贫困帽子。

（四）新农村建设纵深推进

2012年以来，大别山革命老区经济社会发展试验区、“四化同步”示范乡镇建设试点、中国农谷、鄂州城乡一体化试验区、竹房城镇带城乡一体化试验区等多个层面的省级新农村建设和城乡一体化发展试验区纵深推进，各地试点建设范围不断扩大，农村水电路气房和信息化等基础设施建设取得重大进展，农村人居环境明显改善，公共事业加快发展，农村社会和谐稳定，一批产业兴旺、农民富裕、环境优美、设施齐全的美丽乡村涌现在荆楚大地上。特别是21个省级"四化同步"示范乡镇试点，立足全方位体制、机制创新，积极探索就近就地城镇化的发展路子，发展形势令人鼓舞。

（五）农村改革有力有序推进

《关于贯彻落实〈深化农村改革综合性实施方案〉的意见》于2016年7月30日印发，明确了今后一个时期湖北省农业农村改革的目标任务。全省农业农村专项改革每年有工作要点、工作台账，各项改革有力有序推进。农村土地承包经营权确权登记颁证进入全国第二批整省推进试点，2016年已基本完成。农村产权改革在全国有影响有地位，武汉城市圈已实现联网共享信息，已建成市县两级交易平台54个，综合产权交易量、交易平台在全国最大；蔡甸、夷陵、京山三地农村集体资产股份合作制改革试点和宜城市宅基地制度改革全国试点取得明显成效。新型农业经营主体和多种形式的适度规模经营加快发展，2017年年底，全省在工商部门注册的农民合作社、家庭农场分别达8.2万家和2.9万个，5年分别增长2倍、4.6倍，系统培育新型职业农民10万余人。全省承包地流转面积1998万亩、流转比例达到44.1%，五年分别增长1141万亩、25.1个百分点。农村金融改革取得新突破，农村合作金融创新试点范围扩大到10个县（市、区）；"两权"抵押贷款12个试点县市区已建立相关工作平台。同时，林业、水利、土地、供销、国有农场等改革稳步推进。

二、湖北实施乡村振兴战略的挑战

湖北省农村经济社会发展取得显著成效，但长期形成的城乡二元结构，致使农业仍然是“四化同步”的短腿，农村仍然是“全面小康”的短板。

（一）农业基础设施仍然薄弱

湖北省现有农田水利工程中建于20世纪50、60年代的占51%，20世纪70年代的占35%，20世纪80年代以后的仅占14%。长期以来投入不足，且大多标准不高，渠道建筑物配套率低，加之后期缺少管护，大多堰塘沟渠淤塞、泵站涵管破损，旱难灌、涝难排，抵御自然灾害能力仍然十分脆弱，农业望天收的局面没有根本改变。全省40%的农田不能保收，60%的农田也只能抗御5年一遇的灾害；灌区渠系水利用系数和灌溉水利用系数分别只有0.45～0.55和0.45左右，50%以上的排灌设施带病运行；中低产田面积占耕地面积的74%，比全国平均水平79%低。2016年洪涝灾害对湖北省农业造成的直接经济损失达200多亿元。

（二）农业发展质量和效益不高

农产品多而不优，市场占有率不高，尤其是缺少知名品牌。一是产品不优。淡水产品和油菜籽产量连续22年保持全国第一，但淡水产品产值位居全国第二，常规养殖品种产量占82%，双低菜籽油堪称“东方橄榄油”，但价格仅为进口橄榄油的1/10。湖北省是产茶大省，但国内知名品牌纷纷抢滩湖北消费市场。湖北省草山草坡面积达9600万亩，草食家畜的理论载畜量达到1500万个黄牛单位，而牛羊肉生产总量在肉类生产总量中占比不足10%，全省人均占有牛羊肉不足5千克，比全国平均水平低50%。二是科技含量不高。目前湖北省农业科技进步贡献率57.7%，全省农业科技成果转化率只有40%左右，但世界发达国家的农业科技进步贡献率都在75%以上，国内农业发展较快的省份也在60%以上。三是精深加工滞后。全省农产品加工率只有约67%，其中精深加工率只有约18%，同农产品加工发达国家和地区的加工率90%左右、精深加工率50%以上相比，差距很大。比如，湖北省柑橘加工率只有10%左右，且以罐头为主，而全球柑橘加工率达35%，且果汁加工占80%；湖北省淡水产品加工率不到22%，低于全球平均水平25个百分点，低于日、韩、美等国50多个百分点。湖北省农产品加工领军龙头企业还不多，在国内外享有盛誉和影响的知名品牌还不多。

（三）农业可持续发展形势严峻

农业资源过度开发、透支严重，生态环境严重受损、承载能力接近极限，资源环境亮起“红灯”，成为农业持续稳定发展的两大制约。我国人均耕地和淡水资源仅为世界平均水平的1/2和1/4，湖北省人均耕地和淡水资源比全国平均水平还少，且鄂北地区水资源矛盾突出。地、水、大气等农业生产的环境污染严重。农业投入品过度使用，我国农作物亩均化肥用量是世界平均水平的2.7倍，湖北省亩均化肥施用量又是全国平均水平的3.2倍，现在全国每年使用的农药在180万吨左右，湖北省约5.1万吨，而利用率不到30%，湖北省农膜使用量约5万吨，地膜残留率高达40%，这样既造成农业面源污染，影响农产品质量安全，又引发耕地退化，不利于农业可持续发展。农业废弃物没有得到综合利用，全省每年农作物秸秆多达3000万吨、畜禽养殖粪污约2亿吨，目前还有30%的农作物秸秆被露天焚烧或丢弃、60%的养殖粪污没有得到有效收集处理利用。另外，工业和生活垃圾、医药、重金属污染都很严重。

（四）农民持续较快增收难度加大

一是农产品价格“天花板”与生产成本“地板”“双挤压”加重，农业生产效益继续下降。目前国内大宗农产品价格大多超过了进口价格，与国际市场价格严重倒挂。2014年国内大米价格比国际市场价格高14.7%，小麦高28.0%、玉米高24.8%、猪肉高97.9%、大豆高30.5%、棉花高51.5%。这种情况下，一方面造成国内农产品价格提升遇到困难，农业生产增收的原动力削弱；另一方面造成近几年农产品进口快速增加，对国内农产品市场冲击加大。

近几年湖北省部分产粮大县就出现了卖粮难、粮价低的问题，特别是2015年国家取消了油菜籽临时收储政策，湖北省因油菜籽价格下滑减收42亿元，农民人均减收100元以上。同时，农资、人工、土地流转、农机作业等农业生产成本刚性抬升，2014年湖北省中稻、小麦生产成本同比分别上涨8.1%和5.4%，而粮食作物价格、亩产值的增幅均低于成本增幅，种粮的收益在下降。农产品价格上涨受阻，而成本不断上升，这双重挤压使农业生产效益持续下降，按湖北省一年两季稻麦连种计算，农民种一亩粮食的收入仅相当于外出务工1周左右的工资收入，影响到农民农业生产的积极性。二是务工人数和收入“双增幅”下降，农民务工增收难度加大。经济增速放缓，宏观经济调整结构、压缩过剩产能，农民务工就业机会减少，工资增长变慢。2010—2016年，湖北省农民工人数增幅分别为3.9%、3.6%、3.0%、2.4%、1.7%、1.5%、-0.5%。2012—2016年，湖北省农民工资性收入增幅分别为18.0%、14.4%、12.9%、11.7%、9.2%。两个增幅均呈下降趋势，使农民务工增收难度加大，而工资性收入是农民增收的主要来源，今后农民增收将受到影响。三是补贴和财政支农总量“双投入”受限，惠农政策激励效应的空间缩小。目前农业补贴受到WTO（世界贸易组织）“黄箱”政策的限制，我国承诺的“黄箱”补贴上限不超过农业产值的8.5%，现在对小麦、稻谷的补贴已接近上限。同时，“三农”投入的增量、增幅也受到新常态下财政收入增速下降的影响而减少，2010—2014年中央财政对“三农”支出的增幅分别为21.8%、15.2%、18.0%、11.4%、6.0%。这些导致农民转移性增收的空间收窄。

（五）农村公共事业发展滞后

近年来，农村公共事业发展很快，但由于历史等诸多原因，投入仍显不足，发展仍显滞后，城乡的差距仍然很大。如，湖北省农村路网基本形成，但早期建设的大量农村公路存在建设标准低的问题，防灾抗灾能力差；同时重建轻养问题长期存在，目前农村公路养护已进入高需求期，服务水平和应急保障能力亟待提高。农村电网存在低电压、局部供电卡口、供电可靠性不高等问题。农村互联网建设投入水平较低，通村宽带标准较低，宽带入户率较低，目前全省还有部分行政村未通宽带，农村宽带用户数占全省城乡宽带用户数的比例低于全国中部省份平均水平。农村教育基础依然薄弱，中小学师资队伍数量不足、留守学生多等问题十分普遍。农村公共文化资源十分短缺，基层投入十分有限，不少地方文化活动场所和设施破旧残损、年久失修。农村公共卫生体系不健全，基层医疗卫生基础薄弱，人才队伍欠缺。农村社会保障的水平较低，与农民群众的生活水平不相适应。脱贫难度加大，湖北省剩下的扶贫对象都是贫中之贫、困中之困，减贫成本更高、难度更大。农村环境问题非常突出，生态环境治理任务艰巨。人口流动使村民自治发展面临新的挑战。

第二节 乡村振兴湖北方案的总体要求

实施乡村振兴战略，加快推进农业强省建设，要在深化农业供给侧结构性改革上取得新突破，在深化农村改革上取得新突破，在推进城乡融合发展上取得新突破，在乡风文明建设上取得新突破，在创新乡村治理上取得新突破的目标任务，以深入推进农业供给侧结构性改革、大力培育农村新产业新业态、加大乡村振兴投入、深化农村改革、健全乡村治理体系五大重点为抓手，重点实施好“八大工程”，谱写湖北乡村振兴新篇章。

湖北省实施乡村振兴战略的总体要求是：以习近平总书记关于“三农”工作的重要论述为指引，加强党对“三农”工作的领导，落实高质量发展要求，坚持把解决好“三农”问题作为重中之重，坚持农业农村优先发展，按照产业兴旺、生态宜居、乡风文明、治理有效、生活富裕的总要求，建立健全城乡融合发展体制、机制和政策体系，统筹推进农村经济建设、政治建设、文化建设、社会建设、生态文明建设和党的建设，以工程化、项目化、清单化的方式，切实抓好农村的基本产业、基本公共服务、基础设施和基层组织建设，加快推进乡村治理体系和治理能力现代化，加快推进农业农村现代化，着力建设农业强省，推动农业全面升级、农村全面进步、农民全面发展，谱写湖北乡村振兴新篇章。

到 2020 年，乡村振兴取得重要进展、走在中部前列，制度框架和政策体系基本形成。农业综合生产能力得到有效提升，农业供给体系质量明显提高，农村新产业新业态蓬勃发展；城乡居民生活水平差距进一步缩小；富美乡村建设全面推进，农村人居环境明显改善；城乡融合发展体制、机制初步建立；贫困县全部摘帽、贫困村全部出列、建档立卡贫困户实现脱贫，小康社会全面建成；农村基层党组织战斗堡垒作用进一步加强，乡村治理体系进一步完善。

到 2035 年，乡村振兴取得决定性进展，农业农村现代化基本实现。农业结构得到根本性改善，农民就业质量显著提高，相对贫困进一步缓解，共同富裕迈出坚实步伐；城乡基本公共服务均等化基本实现，城乡融合发展体制、机制更加完善；乡风文明达到新高度，乡村治理体系更加完善；农村生态环境根本好转，富美乡村基本实现。

到 2050 年，乡村全面振兴，农业强、农村美、农民富全面实现，农业农村现代化强省全面建成。

一、实现五个新突破

（一）在深化农业供给侧结构性改革上取得新突破

湖北省是农业大省，粮食、油菜、淡水产品、茶叶等农产品产量居全国前列，但食品深加工、产业链附加值与河南等省份还存在较大差距。建设农业强省，要练好内功，下真功夫，关键在于深化农业供给侧结构性改革，走质量兴农、绿色兴农之路，着力在农业绿色化、优质化、特色化、品牌化上下功夫，尽快实现农业发展由数量扩张向质量提升转变。在绿色化方面，要改变传统生产方式，推进化肥、农药减量化，加强农业面源污染防治，提高农业生产废弃物资源化利用率，扎实推进“三品一标”建设，不断增加绿色安全农产品供给。在优质化方面，要加快农业科技创新和技术推广，推进农产品标准化生产，不断增加优质高端农产品供给。在特色化方面，要以市场需求为导向，调整优化产业布局，大力发展优势种养业和特色农业，发展一村一品、一乡一品，培育一批特色明显的农业产业和优势突出的特色村镇。在品牌化方面，要注重“梳妆打扮”和品牌营销。注重产品包装，坚持做好品牌。依托农产品加工龙头企业，做大做强一批立得住、叫得响、卖得好的农产品品牌，真正使“湖北产”走出湖北、叫响全国、走向世界。

（二）在深化农村改革上取得新突破

湖北省在“三权分置”改革、土地连片集中耕作改革、农村集体资产股份制合作改革和农业供给侧结构性改革等方面作出了积极有益的探索。要坚持以改革创新激发乡村振兴的内生动力。深化农村改革，主线仍然是处理好农民和土地的关系。要巩固农村土地承包经营权确权登记颁证成果，落实土地第二轮承包到期后再延长30年的政策，深化承包地“三权分置”改革，发展多种形式的适度规模经营，促进小农户与现代农业有机衔接；积极稳妥探索农村宅基地所有权、资格权、使用权“三权分置”改革，落实宅基地集体所有权，保障宅基地农户资格权和农民房屋财产权。

（三）在推进城乡融合发展上取得新突破

从统筹城乡发展到城乡发展一体化，再到城乡融合发展，体现了党中央对城乡发展规律的深刻认识和把握。城乡融合是破解不平衡不充分发展难题的根本途径，也是确保高质量发展、实现全面小康和全面现代化的重要前提。一是推进一二三产业融合发展。产业融合是城乡融合的根本依托。利用互联网、大数据等技术为农业服务，采取“农业+”模式，大力发展生态农业、休闲农业、养生养老、文化体验、乡村旅游、农村电商等新产业新业态。大力扶持农业产业化龙头企业、农民专业合作社、家庭农场等新型经营主体，完善与农民的利益联结机制，发挥其引领带动作用。二是实施“三乡”工程。把实施市民下乡、能人回乡、企业兴乡工程作为推动乡村振兴的新引擎，推动城市资金、技术、人才、信息等要素“上山下乡”，激活农村资源。加强统筹协调，科学规划、有序推进，探索适合各地实际的发展模式，创新体制、机制，兼顾各方利益，保护农民权益，为乡村振兴注入强大动能。三是补齐“三大短板”。要以富美乡村建设为抓手，着力补齐农村基础设施、基本公共服务、人居环境短板，不断改善广大农民生产生活条件，提升农民群众的幸福感、舒适度。农村条件好了、环境好了，田园风光、湖光山色、秀美乡村就会有吸引力，就可以成为聚宝盆，农村才能真正成为安居乐业的富美家园。

（四）在乡风文明建设上取得新突破

良好的乡风民风、人居环境和文化生活，是乡村振兴的重要支撑点，是广大农民的热切期盼。推动乡村更好发展，不但物质文明要建设好，精神文明也要建设好。要深化文明村镇创建，以农民群众喜闻乐见的形式，广泛开展中国特色社会主义和中国梦宣传教育，加强乡村道德建设，大力实施文化、科技、卫生“三下乡”活动，创新开展群众性文化活动，丰富农民精神文化生活。培育发展新时代乡贤文化，发挥农村优秀基层干部、乡村教师、退伍军人、文化能人、返乡创业人士等新乡贤作用。深入挖掘和弘扬农耕文明、荆楚文化、乡土文化，破除婚丧嫁娶大操大办、讲究排场等陈规陋习，推动移风易俗，引导树立勤俭节约的文明新风。坚决抵制封建迷信活动，依法制止非法宗教活动。

（五）在创新乡村治理上取得新突破

坚持以党的领导统揽全局，政府、社会、公众协同合作，自治、法治、德治相互结合，建立健全现代乡村治理体系，提升乡村自治法治德治水平。乡村治理的核心是加强农村基层党组织建设。要抓住基层党组织建设这个牛鼻子，选优配强村党支部书记，选派一批能力强、作风实的村第一书记，发挥"红色头雁"引领作用。注重解决好基层党组织软弱涣散问题，发挥基层党组织战斗堡垒作用和党员先锋模范作用。办好办实农村党员群众服务中心，打通服务群众"最后一百米"。丰富基层民主自治的形式，发挥村民的监督作用，让农民自己"说事、议事、主事"。深入开展农村党风廉政建设和反腐败斗争，加大对侵害群众切身利益的各种腐败问题和不正之风的整治力度，厚植党的执政基础。深入推进平安乡村建设，重拳打击违法犯罪活动和黑恶势力，全面排查治理农村安全隐患，着力提高老百姓安全感。

二、突出五大重点

（一）深入推进农业供给侧结构性改革

坚持质量兴农、绿色兴农，突出农业绿色化、优质化、特色化、品牌化，加快推进农业由增产导向转向提质导向，构建现代农业产业体系、生产体系、经营体系，提高农业质量效益和竞争力。关键是"三个提升"。一是大力提升农产品质量。以"三区"建设为抓手，推进农业标准化生产，加大优质农产品供给。高水平建设粮食生产功能区，"十三五"期间建成高标准农田3570万亩，建成后亩均粮食综合生产能力提高100千克以上，确保粮食产能稳定。持续建设油菜、棉花等生产保护区，进一步发挥重要农产品比较优势。立足特色农业资源，加快建设33个特色农产品优势区。二是大力提升农业整体效益。以“三园”建设为平台，强化科技支撑，加快延伸产业链、健全价值链，提高农产品综合加工率和精深加工率，打造农产品加工升级版。着力建设粮棉油、食用菌、淡水鱼、小龙虾等优势产业链，再培育一批销售收入过10亿元的产业化龙头企业。三是大力提升品牌影响力。以“三品一标”建设为导向，依托优势农产品产业带，打造“湖北粮、荆楚味”品牌。

（二）大力培育农村新产业新业态

深入挖掘农业多种功能，推动新产业新业态蓬勃发展，促进一二三产业融合发展。主要是“三个+”。一是加快发展“大数据+现代农业”。精准把握农业从田间到餐桌的完整链条，强化大数据在生产、经营、管理和服务等环节的创新应用，全面提升管理水平、耕种效率、产品质量。二是大力推进“互联网+现代农业”。着力打造一批省级农村电商示范园区，建设一批农村电商示范县，发展一批农村电商经营主体，培训一批农村电商人才。三是有效推广“旅游+现代农业”。推进农业与旅游、教育、文化、康养等产业深度融合，让田园变公园、农房变客房、农作变体验。

（三）加大乡村振兴投入

大战略需要大投入。构建城乡融合发展体制、机制，让城镇生产要素流向农村、现代经济理念引入农业、居民生活方式影响农民。落实公共财政、土地增值收益、金融资源向“三农”倾斜的政策要求，以市民下乡、能人回乡、企业兴乡“三乡”工程为抓手，推动政府、社会、农民协同投入，实现城乡共建共享、共同繁荣。重点加大“三个投入”。一是加大乡村公共服务投入。促进城市优质教育、医疗、文化等资源向农村流动。完善城乡统一的基本医疗保险和大病保险制度，统筹城乡社会救助体系，织密扎牢农村民生保障网。二是加大乡村基础设施投入。全面推进“四好农村路”、供水、供电、通信、农田水利等基础设施建设，畅通农村发展的“毛细血管”。三是加大乡村人居环境改善投入。实施农村人居环境整治三年行动方案，再现山清水秀、天蓝地绿、村美人和的美丽画卷。

（四）深化农村改革

巩固和完善农村基本经营制度，以处理好农民与土地的关系为主线，推进农村改革“扩面、提速、集成”。主要是“三个激活”。一是激活主体。现代化的农业必须有现代化的经营主体。深化农村“放管服”改革，为家庭农场、种养大户、合作社、农业企业等新型农业经营主体成长创造良好环境。创新社会化服务，把小农户生产引入现代农业发展轨道。二是激活要素。完善承包地“三权分置”制度，落实第二轮土地承包到期后再延长30年的政策，为发展多种形式适度规模经营创造条件。扩大农村集体产权制度改革试点，探索资源变资产、资金变股金、农民变股东的“三变”改革，增加农民财产性收入。探索农村宅基地“三权分置”，重点结合发展乡村旅游，适度放活宅基地和农民房屋使用权。三是激活市场。在保护农民利益的前提下，有序推进粮食等重要农产品价格形成机制和收储制度改革。发展农村产权交易市场，促进土地权能释放和经营权流动。

（五）健全乡村治理体系

农村要成为安居乐业的家园，离不开科学有效的治理。自治激发治理活力，法治维护公平正义，德治引领乡风文明。要积极探索“三治融合”的有效途径，发挥乡村治理的最大能量，为乡村振兴助力加油，为农村长治久安夯基垒台。要发展壮大农村集体经济，推动乡村文化繁荣兴盛，完善农村社会治安防控体系，着力打造懂农业、爱农村、爱农民的“三农”工作队伍，全面提升乡村治理水平。

第三节　乡村振兴湖北方案的行动计划

一、实施八大工程

（一）实施“三乡”工程，促进城乡资源要素流动融合

实施“三乡”工程，是唤醒农村沉睡资源、破解要素下乡障碍、激发农业农村发展动能的创造之举、创新之作，与乡村振兴战略高度契合。2017年以来，湖北省以武汉市试点起步，大力实施市民下乡、能人回乡、企业兴乡工程，推动城市资金、技术、人才等要素下乡激活农村资源，变农村资源为创富资本，变乡村为创业乐园，变农民为合作股东，有效带动了农业农村发展。实践表明，“三乡”工程是打开城乡要素双向流动之门的新钥匙，是解决城乡发展不平衡不充分突出问题、促进农民增收致富的新实招，是推动乡村振兴的新引擎。我们将推进“三乡”工程向纵深发展。加强组织推动，把握乡村的多样性、差异性、区域性特征，做好“三乡”工程规划。在“城边、景边、路边、湖边”等条件较好的地方重点引导市民下乡，在广大农区主要推进能人回乡、企业兴乡。明确城乡相关部门工作责任，建立城乡联动、部门协调的推进机制。加强宣传推介，打好政策牌、政治牌、亲情牌、特色牌，引导“三乡”主体下乡。优化承接环境。加强农村硬软环境建设，省级统筹资金在三年内实现荒山全绿化、污水处理乡镇全覆盖、农村生活垃圾收集全到位，开展“厕所革命”三年攻坚行动，推进光纤进村入户，实施全省“一网覆盖、一次办好”改革，实行农村“马上办、网上办、一次办”的行政审批和服务流程，使“三乡”主体下得

来、留得住、可创业。创新发展模式。把推进“三乡”工程与现代农业发展、精准扶贫、富美乡村建设等紧密结合，引导“三乡”主体创新创业。鼓励“三乡”主体与村集体合作经营村庄，打造一批“电商村”“教授村”“网红村”等特色村庄。创新体制、机制。建立共建共享机制，引导“三乡”主体与村集体、农民开展股份、租赁、流转等合作发展，兼顾各方利益，保护农民权益，形成可持续的发展模式。建立政策激励机制，系统集成各项惠农政策，统筹整合涉农项目资金，省财政新增专项奖补资金，集中支持“三乡”工程。建立盘活农房机制，借鉴承包地“三权分置”改革的做法，探索农村宅基地所有权、农民房屋财产权、房屋使用权“三权分置”的有效实现形式，放活农民房屋使用权。力争3年内推动100万市民下乡、吸引10万能人回乡、引进1万个企业兴乡。

（二）实施荆楚农优品工程，促进质量强农

品牌是畅行市场的通行证，也是产业竞争力。当前，湖北省的农业品牌数量在全国位居前列，但品牌效应发挥不够，知名品牌、具有竞争力和影响力的品牌还不多。要抢抓农业供给侧结构性改革的重大机遇，大力实施荆楚农优品创建工程，不断提高农业综合效益和竞争力。整合区域农业资源，着力打造10个荆楚农优品区域公共品牌、50个企业品牌和200个产品品牌。大力实施水稻产业提升计划，建设双低油菜生产保护区。大力发展特色农业，建设一批精品果园、生态茶园、放心菜园、道地药园和现代烟草基地。优化养殖业空间布局，发展绿色生态健康养殖。推广按户连片耕种、稻田综合种养等模式。加快发展现代高效林业。完善标准体系，健全监管体制，提高农产品质量和食品安全。切实发挥农垦在质量强农中的带动引领作用。实施农业科技工程，加快建设农村科技创新体系，深化农业科技成果转化和推广应用改革，到2020年全省农业科技进步贡献率达到60%。围绕优质农产品，提高种业创新和保障能力，培育10个育繁推一体化种业创新基地。深入推进农业科技“五个一”行动。加强基层农技推广体系改革与建设，健全完善“以钱养事”新机制，推进公益性服务与社会化服务融合发展。健全农业社会化服务体系，促进小农户和现代农业发展有机衔接。

（三）实施荆楚富美乡村建设工程，促进绿色发展

要加强基础设施建设，加大乡村建设和规划管控力度，加大村庄基础设施建设和公共服务支持力度，推动居住相对集中。到2020年，在全省建设200个以上“荆楚名村”、2000个以上“荆楚强村”、10000个以上“荆楚新村”。坚持把改善人居环境作为提高群众生活品质的重大民生工程，作为建设美丽湖北的重要举措，作为转变发展方式的重要抓手。按照省委、省政府的决策部署，突出“厕所革命”、精准灭荒、乡镇生活污水处理排放全覆盖和城乡生活垃圾无害化处理全覆盖，全面开展环境整治和生态建设，让广大的农村地区变得更干净、更整洁、更美观，真正把乡村建设成为宜居宜业的乐园。深入推进农村基础设施提档升级。加快推进“四好农村路”建设，连续3年每年建成1万千米农村路，推动农村公路向进村入户延伸，探索自然村、组公路的管养机制。加快新一轮农村电网建造与改造升级，实现村村通动力电。实施“气化乡镇”工程。持续推进农村饮水安全巩固提升工程建设，力争到2020年解决全省农村居民饮水安全问题。如期完成农村危房改造任务。实施数字乡村战略，推进光纤宽带向自然村延伸，加快农村地区宽带网络和4G网络覆盖步伐，开发适应“三农”特色的信息产品和服务。

（四）实施精准脱贫工程，促进共同富裕

习近平总书记强调：“扶贫开发是事关全面建成小康社会，事关人民福祉，事关巩固党的执政基础，事关国家长治久安，事关我国国际形象。”要坚持把脱贫攻坚作为重大政治责任、重大政治任务、重大民生工程、重大发展机遇，按照“准”“实”的要求，下足“绣花功夫”，“撸起袖子加油干”。瞄准深度贫困地区和重点贫困人群。持续推进易地扶贫搬迁。加大对深度贫困地区资金项目、金融的支持力度。统筹推进易地扶贫搬迁、教育扶贫、健康扶贫、金融扶贫、兜底扶贫。坚持扶贫同扶志、扶智相结合，强化造血功能。广泛动员社会各方力量帮扶贫困地区和贫困家庭。坚持省负总责市县抓落实的扶贫工作机制，强化党政一把手负总责的责任制。将2018年作为脱贫攻坚作风建设年，集中力量解决突出作风问题。开展扶贫领域腐败和作风问题专项治理。加强贫困村驻村帮扶工作队管理，落实召回制度。坚持时间服从质量的原则，严格按照“标准既不降低也不提高、时间既不提前也不延后、内容既不增加也不减少”的“六不”要求扎实推进，打好深度贫困地区攻坚战、特定贫困攻坚战、因户因人精准施策攻坚战。坚持扶贫与扶志、扶智相结合，高度重视精神扶贫工作，通过树立脱贫标兵、奖励致富能手、设立公益性岗位、购买贫困户劳动等办法，激发贫困群众脱贫致富的主体意识和内生动力，从思想上除掉“贫根”。确保到2020年实现贫困人口全面脱贫、贫困县全部摘帽，与全国人民同步进入全面建成小康社会。多途径增加农民收入。实施农民工等人员返乡创业，促进三年行动计划和农家乐创业扶持项目。培育一批家庭工场、手工作坊、乡村车间，实现乡村经济多元化。大力发展多种形式适度规模经营，支持农民通过股份制、股份合作制等多种形式参与规模化、产业化经营，完善利益联结机制。通过“资源变资产、资金变股金、农民变股东”等途径，让农民广泛参与其中获得更多增值收益。拓宽农民增收渠道，增加农村低收入者收入，扩大农村中等收入群体，保持农村居民收入增速快于城镇居民。

（五）实施农村电商工程，促进创新创富

发展农村电商工程，是促进农村经济发展、深化农业供给侧结构性改革、增加农民收入的有效途径。加快推动农村电商发展。要培育电商主体。通过招商引资引进一批、依托企业发展一批、培育新型经营主体催生一批、加盟平台拓展一批、政府引导扶持一批，加快培育农村电商经营主体。要完善基础设施建设。看得见的“道路”和看不见的“网路”建设，是打通农产品上行“最先一公里”和工业品下行“最后一公里”的关键。要认真贯彻落实习近平总书记关于“四好农村公路”建设的重要指示，加强农村公路建设。积极发展农村物流，大力实施农村网络提速降费，打通小生产连接大市场的通道。要推进标准化生产。要引导企业、电商主体制订一套标准化生产、包装、宣传、物流、储运和追溯的体系，专注一个品种，打造一批标准化生产的电商产品。到 2020 年底实现快递物流、村级电商服务站点村村全覆盖，力争每个县建成 1 个电商产业园、培育 1 个以上电商小镇、10 个电商特色村，全省农村电商销售额过千亿元。

（六）实施农业科技工程，促进科技兴农

充分发挥湖北科教大省的资源优势，加快建设农村科技创新和服务体系，不断深化农业科技成果转化和推广应用改革。要建立科技产业联盟。以高校和农业科研院所为龙头，建立产学研融合的科技创新联盟，加强绿色生态、提质增效技术研发应用。不断提升自主创新能力，加快发展现代种业。要完善推广机制。深入实施农业科技“五个一”行动，组织全省农业科技工作者开展 100 项重大农业科技项目研发，与 100 家以上农业企业深度合作，进驻 1000 个村进行科技培训和服务，深入 10000 户农家开展精准扶贫精准脱贫工作，培养 1000 名农业科技精英。坚持科技特派员制度，加快促进创新资源向一线聚集转化。健全完善“以钱养事”新机制，推进公益性服务与社会化服务融合发展，不断提升农业科技化服务水平。要大力培养农业科技人才。充分利用各类培训资源，加大职业农民和新型农业经营主体的培训力度。依托重大科研项目、重点学科和重点科研基地，加强农业科技人才队伍建设，大力培养和引进农业科技领军人才和创新团队，更好地服务“三农”发展。到

2020年全省农业科技进步贡献率达到60%。

（七）实施文化传承工程，促进乡村文化兴盛

优秀传统文化是中华民族的“根”和“魂”，要传承好发扬好广大农村地区的优秀传统文化。要保护好乡土文化。乡土文化里真挚的道德情感、良好的风俗习惯和朴素的价值观念，是乡村文明的精髓，也是维系乡村稳定、推动乡村发展的重要力量。在实施乡村振兴战略过程中，我们要保护好传承好优秀乡土文化，让乡土文化之根扎得更深，传播得更广。要弘扬淳朴乡风。淳朴乡风是乡村文化的重要内容。实施乡村文化传承工程，就是要外修新村，内修新风，大力弘扬优良的家风家训、淳朴的民风民俗，开展移风易俗行动，提升农民精神风貌。用文明乡风、良好家风、淳朴民风凝聚人心，为乡村振兴战略的实施创造和谐美好的社会环境。习近平总书记强调，乡村建设“望得见山、看得见水、记得住乡愁”。“记得住乡愁”就是要让更多镌刻着乡村文化印记的物件和建筑得到保存、得到恢复。不搞大拆大建，不搞大破大立，让乡村建设既顺应大自然，又传承中华文化，既有现代元素，也有历史印记。

（八）实施“红色头雁”工程，促进乡村治理现代化

实施乡村振兴战略，做好“三农”工作，关键是要加强农村基层基础，健全自治、法治、德治相结合的乡村治理体系。要加强基层党组织建设，培养“红色头雁”，面向贫困村、软弱涣散村和集体经济薄弱村组织派出第一书记。发挥村党组织对集体经济组织的领导核心作用，探索“党建+集体经济+乡村治理”的运行模式。2017年湖北省村级集体经济收益5万元以下的“空壳村”和“薄弱村”占46.7%，其中“空壳村”占24.5%。注重吸引大学生、农民工、机关企业单位优秀党员干部到村任职，选优配强村党组织书记。要加强农村群众性自治组织建设。进一步健全和创新党组织领导的充满活力的村民自治机制。推动村党组织书记通过选举担任村委会主任。推进乡村治理重心下移，完善农村网格化管理机制，发挥新乡贤作用。深化村民自治实践，严肃查处侵犯农民利益的“微腐败”。要建立道德约束机制。坚持德治为先，强化道德教化作用，引导农民向善向上、孝老爱亲、重义守信、勤俭持家。深化“十星级文明户”创建活动，广泛开展好媳妇、好儿女、好公婆等评选表彰活动，开展寻找荆楚最美乡村教师、医生、大学生村官、家庭等活动。

二、聚力三大片区

推进都市城郊乡村振兴先行区、江汉平原乡村振兴示范区、扶贫片区乡村振兴试验区建设。通过试点示范、典型引路，带动不同类型乡村振兴，努力打造乡村振兴“湖北样板”。

（一）聚力都市城郊乡村振兴先行区建设

都市城郊，具备加快推进乡村振兴的基础条件。目前，主要存在的问题是城乡融合发展体制、机制不活，城市要素与农村资源没有实现有效对接。在推进重点上，一是要以“三乡”工程为抓手，加快促进城乡融合发展，打造乡村振兴新引擎。二是要以宅基地“三权分置”改革等为突破口，深化农村改革，形成可复制可推广的经验。

（二）聚力江汉平原乡村振兴示范区建设

江汉平原是湖北省传统农区，农业资源丰富。但是，经济发展较为缓慢（人均 GDP 只有全省水平的 72.4%），城镇化水平相对滞后（荆州市低于全省 5 个百分点左右），基础设施建设历史欠账多，农村社会在转型中遇到许多问题，如“弱”（产业）、“脏”（污染）、“散”（人气）、“软”（治理）、“重”（负担）等。江汉平原地处湖北省腹地，面积大、人口多，包括 20 个县市区，4.06 万平方千米，人口 1501.2 万，约占全省面积的 21.8%，全省人口的 25.5%。因此，江汉平原是湖北省实施乡村振兴战略的主战场。在推进重点上，一是要突出产业振兴，积极争取中央支持，策划实施若干重大工程项目，做强现代农业，重点是发展农产品加工业，加快推进农村一二三产业深度融合。二是要突出人才振兴，创新人才培育、引进、使用机制，吸引社会各方面力量参与乡村振兴。三是要突出组织振兴，建设好村党组织带头人，壮大集体经济。四是要突出文化振兴，传承挖掘乡村文化，加强农村精神文明建设。五是要突出生态振兴，加强生态环境保护，推进江汉平原环境综合治理。

（三）聚力扶贫片区乡村振兴试验区建设

扶贫片区，是乡村振兴难点，干好了可成亮点。目前，脱贫攻坚任务十分艰巨。在推进重点上，要打好三张牌。一是结合牌，乡村振兴要与脱贫攻坚结合起来，把政策做足用好，处理好持久战与攻坚战的关系。二是生态牌，扶贫片区的生态优势突出，要牢固树立“绿水青山就是金山银山”的发展理念，把生态优势转化为经济优势，走生态经济、美丽经济发展之路，让农民吃上生态饭。三是特色牌，保护好传统村落、民族村寨、民俗文化等。

三、做到五个坚持

（一）坚持“重中之重”不动摇

要切实把落实“重中之重”要求作为贯彻中央大政方针的政治原则，作为实施乡村振兴战略的根本保证，切实担负起推动新时代农业农村发展的重要职责。要加强和改善党对“三农”工作的领导，健全党委统一领导、政府负责、党委农村工作部门统筹协调的农村工作领导体制。要建立实施乡村振兴战略领导责任制，实行省负总责市县抓落实的工作机制，党政一把手是第一责任人，五级书记抓乡村振兴。

（二）坚持惠农力度不降低

要健全农业农村财政支出优先保障和稳定增长机制，确保财政投入与乡村振兴目标任务相适应。特别是要调整完善土地出让收入使用范围，进一步提高农业农村投入比例。要优化财政供给结构，推进资金整合、资金统筹。支持市县政府统筹使用地方政府债券资金，用于支持乡村振兴、脱贫攻坚领域的公益性项目。支持各地积极探索财政支农资金采取设立“三农”基金等市场化运作的方式方法，实现滚动、有偿使用。

（三）坚持重农氛围不减弱

“务农重本，国之大纲。”各级党委、政府要按照农业农村优先发展的要求，把主要精力放在抓农业农村工作上，切实抓好懂农业、爱农村、爱农民的“三农”工作队伍建设。新闻媒体要积极宣传湖北省“三农”战线的好经验好做法，营造湖北省“三农”发展的良好环境。

（四）坚持规划引领不变调

实施乡村振兴战略，规划是龙头，是第一道工序。规划要科学，要尊重群众意愿，要细化实化工作重点和政策措施，推进重大工程、重大计划、重大行动。要结合国家规划和省“十三五”经济社会发展规划，编制好乡村振兴战略规划和各类专项规划，明确产业发展方向，优化乡村空间格局，坚持一张蓝图画到底，久久为功，善作善成。

（五）坚持改革创新不停滞

经济发展的新常态，农业农村的新变化，决定“三农”工作不能靠老把式、老套路，必须进一步解放思想、更新观念，创新思路、创新举措，特别是要加大以农业供给侧结构性改革为主线的多项农村改革。湖北省各地农情差异较大、发展不平衡，要根据中央和省委、省政府部署安排，立足当地实际，勇于改革创新、敢于攻坚克难，加快推动乡村振兴战略的实施。

践/行/篇

第五章

乡村振兴湖北方案的重点：产业兴旺

产业兴旺是乡村振兴的重点，相比原来新农村建设要求中所提的“生产发展”，涵盖和囊括的范围更加广泛，立意更加深远。没有产业兴旺的乡村振兴，无异于无源之水、无本之木。产业兴则农村兴，农业强则百业强。只有产业兴旺，才能不断壮大农村经济实力，从而为乡村政治、文化、社会和生态文明建设提供物质条件和基础，进而激发乡村发展活力，不断增强乡村振兴内生动力，真正实现乡村振兴。

第一节　产业兴旺的基础与条件

长期以来，湖北省认真贯彻落实党中央、国务院关于“三农”工作的决策部署，积极探索农村产业发展的“湖北模式”。近年来，湖北省稳步推进新农村建设，加快农业供给侧结构性改革，农业生产发展形势持续向好，农业基础支撑能力稳步提升，新型农业经营主体蓬勃发展，农产品加工业持续健康发展，农村新产业新业态快速发展，农村综合改革取得显著成效，为实施乡村振兴战略和实现乡村产业兴旺奠定了坚实基础。

一、农业生产发展形势持续向好

近年来，湖北省农业生产发展整体上呈现“稳中有进”的良好态势，农业综合生产能力稳步增强。2016 年湖北省农林牧渔业增加值达到了 3780.8 亿元，比上年增长 4.0%(扣除价格因素)，实现了“十三五”的良好开局。2017 年湖北省农林牧渔业增加值再创新高，达到 3921.03 亿元，比 2016 年增长 4.3%(扣除价格因素)。

（一）粮食生产能力显著增强

湖北省是全国 13 个粮食主产区之一。2013 年湖北省粮食总产量突破 250 亿千克大关，粮食综合生产能力跃上新台阶，2014—2017 年连续四年稳定在 250 亿千克以上，2015 年更是达到历史最高的 270.35 亿千克。2017 年湖北省粮食种植面积 6707.59 万亩，比上年增加 52.29 万亩；粮食总产量达 259.97 亿千克，比上年增加 4.55 亿千克，增长 1.8%。

（二）经济作物持续稳产增效

湖北省拥有“全国第一油菜大省”的金字招牌。2016 年湖北省油菜种植面积为 1725.65 万亩，油菜籽总产量达 241.63 万吨，连续 21 年稳居全国第一。2017 年湖北省油菜籽产量再创新高，总产量达 248.08 万吨。蔬菜、水果和茶叶等经济作物也保持稳产增效。2016 年湖北省蔬菜面积、产量分别达到 2028.2 万亩、4001.7 万吨，同比分别增长 2.9%、3.9%，蔬菜产量居全国第 7 位；水果产量达到 1010.4 万吨，同比增长 4.6%，居全国第 10 位；茶叶产量达到29.6万吨，同比增长10.2%，居全国第3位。2017年湖北省蔬菜产量高达4133.92万吨，同比增长3.3%；茶叶产量高达31.4万吨，同比增长6.1%。

（三）林业生产实现质效同增

2016年湖北省造林总投入超过127亿元，超历史最高水平；完成造林面积366.7万亩，其中人工造林面积257.6万亩，超额完成植树造林任务；林业总产值达到2850亿元，同比增加22.6%。

（四）畜牧产业发展形势良好

2016年湖北省畜牧业生产总值突破1700亿元。生猪出栏量达到4223.6万头，居全国第6位；牛出栏量达到160.3万头，同比增长0.3%；羊出栏量达到555.4万只，同比增长0.9%；家禽出笼52195.9万只，同比增长1.9%；禽蛋产量167.8万吨，同比增长1.5%。

（五）渔业生产保持强劲发展

2016年湖北省放养面积达到1048.35万亩，同比增长1.6%；改造标准化池塘40多万亩，新建水产生产板块基地192个，新增稻渔综合种养面积80多万亩。水产品保持平稳增长，2016年湖北水产品产量达到470.81万吨，比上一年增长3.3%，连续21年保持第一淡水产品大省地位。

二、农业基础支撑能力稳步提升

农业生产发展形势持续向好得益于良好的农业基础支撑能力。近年来，湖北省着力夯实农业生产发展基础，扎实推进农业基础设施建设，农业基础支撑能力稳步提升。

（一）高标准农田建设取得实质性进展

2016年湖北省高标准农田建设共投入项目资金153.4亿元，开工面积

642.4万亩，完工面积504.9万亩，分别占年度任务的102.2%和80.3%。湖北省47个粮食主产县（市、区）共整合高标准农田建设项目资金近58亿元，吸纳社会资金近8亿元，新建、补建高标准农田建设面积达298.3万亩，开工面积144.7万亩，完工面积105.5万亩。

（二）农田水利条件持续改善

2015年湖北省共开工各类水利工程30万余处，完成土立方11亿立方米，新增、恢复、改善灌溉面积704万亩，除涝面积550万亩，改造渍害中低产田110万亩，超额完成年度建设任务。2016年湖北省共完成农田水利建设投资286亿元，开工完成各类水利工程32万余处，新增旱涝保收面积100万亩，新增、改善灌溉面积700万亩，新增、改善除涝面积700万亩，改造中低产田面积100万亩，新增节水灌溉面积100万亩，治理水土流失面积1500平方千米，超额完成年度农田水利建设任务。

（三）农业科技水平进一步提升

湖北省拥有良好的农业科研创新载体，农业科研示范基地涵盖全省所有涉农县（市、区），其中1家国家级科技示范园区（江汉平原国家现代农业科技示范园区）、8家国家级农业科技园区、1家省级农业类高新区（华中农高区）、40家省级农业科技园区、111家农业科技创新示范基地。2016年全省共启动重点研发项目120项，支持开展23项公益性、12项商业性农业科技成果转化利用，湖北省农科院选育优质高产农作物品种15个。2016年全省以54项农业主推技术为重点，累计推广新技术、新品种、新模式等“三新”技术4130万亩，举办示范样板2330个，开展农民技术培训8552场次，培训人数174.982万人，技术推广到位率达85%，累积实现节本增效80亿元，农业科技应用水平进一步提升。

（四）农业机械化进程全面推进

2016年湖北省农机总动力达到4187.8万千瓦，农机装备覆盖农、林、牧、渔业，涉及产前、产中和产后各环节，拖拉机保有量达133万台、插秧机保有量达6.6万台、联合收割机保有量达9.8万台。主要农作物耕种收综合机械化水平达73.4%，其中油菜生产综合机械化水平达65.6%，油菜机耕、机播和机收面积三项指标均位居全国第一位；水稻生产综合机械化水平达83.5%，秸秆机械化综合利用率超过80%，均居全国前列。各类农机作业服务组织数量达到8381个，其中农机专业合作社2369个，农机专业合作社累计作业服务面积达到2790万亩；农机户数量达到183.43万户，其中农机作业服务专业户26.33万户。

三、新型农业经营主体蓬勃发展

截至2016年年底，湖北省各类新型农业经营主体达到24.1万家，其中种养专业大户达到8.03万户，经工商登记注册的农民专业合作社达到7.05万家、家庭农场达到2.56万个，分别比去年增长16.1%和28.6%，培育新型职业农民达10万余人。截至2016年年底，湖北省县级以上龙头企业3966家，省级龙头企业853家，其中销售收入过10亿元的企业达到79家。省级龙头企业固定资产总额761.7亿元，同比增长6.4%；实现主营业务收入4112.4亿元，同比增长5.2%；净利润191亿元，同比增长6.5%；纳税总额94.6亿元，上缴税金过亿元的龙头企业达到10家，其中劲牌公司纳税超过25亿元。随着新型农业经营主体的蓬勃发展，各种类型新型经营主体探索出入股入社、订单合同、托管联耕等多种经营模式，带动了多种形式的农业适度规模经营。

四、农村综合改革取得显著成效

近年来，湖北省各项农村改革协调推进，农村土地承包经营权确权登记颁证基本完成，农村产权交易体系建设有序推进，农村集体资产股份合作制改革试点顺利推进，集体林权制度主体改革工作全面完成，农村金融制度改革稳步推进，为农村产业发展带来了政策红利和新活力。

（一）农村土地承包经营权确权登记颁证基本完成

2015 年湖北省共有 59 个县（市、区）基本完成农村土地承包经营权确权登记颁证工作，实测面积 3013.4 万亩，确权 249.5 万户，订立合同 249.5 万份，建立登记簿 236.5 万份。截至 2016 年 12 月底，湖北省已经完成对 856.8 万农户的权属调查，占二轮延包农户总数的 92.9%，完成实测面积 6814.5 万亩，占总数的 90%。

（二）农村产权交易体系建设有序推进

2015 年湖北省已建成运行 41 家市县级农村综合产权交易中心（所），建立乡镇土地流转服务平台 1150 个，县级土地承包仲裁委员会 95 个。武汉城市圈农村产权流转交易平台基本实现联网运行，交易信息互通共享。2015 年湖北省共开展农村综合产权交易 9300 宗，交易金额 155 亿元，办理农村产权抵押贷款 32 亿元。截至 2016 年 12 月底，湖北省已建成县级以上农村产权交易市场 54 个，其中市级 10 个、县级 44 个，统一联网的农村产权流转交易市场初步建立。2016 年湖北省共办理农村综合产权交易 3.25 万宗，交易金额 48 亿元。

（三）农村集体资产股份合作制改革试点稳步推进

京山县被列为全国农村集体资产股份合作制改革试点县，截至 2016 年

12月底，京山县365个村共清理核实村级资金1.41亿元、资产8.88亿元、资源103万亩，界定农村集体经济组织成员11.45万户、43.76万人，全面完成改革试点方案确定的目标任务。京山县在农村集体资产清理、集体成员身份确定、集体资产股份配置、股份权能落实和保障等方面，初步形成了配套的制度体系，为全省改革探索了道路、积累了经验。省级试点宜昌市夷陵区共有134个村完成清产核资，36个村完成集体成员身份界定，11个村完成股权配置，10个村成立了经济股份合作社。武汉市蔡甸区共有156个村完成清产核资和集体成员界定，9个村成立了股份经济合作社。

（四）集体林权制度主体改革工作全面完成

截至2017年8月，湖北省已完成林改确权面积11858.08万亩、发证面积11850.96万亩，林改确权率和发证率分别达到99.94%和99.88%，基本实现了“山定权、树定根、人定心”和“山有其主、主有其权、权有其责、责有其利”的目标，极大地调动了农民造林育林的积极性和爱林护林的自觉性。襄阳市、恩施市被确定为全国集体林权制度改革综合改革试验示范区，在林业社会化服务体系、森林保险、公益林管理经营、林地“三权分置”等重点领域创新，摸索出了一批释放林业经营发展活力的改革措施。2018年7月，恩施市、襄阳市谷城县入选了全国新一轮集体林业综合改革试验区。

（五）农村金融改革顺利推进

农村合作金融创新试点范围扩大，截至2016年底，湖北省共有10个试点县（市、区）通过农村合作金融创新平台发放涉农贷款14.35亿元，年均利率控制在7.35%以内，有效破解了农户贷款“难”、贷款“贵”问题。农村“两权”抵押贷款试点进展顺利，湖北省共有12个试点县（市、区）全部建立“两权”等级管理服务平台和流转交易平台。各试点县（市、区）政府统筹安排财政性资金，设立“两权”抵押贷款风险补偿基金2.3亿元，明确贷款损失分担比例，由风险补偿基金和金融机构共同承担“两权”抵押贷款风险，积极开展“两权”抵押贷款产品和服务方式创新，截至2016年底，湖北省“两权”抵押贷款余额9.5亿元。

五、农产品加工业持续健康发展

近年来，湖北省农产品加工业持续健康发展，已成为全省规模最大、发展最快、就业最多、效益最好、农民获利最丰的“五最”产业，并构成了农村产业发展的中坚力量。2016年，湖北省农产品加工业主营业务收入达到13656.37亿元，占全省规模以上工业的30.20%，同比增长6.40%，其中食品工业主营业务收入达到8450.04亿元，同比增长6.90%，高于全国平均增速1.6个百分点。农业总产值与农产品加工业产值之比为1∶2.43，农产品加工业对农业增长的贡献率达到24.20%，拉动工业经济增长1.9个百分点。农产品加工业实现税金754.07亿元，占规模以上税金总额的39%；实现利润698.93亿元，占规模以上利润总额的28.60%，同比增长4.7%。

随着农产品加工业的跨越式发展，农产品加工企业的实力不断增强。湖北省规模以上农产品加工企业达到5423万家，同比增长173家，占全省规模以上工业企业的32.90%。全省主营业务收入过100亿元的农产品加工企业有6家，过50亿元的企业有14家，过30亿元的企业有38家，过10亿元的企业有191家，过亿元的企业有2691家。湖北省亿元以上农产品加工企业实现主营业务收入12381.16亿元，同比增长9.9%，占全省农产品加工业的90.70%。随着农产品加工业的跨越式发展，相关加工企业的实力也不断增强。而在这些企业的带动下，订单农业、龙头企业+合作社+农户、粮油存储银行等农企利益联结模式不断完善和推广。同时，农产品加工业带动农户就业增收效果越来越明显，对农业向产前和产后融合发展的推动引领作用越来越强。

六、农村新产业新业态快速发展

近年来，湖北省农村电子商务、休闲农业和乡村旅游等新产业新业态快速发展，新模式不断涌现，加速了农村产业融合发展，拓展了农村产业发展的空间。

（一）农村电子商务不断发展，农村物流体系逐步完善，加速了农村产业融合发展

2015年湖北省26个农村电子商务示范县（市）共建立乡镇服务站215个，村级服务点2965个，实现农副产品网络交易额25.1亿元，加工品网络销售额22亿元，农村旅游服务网络销售额7亿元，带动社会就业4.1万人。2016年湖北省农村电子商务持续快速发展。截至2016年底，湖北省共建成县级运营中心30个，县级仓储配送中心18个，乡镇服务站328个，村级服务站4400个，其他物流配送体系项目25个，26.7%的村设有电子商务配送站点。2016年全省累计实现农副产品网络销售额50亿元，加工品网络销售额78亿元，农村旅游服务网络销售额17亿元，带动企业投资额1亿元，带动社会就业11.8万人。

（二）休闲农业和乡村旅游蓬勃发展，品牌影响力不断增强，成为农村产业融合的主要新业态

2016年湖北省积极开展"旅游名县、名镇、名村、名街、高星级农家乐创建活动"，命名旅游强县20个，旅游名镇24个，旅游名村97个，旅游名街11个，高级农家乐346个，休闲农业与乡村旅游示范点120个。2016年湖北省开展乡村旅游的村占到全省的8.5%，比全国高3.4个百分点。全省乡村旅游接待游客达1.7亿人次以上，实现乡村旅游综合收入1500亿元以上，占全省旅游人数和综合收入的比例均达到1/3。其中国庆节、中秋节、端午节等节假日期间乡村旅游市场份额达到60%以上。

第二节 产业兴旺的问题与短板

近年来，湖北省农业生产发展形势持续向好，农业基础支撑能力稳步提升，新型农业经营主体蓬勃发展，农产品加工业持续健康发展，农村新产业新业态快速发展，农村综合改革取得显著成效，为实现乡村产业兴旺创造了有利条件、奠定了坚实基础。但总体来看，湖北省农村产业发展还面临着农业生产效益相对较低、农业基础设施仍需完善、农业农村人才队伍不优、农业社会化服务体系不健全、农村产业融合发展层次较低等诸多问题和短板，对实现产业兴旺构成了巨大的挑战。

一、农业生产效益相对较低

伴随着经济发展进入新常态，全省农业生产面临着农产品价格“天花板封顶”和生产成本“地板抬升”的双重挤压，农业生产成本普遍上涨，农产品价格趋于下行，农业生产效益相对较低，大大限制了农业生产的增收空间，导致农产品竞争力不强。

一方面，农业生产成本不断上涨，特别是土地成本和人工成本涨幅较大，种子、化肥和农药等生产资料价格在高位徘徊，挤占了农民的增收空间，导致农业生产比较效益低下。表 5-1、表 5-2 和表 5-3 分别显示了 2011—2016 年湖北省中籼稻、油菜籽和小麦三种农作物的成本收益情况，不难看出：第一，2011—2016 年湖北省中籼稻、油菜籽和小麦三种农作物的生产成本整体上均呈现出上涨的趋势。中籼稻的亩均生产成本从 2011 年的 856.84 元增加到 2016 年的 1098.43 元，增长了 28.19%。油菜籽的亩均生产成本从 2011 年的 524.43 元增加到 2016 年的 761.53 元，增长了 45.21%。小麦的亩均生产成本从 2011 年的 556.33 元增加到 2016 年的 699.02 元，增长了 25.65%。第二，人工成本上涨是推动农业生产成本上涨的主要因素。中籼稻亩均人工成本从 2011 年的 289.51 元增加到 2016 年的 435.17 元，增长了 50.31%，比生产总成本的增长率高 22.12 个百分点。油菜籽亩均人工成本从 2011 年的 239.16 元增加到了 2016 年的 393.34 元，增长了 64.47%，比生产总成本的增长率高 19.26 个百分点。小麦每亩人工成本从 2011 年的 159.07 元增加到 2016 年的 235.32 元，增长了 47.93%，比生产总成本的增长率高 22.28 个百分点。第三，种子、化肥、农药和机械作业等物质与服务生产成本均存在不同幅度的上涨。

表 5-1　2011—2016 年湖北省中籼稻成本收益情况

年份	2011 年	2012 年	2013 年	2014 年	2015 年	2016 年
每亩总生产成本(元)	856.84	995.84	1052.78	1086.61	1110.44	1098.43
每亩人工成本(元)	289.51	382.19	415.08	446.11	458.12	435.17
每亩土地成本(元)	115.36	120.19	130.59	136.72	141.86	144.47
每亩种子费用(元)	60.53	77.13	78.57	78.01	83.64	93.12
每亩化肥费用(元)	126.84	137.66	141.03	129.81	28.93	130.9
每亩农药费用(元)	61.10	62.98	65.24	65.51	66.76	63.89
每亩机械作业费用(元)	118.62	133.21	133.98	147.52	147.23	152.17
每 50 千克销售价格(元)	132.86	134.65	126.70	134.68	127.76	129.17
每亩产量(千克)	582.16	585.63	551.30	591.73	637.14	523.29
每亩现金收益(元)	1066.31	1034.03	806.21	989.81	1011.85	751.67

资料来源:《全国农产品成本收益资料汇编》(2011—2017)。表中资料为摘编。

表 5-2　2011—2016 年湖北省油菜籽成本收益情况

年份	2011 年	2012 年	2013 年	2014 年	2015 年	2016 年
每亩总生产成本(元)	524.43	623.07	703.65	734.74	760.12	761.53
每亩人工成本(元)	239.16	314.99	375.35	388.86	392.53	393.34
每亩土地成本(元)	86.61	92.00	98.87	101.22	109.87	123.89
每亩种子费用(元)	22.00	24.73	24.13	23.84	24.19	26.20
每亩化肥费用(元)	84.02	97.09	101.43	93.31	97.06	89.88
每亩农药费用(元)	13.58	14.64	15.08	16.86	20.22	16.74
每亩机械作业费用(元)	42.43	47.47	52.04	79.2	83.92	82.21
每50千克销售价格(元)	221.31	230.23	236.00	231.87	190.03	194.39
每亩产量(千克)	140.99	129.96	163.16	134.75	129.99	133.13
每亩现金收益(元)	424.09	379.08	526.95	365.53	219.92	269.00

资料来源:《全国农产品成本收益资料汇编》(2011—2017)。表中资料为摘编。

表 5-3　2011—2016 年湖北省小麦成本收益情况

年份	2011 年	2012 年	2013 年	2014 年	2015 年	2016 年
每亩总生产成本(元)	556.33	649.08	674.46	680.76	711.77	699.02
每亩人工成本(元)	159.07	218.17	219.66	223.12	236.17	235.32
每亩土地成本(元)	104.54	109.11	127.69	124.23	135.15	130.32
每亩种子费用(元)	62.11	67.5	64.42	70.74	72.37	69.44
每亩化肥费用(元)	94.85	108.55	109.34	106.29	104.56	101.66
每亩农药费用(元)	14.14	17.18	16.33	17.16	19.42	20.66
每亩机械作业费用(元)	89.10	97.01	97.94	103.06	104.40	103.66
每50千克销售价格(元)	97.99	94.84	105.06	111.56	106.02	100.06
每亩产量(千克)	299.26	208.91	363.72	345.11	338.21	333.38
每亩现金收益(元)	302.63	272.66	421.58	418.43	353.29	340.18

资料来源:《全国农产品成本收益资料汇编》(2011—2017)。表中资料为摘编。

另一方面，农产品价格趋于下行，近年来均存在不同程度的跌价。2016年湖北省每50千克中籼稻平均销售价格为129.17元，比2011年要下跌了3.69元，比近5年最高价位的2014年（134.68元）要低5.51元。湖北省每50千克油菜籽平均销售价格在2013年达到高位（236.00元）后，整体上开始呈现下跌的趋势，尽管在2016年有所回升，但2016年的每50千克平均销售价格仍比2013年低41.61元。小麦每50千克销售价格在2014年达到高点（111.56元），但在2015年和2016年连续两年下跌，2016年的每50千克的销售价格要比2014年低11.50元。

在单产水平提升幅度不大的情形下，农业生产受到生产成本上涨和农产品价格回落的双重影响，农业生产经营的效益空间也受到挤压，导致农产品竞争力不强，农民农业经营性收入增加面临更大的挑战。2016年湖北省中籼稻每亩现金收益要比2015年低260.18元。湖北省油菜籽每亩现金收益在2013年达到高位（526.95元）后，整体上开始呈现下跌的趋势，尽管在2016年有所回升，但2016年的每亩现金收益仍比2013年低257.95元。湖北省小麦每亩现金收益在2013年达到高位（421.58元）后，在2014年、2015年和2016年连续三年下跌，2016年的每亩现金收益要比2013年低81.40元。

二、农业基础设施仍需完善

近年来，湖北省逐步加大农业基础设施建设力度，开展了高标准农田建设、农田水利工程建设和农业信息化服务平台建设等一系列农业基础设施建设项目，农业基础设施有所改善，但由于农业基础设施建设欠账太多、管理不善，整体上农业基础设施建设仍然相对滞后，还不能满足现代农业生产发展的需要。

（一）农田水利设施薄弱，抗灾能力不足

农业生产面临着自然风险和市场风险双重风险，气候和环境的极端变化导致的高温干旱、大量降雨和病虫害等自然灾害增加了农业生产的不稳定性，而农田水利设施建设能在一定程度上降低干旱、洪涝等自然灾害对农业生产的影响。由于前期建设投入不足和后期维护管理不善，部分水库、引水渠和排灌设施等农田水利设施年久失修、严重老化，出现了排灌不畅、设施损坏等现象，甚至出现了完全不能使用的情况，大大降低了农田抵御自然灾害的能力，严重影响了农业生产发展。

2016 年梅雨期间的连续强降暴雨天气，此次降雨突发性强、雨量大，对鄂东、鄂南、江汉平原东部、鄂中丘陵等广大地区造成严重的洪涝灾害，给全省粮食生产造成较大损失，部分重灾区约 12%的早稻面积、6.2%的中稻面积、8.6%的玉米面积绝收，蔬菜、牲畜、水产品等生产也有不同程度的损失。虽然通过抗灾救灾和农户生产自救等，减少了损失，但农业仍然减产短收。根据 2016 年灾情调查结果显示，2016 年荆州市农作物受灾面积 362.45 万亩，成灾面积 214 万亩，绝收面积 70.06 万亩；253 个养殖场受灾，生猪死亡 68.19 万头，家禽死亡 18.3 万只；养殖水面受灾面积 79382.54 公顷。2016 年随州市农作物受灾面积达 69.2 万亩，占农作物总面积的 26.7%，其中成灾面积 27.29 万亩，绝收面积 5.96 万亩；种植业损失达 33345.4 万元，畜禽养殖损失达 6303.2 万元，渔业经济损失达 18596.5 万元。这些数据说明湖北省农田水利基础设施仍不完善，抵御自然灾害能力不强。

（二）农村信息化建设滞后

湖北省农村大部分地区宽带基础设施滞后，且缺乏专业技术人才，建设农村综合信息化服务平台难度较大。缺乏对农业生产经营、农民创业、农产品销售等信息的有效整合和综合利用，跨部门、跨地区、跨行业的农村公共信息共享程度较低，延缓了农村产业的快速发展。

三、农业农村人才队伍不优

随着湖北省城镇化水平的不断提高，大量农村青壮年劳动力外出务工，农村劳动力呈现出年龄、性别、素质等结构性矛盾和农业用工季节性短缺问题，新型农业经营主体带动能力有限，现代农业人才队伍建设任务艰巨，难以适应现代农业发展的需要，农村产业发展仍然受到制约。

（一）农村劳动力存在结构性短缺

由于种植业生产周期长、收益低等多种因素影响，农村青壮年劳动力大量外出务工，农村人口“空心化”问题严重。2016 年湖北省全省外出农民工人数为 1112.81 万人，高于“十二五”期间年均外出农民工人数（1092.80 万人）；外出农民工占农村从业人员比例高达 47.4%，高于“十二五”时期年均占比（46.7%）。农村留守人口多为妇女、儿童和老人，农业劳动力呈现弱质化的趋势。

一方面，由于农村青壮年劳动力的大量转移，从事农业生产的劳动力多为老人和妇女。2016 年湖北省向外转移的农民工中，21～49 岁的劳动力人数为 787.94 万人，比 2015 年增加 2.91 万人。21～49 岁的劳动力人数占外出总数 70.8%，比例比上年提高 0.6 个百分点，由此可见青年劳动力是湖北省农村外出从业人员的主力军。农村青壮年劳动力大量转移的后果是，农村留守劳动力中绝大部分是妇女和 50 岁以上的老人。2016 年湖北省农业经营人员中 55 岁以上的占 41.4%，高于中部地区 7.0 个百分点，也高于全国平均水平 7.8 个百分点。相比青壮年劳动力而言，老人和妇女的体力劳动能力低，接受新技术、新事务的观念淡薄，造成农业技术推广进程缓慢、科技应用水平停滞不前，农业生产效益有倒退的危险。在农忙季节，由于劳动强度大和用工紧张，农业劳动力还会出现短缺，导致农业生产压力大。

另一方面，农业劳动者受教育程度较低。2016年湖北省外出农民工中，初中学历占56.2%，高中及以上占32.6%，而小学及以下仅占11.2%，与2015年相比高中以上文化程度比例提高0.4个百分点，而低学历比例分别下降0.2个百分点，高学历占比逐渐提高，而低学历占比逐渐减少。由此可见，湖北省外出务工劳动力文化程度呈现出上升的趋势。农村劳动力的快速转移也会导致大量高学历、高素质的农村劳动力流出农村，从而造成留守劳动力中高学历占比逐渐减少，低学历占比逐渐提高。2016年湖北省农业经营人员中小学及以下文化程度占44.3%，高于中部地区5.9个百分点，也高于全国平均水平0.9个百分点。较低的受教育水平限制了农业劳动者的经营观念、创新意识和技术学习能力，导致农业劳动者科技意识薄弱、创新意识不强，仍以传统的方式进行农业生产，难以适应发展现代农业的需要。

（二）新型农业经营主体带动作用有限

目前，湖北新型农业经营主体数量虽多，但在产销能力、农技水平、加工能力等方面发展极不平衡，在农业科技成果应用、市场开拓等方面的引领作用不明显，未能形成明显的规模优势和集聚带动效应，还不能成为现代农业生产的骨干力量。具体表现在三个方面：

第一，新型农业经营主体整体实力不强。有实力的新型经营主体少，部分新型经营主体自我发展能力有限，缺乏拳头产品和知名品牌，抗市场风险能力小，产品缺乏市场竞争力，与其他农业强省相比还存在较大差距。以农业产业化龙头企业为例，2016年山东省规模以上农产品加工企业1.3万家，农产品加工业主营业务收入3.7万亿元，分别是湖北省的2.4倍和2.6倍；省级龙头企业销售收入7172.3亿元，是湖北省的1.73倍；出口92.5亿美元，是湖北省的 6.3 倍；过百亿元的龙头企业 11 家，10 亿元以上龙头企业 131 家，湖北省只有 4 家和 79 家。

第二，部分新型经营主体经营项目单一，带动能力有限。家庭农场、专业大户和农民专业合作社主要从事种植养殖活动，属于“生产—销售”型结构，管理运行不规范、组织化程度低，参与产业融合能力有限。2016 年孝感市农民专业合作社达到 4800 多家，入社农户 4.1 万户，带动农户 40 多万户，分别占全市农户总数的 4%和 40%。农产品加工龙头企业普遍存在着初级加工多、精深加工少、产品附加值低的现象，与农户的合作不紧密、利益分配不规范，带动农民增收能力有限。

第三，部分经营主体自主创新能力不足。新型农业经营主体中懂技术、会管理、市场开拓能力强的复合型人才不多，缺乏专业技术人才和先进生产技术，导致创新能力不足，对资源禀赋和财政支持项目依附性强，难以形成核心竞争力。受技术装备、经营理念和创新能力等因素制约，农产品加工转化能力较低。2016 年全省农产品综合加工率约为 67%，精深加工率约为 18%，远低于农产品加工发达国家和地区 90%的加工率及 50%的精深加工率，且产品同质化现象比较突出。

四、农业社会化服务体系不健全

湖北省农业社会化服务体系经过多年的建设取得了一定成绩，对农业生产发展的服务作用也逐步加强，但仍然存在公益性服务机制不顺、经营性服务能力不足和服务内容供需不匹配等问题，仍需进一步健全和完善。

（一）公益性服务机制不顺

从新中国成立到现在，湖北省逐步建立起以农技推广为核心的农业公益性社会化服务体系，农业公益性社会化服务的作用逐步增强，但体制、机制不顺畅的问题仍然存在，限制了农业公益性社会化服务作用的充分发挥。一是基层农技推广服务体系不完善。随着乡镇机构改革的逐步推进，基层农技推广服务体系形成了“以乡镇管理为主的县、乡双重管理，县级农业部门指导工作，基层财政核发工资”的双层管理体制。这种管理体制虽然节约了基层农技推广服务的成本，但也限制了农技推广服务的工作经费、基层农技人员的提拔和流动，从而使基层农技推广人员的服务工作时间和积极性难以保证，部分地区出现了“网破、线断、人散”的现象，影响农技推广工作的正常开展。二是基层农技推广服务人员结构不合理。目前，湖北省基层农技推广人员以种养能手为主，普遍存在学历低、知识结构单一且老龄化等问题。由于管理体制不畅和工作经费不足等问题的限制，基层农技推广人员很难接受到专业化、系统化的技术培训机会，对新技术的理解和熟练程度不够，加之服务方式单一、服务半径有限，大大影响了新技术的推广应用效果。三是产学研衔接机制不畅，技术扩散渗透力不强。目前湖北省各涉农科研单位和高等院校通过“科技下乡”“基地建设”等活动形式与基础推广机构和农业经营者初步建立起利益联结机制和技术沟通平台，但也仍然存在产学研对接不畅和技术熟化推广不足等问题。各涉农科研单位和高等院校主要分布在城镇地区，与处在生产一线的农业经营者缺乏及时有效的信息沟通，容易出现农业技术供给与农业技术需求不匹配的现实困境，最终导致农业生产经营的技术装备欠缺、科技成果转化水平不高。

（二）经营性服务能力不足

近年来，湖北省农业经营性社会化服务组织快速发展且服务效果良好，有效促进了当地农业产业化经营，但也存在服务能力不足等现实问题。一是服务方式创新不够，服务覆盖面较窄。在国家政策的支持下，各类农业经营性服务组织如雨后春笋般不断涌现，但整体上经营规模小且发育迟缓，服务方式仍以传统订单作业为主，服务内容以机械化播种、收割等传统生产性服务为主，服务功能单一、服务层次低，缺乏新技术、新装备的有效应用。二是规范化组织化程度低，带动能力不足。部分从事经营性服务的农民专业合作社存在组织管理松散、利益分配机制不健全、缺乏现代管理经营理念等问题，组织化程度较低，辐射带动能力有限。部分农业产业化龙头企业对财政补贴类项目的依赖性强，与农户的利益联结机制不紧密，缺乏对农户生产、销售等经营活动的有效指导与带动。

（三）服务内容供需不匹配

目前，湖北省农业社会化服务注重以农资供应为主的产前服务和以农机作业服务为主的产中服务，对农产品保鲜、加工、销售和贮藏等产后服务的重视程度不够，同时也忽视了信息、技术、金融和保险等配套服务。随着农业生产逐步向市场化、专业化发展，农业经营主体不仅仅需要单纯的产前和产中服务，更加渴望得到农产品保鲜、加工、销售和贮藏等产后服务和信息、技术、金融和保险等配套服务。但现实情况是，湖北省大部分农业社会化服务组织的服务内容以产前服务和产中服务为主，像农产品保鲜、加工、销售和贮藏等产后服务才刚刚起步；农村信息化建设相对滞后，农业信息化服务不足；农村金融服务体系不健全，农业经营主体“融资贵、融资难”等问题依然存在；农业保险市场发展缓慢且滞后，农业保险服务保障水平低。现阶段湖北省农业社会化服务供需存在结构性失衡，现有的农业社会化服务还不能满足各类农业经营主体的多样化需求。

五、农村产业融合发展层次较低

从20世纪90年代实现农业产业化经营，到2015年中央一号文件明确提出要加快推进农村产业融合发展，湖北省一直在积极探索农村产业融合发展的湖北模式，深度拓展湖北特色的农村产业融合新动能新业态。应该说，湖北省农村产业融合工作在不断探索并快速推进，成效显著；但总体上看，湖北农村产业融合发展规模偏小，仍处在“初级阶段”，由于资源禀赋和体制惯性，农业与二、三产业的深度融合和持续发展还面临着诸多难题。

（一）产业融合链条较短，附加值低

农业生产性服务覆盖面较窄，尚未完全覆盖农业的产前、产中和产后环节。农产品的市场营销和品牌建设滞后，农产品价值链延伸不足。农产品加工业目前仍以初加工为主，高技术、高附加值的产品较少，在精深加工、综合利用等方面需要提升档次，亟须转型升级。

（二）农业多功能拓展有限，缺乏深度开发

部分地区休闲农业大多停留在中低档次的“农家乐”层次。乡村旅游项目同质性强，缺乏差异化竞争和创新性开发，市场吸引力有限。2016 年开展旅游接待的村只有 2000 多个，占全部村的 8.5%。

（三）农村电子商务等新业态处在探索阶段

现阶段，湖北省农村电子商务等新业态规模小且发展还不成熟，仍需加强培育并进一步发展壮大。当前农村电子商务等新业态不断涌现，也为农产品销售和流通拓宽了渠道，同时也为农村经济的发展注入了新的活力。但现阶段，农产品互联互通的信息资源共享机制还不健全，全省大部分农业经营主体尚未参与农产品电子商务，全省优势农产品网上交易经营水平相对较弱。据统计，2016 年全省规模户和经营单位通过电子商务销售农产品的个数只占 5.9%。

（四）融合机制创新不够，利益联结松散

当前农村一二三产业融合发展的过程中，湖北各类新型农业经营主体通过合同、合作、股份合作等形式与农户建立了初步的利益联结关系。这类利益联结机制还比较脆弱，履约率不高，遇到市场波动违约现象仍时有发生，双方利益均无法得到有效保障。

第三节 产业兴旺的思路与对策

为了进一步推进湖北农村产业发展，加快实现湖北乡村产业兴旺，针对湖北省农村产业发展存在的短板与问题，提出如下思路与对策。

一、夯实现代农业发展基础

农业兴，百业兴；农业强，百业强。现代农业是乡村产业兴旺的根基。农业基础设施是现代农业发展的重要支撑。但目前，湖北省农业基础设施还比较薄弱，不能满足现代农业生产发展的需要，更不能满足实现农村产业兴旺的需要。因此，要加强农业基础设施建设，着力夯实农业生产发展基础，为实现农村产业兴旺奠定坚实的基础。

（一）加强耕地保护力度，稳步提升耕地质量

全面落实永久基本农田特殊保护制度，严守耕地红线，强化监督考核和地方政府责任。集中力量开展农村土地整治、中低产田改造和高标准农田建设，深入推进耕地地力提升工程。

（二）加强农田水利建设，增强抗灾防灾能力

深入推进山丘区“五小水利”和鄂北地区水资源配置工程。加快大中型灌区、灌排泵站、水库、塘堰等水利基础设施建设。深入实施小型农田水利重点县建设，完善农田排灌设施，降低农田灌溉成本。完善管理和维护机制，推进小型农田水利设施达标提质。积极发展旱作节水农业，建设一批重大高效节水灌溉工程。加强抗旱应急水源工程建设，增强灾害防御能力，确保旱涝保丰收。

（三）完善农业科技创新体系，提高农业科技应用水平

加强面向全行业的科技创新基地建设，鼓励开展产学研合作，提高农业科技创新能力。加快农业科技示范园区建设，搭建农业科技创新载体。推进现代农业产业技术体系建设，打造农业科技产业链。深入实施“三新”技术推广和农业科技“五个一”行动，支持公益性和商业化农业科技成果转化利用。

（四）加速农业信息化建设

加强农村通信和互联网等基础设施建设。搭建农业农村信息服务平台，使互联网与农业生产经营、管理服务、产品销售融合。建立农产品市场价格信息监测服务体系和“种养帮”移动信息服务平台，充分发挥通信技术和信息技术的优势，及时将农业市场信息、农产品价格趋势和气候灾害预警信息等发送给农业经营主体，使得农业经营主体根据市场趋势和灾害信息，能更早作出对应调整，减少风险损失。大力发展数字农业和智慧农业，推动物联网技术和遥感技术在农业生产中的应用。

（五）全面推动农业机械化进程

加强科研机构、高等院校与设备制造企业联合攻关，推动农机核心零部件技术研发和高端农机装备制造，加快研发经济作物、养殖业、丘陵山区农林机械，优化农机装备结构，推动农机装备产业转型升级。围绕湖北省特色优势农产品产业建设，大力推广水稻、小麦、油菜等主要农作物全程机械化生产，推进种植业、畜牧业、渔业、设施农业和农产品初加工机械化同步发展，提高农作物综合机械化水平。加强机耕道、机具库棚等基础设施建设，解决好农机“行路难”和“住房难”的问题。

二、加快实施质量强农战略

湖北省是农业大省，但不是农业强省。农业生产成本持续上涨，农业生产效益较低，农产品质量不优且缺乏品牌效应，导致农产品竞争力不强。因此，必须坚持质量强农，转变农业发展方式，大力发展绿色农业和特色农业，逐步完善农产品质量保障体系，提升农产品竞争力，加快推进农业强省建设。

（一）大力推进农业生产绿色化

推行减量化生产和清洁生产技术，实施化肥农药零增长行动，大力推广测土配方技术和农作物病虫绿色防控技术，鼓励施用有机肥和生物农药。优化养殖业空间布局，鼓励发展绿色生态健康养殖和循环农业，积极推进畜禽养殖废弃物无公害处理和资源化利用。加大对农业面源污染的防治力度。

（二）积极发展特色优势农业

优化农业产业结构和布局，鼓励各地区因地制宜发展特色优势种养业。大力实施水稻产业提升计划，加快建设粮食生产功能区、双低优质油菜保护区和粮棉油高产创建万亩示范片，深入实施藏粮于地、藏粮于技战略。江汉平原地区重点发展优质稻米、双低油菜、小龙虾等特色产品；鄂东南丘陵地区重点发展油料、蔬菜、水果、茶叶、中药材、竹业、生猪等特色农林牧渔板块；鄂北岗地地区重点发展中筋小麦、夏玉米、中短纤维原棉等粮棉油大宗农产品；鄂西山区重点发展玉米、蔬菜、茶叶、烟草、柑橘、生猪、食用菌、中药材、土鸡和富硒产业等山区特色农林产品。

（三）完善农产品质量保障体系

完善农业生产标准化技术推广体系，建设农业标准化生产基地，鼓励和引导农业经营主体进行标准化生产，规范农业生产行为。加快推进农产品质量安全保障工程，建设全省农产品质量安全追溯信息平台，扩大追溯体系覆盖面，实现农产品质量安全全程可追溯。加强农产品质量安全监管能力建设，健全农产品质量安全检测体系和安全监管体系，积极探索有效的农产品质量激励机制和监管体制，提高农产品质量，保障食品安全。

三、构建新型农业经营体系

随着农业集约化、规模化进程的加快，健全和完善新型农业社会化服务体系是农业现代化发展的必然要求。党的十九大报告明确指出，培育新型农业经营主体，健全农业社会化服务体系，实现小农户和现代农业发展有机衔接。着力构建集约化、专业化、组织化、社会化相结合的新型农业经营体系，创新新型农业经营主体培育模式，培育一批多元化和市场化的新型农业经营主体，引导各类新型农业经营主体在农村产业发展过程中发挥主力军作用。

（一）积极培育家庭农场和专业大户

通过培训活动和政策扶持，打造一批具备专业技能、经营能力的家庭农场和专业大户，为实现湖北省农村产业兴旺奠定微观基础。坚持家庭经营的本质特征，引导专业大户和家庭农场通过信息服务、合同订单等方式实现产销对接，同时鼓励专业大户和家庭农场积极参与产业融合项目，发展农产品初加工、农家乐、体验农业等产业业态。

（二）规范发展农民专业合作社

引导和支持种养大户和家庭农场向农民合作社发展壮大，提升农民合作社托管服务能力，实现农业生产销售的全程服务。探索“互联网+合作社”的生产和经营模式。鼓励农民以土地承包经营权入股组建土地股份合作社，鼓励村级集体经济组织组建有贫困户、农村承包土地按户连片耕种户等参加的以资金入股的合作社。培育一批带动能力强、辐射范围广的农民专业合作社，支持发展农业生产服务、农产品初加工、销售流通等经营业务，鼓励拓展农村电子商务、休闲农业和乡村旅游等经营业务。推进农民专业合作社规范化建设，健全合作社的管理制度、财务制度和监督机制，深化合作社示范社创建工作。鼓励发展农民专业合作社联社，提高农民专业合作社的带动能力、经营能力和抗风险能力。

（三）壮大农业产业化龙头企业

加大对农业产业化龙头企业的扶持力度，充分发挥其在人才、资金、理念和技术等方面的优势，推动产业链前延后伸，挖掘各环节潜力，增强辐射带动能力。围绕特色种养业、农产品加工业、休闲观光农业，从生产、加工、流通、乡村旅游到科技服务等领域，着力引进工商资本发展现代农业。引导重点发展农产品精深加工、流通、休闲旅游和电子商务。鼓励通过直接投资、参股经营、签订长期合同等方式，与专业大户、家庭农场、合作社有效对接，推进各类主体的深度融合。支持龙头企业建立稳定的原料基地、农产品加工基地、物流配送基地，打造产业关联度大、辐射效应强的龙头企业群。

（四）健全农业社会化服务体系

加快构建以公共服务机构为依托，专业服务机构、服务专业户等社会力量为主干，合作经济组织和龙头企业为补充的农业社会化服务主体框架，发挥好经营性服务组织的主力军作用，加快实施“农业社会化服务惠农工程”。加强公益性服务资源的整合与统筹，深化农村基层农业服务机构改革，建立农村公益性服务“以钱养事”新机制，进一步明确服务机构的责任、义务和权利，完善基础农业技术推广体系。大力发展经营性服务，要积极培育各类专业化市场化服务组织，推进农业生产全程社会化服务。重点发展农业市场信息、农资供应、农业技术、农机作业、农产品加工、农产品营销等服务，不断拓宽农业生产性服务领域。以沙洋等地土地托管服务试点为突破口，鼓励开展土地托管、代耕代种、统防统治等全程化服务，探索精准化和个性化的专业服务，不断创新服务方式。

四、加强农村人才队伍建设

人力资源是产业发展不可或缺的投入要素。乡村产业兴旺离不开各类人才的支撑。对于农村产业发展而言，农业农村人才队伍是重要的引领者和践行者。党的十九大报告明确指出，培养造就一支懂农业、爱农村、爱农民的“三农”工作队伍。现阶段，湖北省农业农村人才在数量、质量、结构和配置等方面还有很大的发展空间。加强农业农村人才队伍建设是实现乡村产业兴旺的关键。

（一）加快培育新型职业农民

推进新型职业农民培育工程，推进农民从身份型向职业型、经验型向知识型、单干型向组织型转变。支持新型职业农民通过弹性学制参加中高等农业职业教育。整合农业农村培训资源，创新职业农民培训方式，鼓励农民专业合作社、专业技术协会、龙头企业等主体开展新型职业农民培训活动，加强专业技术培训和指导，提升农业经营者的基本素质和技能水平。

（二）健全乡村专业人才培养和引进机制

支持高等学校特别是涉农院校综合利用教育培训资源，灵活设置专业（方向），创新人才培养模式，为乡村振兴培养专业化人才。扶持培养一批农业职业经理人、经纪人、乡村工匠、文化能人、非遗传承人等。出台一系列优惠政策，吸引一大批大中专毕业生等高素质人才投身现代农业建设，使之成为现代农业知识的传播者和发展现代农业的引领者。

（三）鼓励社会各界投身乡村产业

深入推进“三乡”工程，以市民下乡、能人回乡、企业兴乡为抓手，打造乡村产业兴旺的建设性力量。建立有效激励机制，以乡情乡愁为纽带，吸引支持企业家、技能人才和外出务工人员，通过返创业、投资项目等方式支持农村产业发展。

五、推进农村产业深度融合

党的十九大报告明确指出，促进农村一二三产业融合发展。推进农村产业融合发展是产业兴旺的重要引擎和实现路径。农产品加工业、休闲农业、乡村旅游和农村电子商务等新型业态既是农村一二三产业融合发展的产物，又是现阶段农村一二三产业融合发展的主要途径。构建农村产业融合发展体系，以市场需求为导向，大力发展新型业态，延伸农业产业链和价值链，开发农业多功能，提高农业综合效益，不断扩宽农村一二三产业融合发展路径。

（一）推动农产品加工业转型升级

完善农产品产地初加工补助政策，以粮食、果蔬、茶叶等主要及特色农产品的干燥、储藏保鲜等初加工设施建设为重点。深入推进农产品加工业“四个一批”工程，大力支持发展农产品精深加工和综合利用，提升农产品加工率与附加值。坚持规模与质效并举，发挥品牌和技术创新的优势，打造农产品加工业优势产业集群。加快农产品精深加工装备制造业发展，提高农产品加工业的科技装备水平。优化农产品加工业产业布局，鼓励各地区通过工业园区建设模式引导农产品加工产业集聚发展。鼓励农产品加工企业兼并重组，淘汰落后产能，尽快形成一批具有竞争力的优势企业。促进农产品加工企业与种植户签订协议，使更多农民进入到产业化加工的增值链，完善利益联结机制，让农民分享更多农业产业链的增值效益。

（二）加快发展休闲农业和乡村旅游

进一步拓展农业功能，因地制宜推动农业与休闲旅游、文化教育、健康养生等深度融合，打造农业与加工业、文化生态休闲旅游融合发展的新业态。打造田园综合体，引导乡村旅游向多业态、高品质转型。重点发展武汉都市农业、宜昌橘都茶乡、恩施民族风情、鄂东四季花木、鄂西北山地生态、江汉平原水乡田园等乡村旅游。建设一批具有历史、地域、民族特点的特色旅游村镇，积极开发形式多样、特色鲜明、附加值高的乡村旅游休闲产品，推动山区变景区、民房变客房、产品变礼品。

（三）大力推进农村电子商务发展

积极培育“互联网+农业”新业态，逐步将“互联网+农业”融入新型主体的生产经营全过程，促进农业与互联网的深度融合，推进大数据、互联网等现代信息技术向农业生产、加工、流通、服务领域的渗透和应用，充分发挥电子商务在农资供应、农产品流通和农业多功能挖掘中的作用。着力打造茶叶、粮油、果蔬等农产品电商平台，积极拓展销售渠道，降低经营成本，减少流通环节，提高流通效率。鼓励各类新型农业经营主体与电商企业衔接合作，促进线上线下融合发展，并通过示范试点工作探索出可复制推广的农村电商发展模式。

六、全面深化农业农村改革

党的十九大报告明确指出“巩固和完善农村基本经营制度，深化农村土地制度改革，完善承包地‘三权分置’制度。保持土地承包关系稳定并长久不变，第二轮土地承包到期后再延长30年。深化农村集体产权制度改革”。在面对国内外复杂的农业生产形势与多目标决策的条件下，现行的农业农村体制、机制显示出了不适应性，需要进一步健全与完善。全面深化农业农村改革，防范农业系统性风险，激发农村产业发展的内生动力，助推农村产业兴旺。

（一）巩固和完善农村基本经营制度

落实农村土地承包关系稳定并长久不变政策，衔接落实好第二轮土地承包到期后再延长30年的政策，让农民吃上长效“定心丸”。加快完成土地承包经营权确权登记颁证工作。完善农村承包地“三权分置”制度，在依法保护集体土地所有权和农户承包权前提下，培育土地经营权流转市场，发展多种形式适度规模经营，探索完善承包权有偿退出和经营权抵押担保机制。

（二）深化农村土地制度改革

加快完成农村集体建设用地和宅基地使用权确权登记颁证。完善农民闲置宅基地和闲置农房政策，探索落实宅基地所有权、资格权、使用权“三权分置”，落实宅基地集体所有权，保障宅基地农户资格权和农民房屋财产权，探索农村宅基地有偿退出机制。探索出台支持乡村产业兴旺的土地配套利用政策。

（三）完善农业支持保护制度

坚持把农业农村作为财政支出的优先保障领域，财政投入要与乡村振兴的目标任务相匹配。各级财政预算安排继续向农业农村倾斜，确保农业农村投入力度不减弱、总量有增加。优化财政支农投入结构，持续增加农业基础设施建设、农业综合开发投入，完善促进农业科技进步、加强农民技能培训的投入机制，强化对农业结构调整的支持。创新财政支持方式，充分发挥财政政策导向功能和财政资金杠杆作用，采取政府与社会资本合作、政府购买服务、风险补偿、财政贴息等方式，引导金融和社会资本更多投向农业农村，提升财政支农效能。优化完善农业补贴政策，创新农业补贴政策工具和手段，探索建立以绿色生态为导向、促进农业资源合理利用与生态环境保护的农业补贴政策体系和激励约束机制，调整优化农业补贴政策，加快建立新型农业支持保护政策体系，进一步提高农业补贴政策的指向性和精准性。深化粮食等重要农产品价格形成机制和收储制度改革，加快培育多元市场购销主体，通过完善拍卖机制、定向销售、包干销售等，加快消化政策性粮食库存。

（四）创新农村金融制度

金融是实体经济的血脉，为实体经济服务是金融的天职。农村产业兴旺离不开金融服务的有力支撑。瞄准现代农业发展融资难、融资贵的薄弱点，健全和完善农村金融服务体系，把更多金融资源配置到农村经济社会发展的重点领域和薄弱环节。支持各金融机构向下延伸设立分支机构，持续扩大农村牧区金融服务覆盖面，将金融服务延伸到“最后一公里”，增强农村金融服务的便利性与可得性。大力发展农村普惠金融，创新农村金融服务模式、服务方式和金融产品。开展农民合作社内部信用合作试点，规范发展农村资金互助组织。广泛开展农村普惠金融教育，提升新型农业经营主体的金融意识、信用意识、法律意识。

第四节　产业兴旺的湖北实践：罗田县燕窝垸村的华丽嬗变

近年来，湖北各地区根据当地资源条件和产业特点，积极探索农村产业发展新模式，涌现出了许多产业兴旺的经典案例。罗田县燕窝垸村就是乡村产业兴旺的典型案例。

一、背景

罗田县骆驼坳镇燕窝垸村地处大别山南麓，交通条件十分便利，距武英高速公路罗田出口7千米，距离罗田县城8千米。燕窝垸村的燕儿谷是国家3A级旅游景区，也是周边居民节假日出游的绝佳选择。燕儿谷一年四季游人如织，呈现出一副欣欣向荣的景象，给燕窝垸村带来了无限生机与活力。谁曾想到，燕窝垸村曾经是国家贫困村。与中国很多农村一样，燕窝垸村的大多数青壮年劳动力为了谋生外出务工，村里只剩下留守的老人、妇女和小孩，交通不便、环境脏乱、村庄空心、田地荒芜、破败萧条，燕窝垸村成了罗田县有名的“厌人垸”。据了解，2010年燕窝垸村村级负债近百万元，人均纯收入还不到1000元。如今的燕窝垸村已经“脱贫摘帽”，成为全国闻名的产业扶贫示范村。从破败萧条的贫困村、“厌人垸”到生机勃勃的乡村旅游胜地，燕窝垸村的华丽嬗变为实现强村富农、产业兴旺提供了典型样板。

二、发展模式

“穷则思变，变则通，通则达。”燕窝垸村能有如此翻天覆地的变化，不得不提燕窝垸村集体和返乡能人徐志新共同探索出来的“村企共建”发展模式。

2011年，徐志新怀揣回报家乡的梦想，返乡投资成立了湖北省燕儿谷生态观光农业有限公司（以下简称燕儿谷公司），旨在打造集乡村旅游、产业融合、健康养老为一体的休闲农庄。为了让更多的家乡父老受益，结合公司发展实际，徐志新萌生了“村企共建”的想法并付诸实践。在休闲农庄的建设初期，燕儿谷公司就将景区规划和村庄规划融为一体，打造“村在景中、景在村里”的美丽乡村建设整体规划，避免了利益冲突，也让村民受益。

2013年，燕儿谷公司与燕窝垸村签订《村企联建协议书》，联合建设党支部，通过交叉任职、集中办公等形式，确定了“支部+美丽乡村+公司”的发展模式，得到了全村村民的大力支持，从此正式拉开了燕窝垸村“村企共建”发展的序幕。燕窝垸村的“村企共建”模式总结为“七联合”：联合党建、联合决策、联合规划、联合投资、联合办公、联合生态保护与环境治理、联合创造创业就业条件。

在燕儿谷公司中，燕窝垸村委会以荒废的橘子园、废弃小学的经营权作价入股，占有10%的股份，原村支书叶从格作为群众利益代表进入公司管理层担任副总经理，参与公司重大事项的决策，盘活了闲置资源，发展壮大了村集体经济。燕儿谷公司的大部分员工都是燕窝垸村的留守村民，这样既解决了“用工荒”问题，又带动了当地就业。公司还鼓励村民通过各种形式入股，已经有部分村民以承包经营权和少量资金入股，从员工变成了股东。

自燕儿谷项目启动开始，燕窝垸村和燕儿谷公司联合专门对休闲农业、乡村旅游、养生养老有兴趣或者有相关工作经验和技能的村民进行摸底调查，鼓励在外务工的村民返乡就业与创业。在燕儿谷公司的带动下，燕窝垸村和附近村子的部分村民纷纷返乡，或成为燕儿谷公司员工，或创办农家乐。良好的生态环境是发展特色乡村旅游的基础条件，燕窝垸村和燕儿谷公司村企联合推进美丽乡村建设，积极开展生态保护与环境治理工作，拆除旱厕猪圈牛栏近200间，新建旅游厕所10多处，推动农村新能源的开发与利用，为村民和游客创造了宜居宜游的良好环境。

燕儿谷公司依托燕窝垸村优质的生态资源，大力发展乡村旅游、休闲农业和养老服务等三大支柱产业，按照“旅游+”模式延长产业链条，推进产业融合发展。燕儿谷公司利用5000亩流转土地山林打造了拥有茶梅园、梅岭、樱花园、桃花坞等核心景点的“四季花海”特色精品旅游景区。同时，通过举办茶梅文化节、花朝节等系列活动，充分利用茶梅的观赏价值和大别山地区冬季观花的空白期，吸引了大量游客来燕窝垸村观花赏景。此外，燕儿谷公司除了种植和销售苗木外，还将经营业务拓展至园林设计与建设，通过提供整套园林建设解决方案，延伸了产业链，提升了附加值。

乡村旅游是实现产业融合的关键和纽带。乡村旅游的发展为休闲农业带来了广阔的市场，为了满足游客的体验农业、餐饮住宿服务等需求，燕儿谷公司和燕窝垸村决定成立农家乐联盟，鼓励支持村民开办农家乐，并由村企共同制订农家乐的建设标准和服务标准。目前，燕窝垸村已经开设农家乐、农家旅馆8家，正在建设农家乐11家。燕儿谷公司支持村民种植有机蔬菜、饲养土鸡土牛羊，由公司负责收购包销。燕儿谷公司注册了“燕儿谷”商品品牌，通过打造“燕儿谷美食铺子”线上线下销售当地特色农副食品，既拓宽了农产品的销售渠道，增加了农民收入，也为游客们提供了特色农副产品。乡村旅游和美丽乡村也为发展养老服务业提供环境条件。燕儿谷公司主打医养结合，在休闲农庄里建设养老院，推行健康养老。目前，燕儿谷养老院一期项目已建成，并引进公立医院退休的院长、心血管专家担任养老医院的院长。二期抱团返乡养老项目签约落地，正在加快建设中。

三、发展成效

依托“村企共建”的发展模式，燕窝垸村的休闲农业、乡村旅游和养老服务业等产业发展势头良好，已经建成全国最大的茶梅基地，有效带动了村级经济的发展，为实现脱贫致富打下了坚实的基础。自2015年开业以来，燕儿谷每年接待游客20万人次，两次登上央视新闻，知名度和美誉度不断提升，成了远近闻名的乡村旅游胜地。

燕儿谷公司的发展给燕窝垸村的村民带来很多就业机会，许多村民因此而脱贫致富。燕儿谷公司根据员工家庭和个人情况实行灵活的工分制。公司员工可以根据自身条件从事不同类型工作岗位获取“工分”，公司依据“工分”向员工发放薪酬。比如，71岁的贫困户叶桂元，在公司除草种树，一年收入2万多元；下岗职工朱险峰夫妇，一年收入近6万元。乡村旅游的发展不仅带动了农家乐的发展，也带动了特色农副产品的种植与销售，据了解燕窝垸村的特色种植带动农民就业和务工300余人。

燕窝垸村“村企共建”取得显著成效以后，“全省绿化生态单位和文明村”“全国旅游扶贫重点村”“全国旅游扶贫示范项目”“湖北省示范农庄”等各种称号接踵而至。2014年，燕儿谷被评为3A级景区；2015年，燕窝垸村被评为“全省绿化生态单位和文明村”。2016年，燕儿谷公司被国家旅游局评定为“全国旅游扶贫示范项目”，燕窝垸村被国务院扶贫办和国家旅游局确定为“全国旅游扶贫重点村”。“村企共建”的燕儿谷农庄也已成为黄冈市农业产业化龙头企业、湖北省示范农庄、湖北省十佳农庄。2016年底，燕窝垸村通过了“村出列、户脱贫”的初步验收，终于将戴了几十年的“贫困村”帽子摘了下来。燕窝垸村的巨大成功，不仅得到了政府部门的认可和扶助，还吸引了国家领导人的关注。2016年10月，时任国务院副总理汪洋同志来燕窝垸村调研，对燕儿谷的“村企共建、精准扶贫”、先富帮后富实现共同富裕的做法给予了极大的肯定。

四、经验与启示

燕窝垸村依托“村企共建”模式，通过发展乡村旅游、休闲农业和养老服务等支柱产业，加快三产深度融合，壮大了集体经济，实现了农民脱贫致富，也为实现乡村产业兴旺提供了借鉴与启示。

一是实现乡村产业兴旺需要乡村能人和社会资本。燕窝垸村的华丽嬗变离不开以徐志新为代表的一批乡村能人。燕儿谷公司通过“引智”“借智”等途径壮大了人才队伍，为乡村产业发展提供了专业保障。返乡创业的乡村能人不仅能够给乡村产业发展带来新的经营理念和发展模式，也能给乡村发展带来社会资本，一定程度上能够解决乡村产业发展的“人”和“钱”的问题。各地政府可以出台支持外出人员返乡就业创业的相关政策，鼓励社会资本参与乡村产业发展，拓宽乡村产业的融资渠道。

二是实现乡村产业兴旺要因地制宜发展特色产业。燕窝垸村以特色乡村旅游为纽带，打造了乡村旅游、休闲农业和养老服务业三大支柱产业，加快农村三产融合发展，盘活了村集体经济，带动了农民脱贫致富。发展特色产业对实现乡村产业尤为重要，只有突出产业的特色与优势，才能提升乡村产业的核心竞争力。各地在乡村产业发展过程中，要因地制宜地发展特色产业，通过相关政策支持特色产业发展，继而带动整个乡村产业的发展。

三是实现乡村产业兴旺需要村集体和村民的大力支持。燕窝垸村的“村企共建”模式巩固了村集体与燕儿谷公司之间的利益联结机制，避免了燕儿谷公司与村民之间的利益冲突。村集体拥有大量的闲置集体资产，而燕儿谷公司需要利用这些集体资产来发展，进而盘活村级集体经济。燕儿谷公司的发展得到了燕窝垸村集体和村民的大力支持，这种良性的利益联结机制为燕窝垸村的华丽嬗变提供了保障。各地在探索乡村产业发展模式的过程中，要坚持走群众路线，完善企业、村集体和村民直接的利益联结机制。

四是实现乡村产业兴旺需要贯彻绿色发展理念。燕窝垸村在“村企共建”的初期就确定了“保护生态环境、建设美丽乡村”的理念，通过环境整治和生态保护，改变了村容村貌，为乡村旅游的发展奠定了基础条件。绿水青山就是金山银山。各地在发展乡村产业的过程中要坚持绿色发展理念，注重对生态环境资源的合理保护与开发利用，为乡村产业发展和村民提供舒适的环境。

践/行/篇

第六章

乡村振兴湖北方案的关键:生态宜居

生态宜居是要把农村建设成宜居、宜业、生产、生活、生态一体的综合体,统筹山、水、林、田、湖、草系统治理和生态村庄建设。生态宜居要求的提出,为农村生态发展提出了新标准。建设生态宜居乡村,最主要的是以五大发展理念为指导,不断推进乡村生态改善,为农民营造优美舒适的人居环境和文化环境。

第一节 生态宜居的基础与条件

一、自然资本存量基础较好

(一)水资源禀赋优势明显

湖北省水资源居中国第 4 位,拥有占全国第 10 位的地表水体积,长江由西向东横贯全省。全省流域面积50平方千米及以上河流1232条(其中省界和跨省界河流116条)，总长度达4万千米；常年水面面积100亩以上湖泊755个(其中跨省界湖泊3个)，水面总面积2700多平方千米。此外，全省过境容水量多年平均约6395亿立方米，因而有丰富径流量可供调蓄利用。水力资源丰富，可开发水能达3308.1万千瓦。湖北境内有众多的淡水湖泊，多分布在江汉平原上，其中洪湖、梁子湖面积均在200平方千米以上。省内浅层地下水估计为2650亿立方米，可开采储量每年约为355.7亿立方米，储藏量极其丰富，且水质清洁，储量稳定。湖北地处长江中下游，长江、汉水润泽全省，大小湖泊星罗棋布，是三峡水库、南水北调中线工程水源地。全省多年平均降水量1180毫米。长江、汉江在湖北省流程分别为1046千米、864千米；除长江、汉江外，现有5千米以上河流4228条。全省多年平均自产水资源总量1009亿立方米；虽然自产人均水资源量低于全国平均水平，但全省多年平均入境客水量约6395亿立方米，是自产水资源量的6倍，开发利用条件较为优越。

湖北省已经建立完善的跨区断面水质考核奖惩和生态补偿制度，意味着“严格把关长江水质”的宣言正式发出。作为湖北省省会的武汉市积极响应这一政策，通过实施严格水污染防治管理制度，加强水环境治理、水生态修复工作来减少水污染，改善长江水质，极大地提高了武汉市的水环境质量。同时，也有利于进一步落实水污染防治目标经济责任制，有利于促进流域水质改善、流域和谐发展和流域健康发展，整个长江中下游及沿线城市水环境也都会因此受益。

经过湖北省各部门多年的努力，长江干流总体水质由良好上升到优，汉江干流、长江支流、汉江支流总体水质状况保持稳定。2016年，全省114个地表水水质考核断面中，水质达到或优于Ⅲ类断面的个数为94个，超目标2个；劣Ⅴ类断面个数为5个，低于目标5个。全省共排查出的146条城市黑臭水体，已销号或完成整治71条，占总数的48.63%，超额完成消除30%黑臭水体的目标。生态安全格局加快形成，组织实施“绿满荆楚”行动，森林覆盖率提高到39.61%，水土流失治理、沙化土地治理持续推进，自然湿地得到有效保护。

（二）耕地资源种类丰富多样

耕地是农业生产最重要的资源。耕地质量的好坏关系到农业的可持续发展和粮食安全，耕地数量、质量水平和环境条件直接影响农业产业结构、耕地产出水平及农产品质量。根据湖北省第二次土壤普查结果，全省共归纳出13个土类，31个亚类，138个土属，455个土种。湖北省耕地土壤类型较为丰富，主要有水稻土、潮土、黄棕壤、黄褐土、石灰（岩）土、红壤、黄壤及紫色土等，这8个土类占全省总耕地面积的98.65%。其中水稻土占总耕地面积的50.35%，潮土19.03%，黄棕壤14.54%，其他5个土类的面积占总耕地面积比均小于5%。水稻土是湖北省面积最大、贡献最多的耕作土壤，盛产粮、油，占全省粮食产量的70%。

湖北地区的各个县市在2017年都相应地采取了保护耕地的措施。例如沙洋县通过建设基础设施，全面维护更新基本农田保护标志牌、宣传牌，共更换标志牌130块，标识牌26座，大型T牌3座，宣传标语136条。强化“天眼”布控。建设重点乡镇、村组耕地保护视频监控，共安装监控点24处，埋设界桩2460块，警示桩220根。划定永久基本农田。划定全域永久基本农田，共划定131.55万亩，落实2208个区块，明确269位责任人。挖掘后备资源潜力。大力建设耕地占补平衡项目，共立项实施64个项目，总规模3.11万亩，预计新增耕地2.87万亩。麻城市在2017年首先通过公开招标，共实施完成15个占补项目，新增耕地面积5500亩。在该项目设计、实施、验收等过程中，引进农业部门和当地农民全程参与，同时引进大户经营，使项目质量得到提升，产业得到发展。其次，建立动态巡查制度，实行全天候监管。与全市700多个村签订了耕地保护协议，建立耕地保护动态巡查制度，要求每个村挑选出责任心强的耕地保护管护员，协助各国土所开展动态巡查。最后积极推进“旱改水”试点，保障国家重点项目建设用地。率先在黄冈地区推进“旱改水”试点项目建设，通过歧亭、福田河“旱改水”项目建设，新增水田580亩，提升耕地质量0.5个等级，有力地保障了国家重点项目江北铁路建设用地，同时也给当地村组群众带来巨大的实惠。天门地区采取悬挂横幅、张贴标语、标识标牌、发放宣传资料等多种方式大力宣传耕地保护政策法规，利用“4·22”地球日、“6·25”土地日和“12·4”法制日开展耕地保护宣传活动，全年共发放宣传资料500余份，耕地保护观念深入人心，家喻户晓。

（三）森林资源质量稳步提升

据湖北省林业厅2016年清查统计，湖北省土地总面积1859.00万公顷，其中林地面积876.09万公顷，占47.13%；森林面积736.27万公顷，占林地面积的84.04%，森林覆盖率39.61%。活立木总蓄积39579.82万立方米，其中森林蓄积36507.91万立方米，占92.24%。清查间隔期内，全省林地面积有所增加，净增了26.24万公顷；森林面积净增22.41万公顷，森林覆盖率提高1.21个百分点；迹地面积增加10.88万公顷；宜林地增加17.28万公顷。全省活立木蓄积增加8255.13万立方米，其中森林蓄积增加7854.94万立方米。天然林资源有所增加，天然林面积净增29.76万公顷，天然林蓄积增加6025.03万立方米；人工林资源也保持增长势头，人工林面积净增0.97万公顷，人工林蓄积增加1829.91万立方米。乔木林平均每公顷蓄积增加9.60立方米，每公顷生长量增加0.53立方米，每公顷株数增加169株，平均郁闭度增加0.03，平均胸径增加0.1，森林资源整体质量有所提高。

总体来看，清查间隔期内，湖北省森林面积有所增加，森林覆盖率稳步提高，森林蓄积迅速增长，森林资源整体质量也得到进一步提升。在加强森林资源经营管理和保护工作的基础上，全省森林资源和生态建设成效显著。

二、美丽乡村建设成效显著

（一）农户切身利益得到保障

美丽乡村建设不完全是钱的问题，更重要的是人的问题；不仅是“自上而下”的问题，更是“自下而上”的问题。美丽乡村建设要让建设成果与农民生活息息相关，切实维护群众的切身利益，从而激发广大群众的参与热情，让群众愿意干、乐意干、积极干，形成共同投身美丽乡村建设的强大合力。随着工作的逐步深入，不仅使农村人居环境有了巨大改观，各级干部群众也对改善农村人居环境的重要意义有了更新、更高的认识。通过共同谋划蓝图、反复做好群众思想工作，大家一起劳动，党员干部做群众工作的能力不断提高。农民的信心也不断加强，热爱集体、建设家乡的热情高涨，乡村治安逐步好转，文明新风逐步形成，公序良俗得以确立，邻里关系更加和睦。干部群众讲条件的少了，讲怎么做的多了，过去的一些“等靠要”思想得到转变，省领导提出的“先动手、后伸手、不空手”的要求，正在具体工作实践中得到落实。

全省改造农村危房 56 万户，200 多万户困难群众住上了安全房。全省农村地区建成乡镇垃圾中转站 515 座，配备收运车 6.5 万辆、收集箱 215 万个、保洁员 9.4 万人。全省建成集中式污水处理设施约 2000 套、分散式污水处理设施约 16500 套，配套管网近 3000 千米。湖北省发改委组织创建绿色幸福村 36 个；省住建厅组织创建宜居村庄 1000 个、美丽乡村示范项目 31 个；省环保厅连片整治村庄 3958 个；省林业厅组织创建绿色示范村 1500 个；省农业厅组织创建国家级生态村 22 个、省级生态村 1959 个、秸秆能源化利用试点 21 处。500 多处传统村落列入保护计划，其中 89 个被列入国家传统村落保护名录；12 个乡镇、7 个村被列为中国历史文化景观名镇、名村；12 个乡镇、8个村被列为国家特色景观旅游名镇、名村。

(二)农业产业结构优化升级

农工结合增强农民获得感。农工结合使农民正在成为令人羡慕的职业。以钟祥市为例，立足“世界长寿之乡”品牌，大力发展长寿食品加工产业，建成钟祥农产品加工园和彭墩长寿食品产业园两个专业园区，培植规模以上农产品加工企业104家，配套建设各类种养基地110万亩，建立了12个主打农产品的质量安全可追溯体系。2016年实现企业加工产值424亿元，农产品加工产值比达到3.7∶1。彭墩粮食银行主打“富硒”品牌、主攻高端人群，以普通稻谷双倍的价格，订单收购标准化种植的富硒稻，通过精细加工、定向销售，让不到6元/千克的大米卖到40元/千克以上，不仅年创产值4亿多元，还带动6000多农户亩均增收千元以上。2016年，全市农民人均可支配收入达到16230元。

农旅结合增强农村幸福感。农旅结合使农村正在成为人人向往的地方。以钟祥市为例，全域推进美丽乡村建设，钟祥市财政每年投入9000万元以奖代补，持续开展清洁家园、清洁田园、清洁水源行动，探索推出“村企共建”的“彭墩样板”、能人带动的“湖山经验”、依势造景的“客店方向”等八大模式，全市70%的村建成美丽乡村示范村。全力开发旅游项目，借势挖掘文化内涵，推进田园变游园、农房变客房、产品变商品，打造了全国休闲农业与乡村旅游示范点彭墩村、湖北民俗民艺第一村莫愁村、万紫千红植物园等知名乡村旅游景区，创建了18个省级旅游名村和休闲农业示范点，发展观光农苑、农家乐园、生态游园1872家。2016年，钟祥市实现乡村旅游收入32.3亿元，农民人均创收6500元，被评为“全国魅力新农村十佳县市”。

(三)乡村村容村貌提升显著

湖北大力推进美丽乡村建设，投入资金改善农村软硬件环境，许多乡村发生了翻天覆地的变化。近两年，湖北新增国家森林城市3个，国家湿地公园18

个，涌现出一大批森林城镇、绿色示范乡村。根据农业部发布的2015年最美休闲乡村评选结果，湖北省新增武汉黄陂区张家榨村、宜昌夷陵区青龙村等5个村入选，“中国最美乡村”达到8个。

结合美丽乡村建设推动旱厕改造，湖北省选中钟祥市王家湾作为试点，镇里投入50余万元接通自来水。随后，村民自行拆除旱厕，改建室内水冲式厕所。村委会整合资金约120万元新建雨污分流工程，建成排水沟600余米，铺装污水管网1000余米，建污水收集处理池2座，建水冲式公厕2座。为更好推进生态建设，很多地方成立了常务理事会和各专项协会等组织，负责村庄建设相关工作，加大了对乱搭乱建点拆除的力度以及街头小绿地的建设。打造环境整洁村庄，加大了财政投入，扎实推进农房改造集聚。为进一步统筹全镇经济社会发展，改进农村环境面貌，加快推进以硬化、亮化、绿化、净化、美化等“五化”为重点的农村环境综合整治工程。抢抓落实公路硬化工程的后续绿化工作，在道路两侧种植了共计2800多株景观树苗，极大地美化了村容村貌，改善了农村人居环境和生态环境，使群众得到了实实在在的好处。

三、环境治理体系日趋完善

（一）环境治理规划逐步出台

2017年，省政府印发了《湖北省2017年大气污染防治年度工作方案》，方案要求政府对空气质量改善不力的5个地方实施空气质量预警，加强对被预警城市跟踪督导，对3个空气质量改善不力地方的政府进行了约谈，将大气污染防治纳入省政府月度政务督查。每月公开重点城市空气质量状况及排名，增加县域空气质量状况及排名，实现空气质量信息公开全覆盖。打好落实土壤污染防治行动计划的“治土之战”，对全省重点区域开展土壤环境普查，不断完善数据储备，将继续加快推进土壤详查，构建土壤环境质量监测网络。颁布实施《湖北省土壤污染防治条例》，制定“1+1+N”整改方案体系，梳理形成了4个方面18项84个整改任务，明确了264条具体整改措施。全面压实整改责任，推动解决了长江经济带饮用水水源地码头整改、化工园区及重点化工企业达标排放等一批重难点问题。对督察整改工作进展实行月调度、月通报、月督办，确保对中央环保督察问题进行坚决整改、全面整改和彻底整改。

近年来，湖北结合河长制统筹推进流域综合整治。对27个流域46个断面编制了达标方案，对丹江口库区五河实施截污、清污、减污、控污、治污五大系统工程，整治排污口590个，累计建成清污分流管网1258千米。加大146个黑臭水体整治力度，已整改销号71个。133家省级及以上工业集聚区，86家建成集中污水处理设施。打好加强大气环境综合治理的“治气之战”。积极开展长江非法码头及排污口、长江经济带化工污染、畜禽和湖库养殖污染、饮用水水源地环境问题等专项整治，查处地级以上饮用水水源地问题62个，已督促完成整改55个。此外，持续加快了造纸、钢铁、焦炉、氮肥、印染、制药、制革等重点行业清洁化改造。

（二）环境治理手段日益丰富

湖北省有关部门进一步调整优化财政支出结构，加大对各重要生态区域生态保护补偿的支持力度，加快提高各类重要生态区域基本公共服务的保障水平。除退耕还林、还草、还湖以及耕地、公益林保护等资金补助之外，省政府还加大了基础设施、公共服务设施和生态环保设施（含替代能源、地质环境保护与恢复治理）等项目建设投入。需要根据实际情况实行分类施策，完善生态保护成效与资金分配挂钩的激励约束机制。积极探索出了建立横向生态保护补偿机制，引导受益地区与生态保护地区、流域下游与上游之间，通过自愿协商建立横向补偿关系，采取资金补助、对口协作、产业转移、共建园区、技术和智力支持、实物补偿等方式实施横向生态补偿。

在长江、汉江等重点流域开展了横向生态保护补偿试点，积极运用碳排放权交易、排污权交易、水权交易、生态产品服务标志等市场化手段，探索市场化补偿模式。省政府根据不同领域、不同类型地区的特点，综合考虑提供优质生态产品服务而形成的投入成本及机会成本，包括植树造林、封山育林、水资源保护、水土流失治理、环境污染综合治理、农业面源污染治理、耕地土壤改良、城镇垃圾和污水处理、监测和能力体系建设、维护生物多样性等投入，以及限制发展造成的损失，生态系统服务的价值，生态环境受益者的获利等，完善测算方法，分别制定与当地经济发展水平相适应的生态保护补偿标准，适时进行动态调整。

（三）环境治理力度显著加大

湖北省委、省政府以“重整山河”的大手笔，强力推进“四化同步”示范乡镇建设试点、竹房城镇带城乡一体化试验区等多个层面的省级新农村建设和城乡一体化发展试验区，覆盖了全省60%的乡镇。先后打响“绿满荆楚”、污水处理、垃圾清运等攻坚战，乡村人居环境明显改善，一批生态宜居的美丽乡村、旅游名村、幸福乡村、生态村涌现荆楚大地。湖北省要求各乡镇需严格控制和有效治理农村面源污染，实施种植业节肥减药工程，推进农业畜禽、水产养殖污染整治工程，加强土壤污染预防、治理与修复，强化重点区域重金属污染综合防治，加强固体废弃物污染防治；以流域重点防控区域和工业园区为重点，全面推进危险废弃物环境管理、化学品环境管理和污染场地修复；建立完善环境风险预测预警体系和重大污染应急处置机制，提高环境监测、环境风险防范和应对能力；全面推进空气质量、水环境质量、土壤环境质量、污染物排放、污染源、排污单位环境信息公开；加强城乡环境整治，完善城乡环境保护基础设施，提升城乡绿色宜居水平和幸福指数。

例如，2017年3月湖北省黄冈市英山县雷家店镇联合执法专班，将镇内飞跃村一家蛋鸡养殖场依法关闭。这是该镇强力打造"雷霆行动"升级版的硬举措之一。为扎实推进"雷霆行动"升级版工作，该镇成立整治畜禽养殖污染、整治保护饮用水水源地、整治生活污水垃圾污染、整治重点水域生态环境、整治围栏围圈养殖、淘汰燃煤小型锅炉等专项工作专班，分解工作任务，明确整改要求，落实整改责任。该镇相继启动环境执法大检查、畜禽养殖专项整治"回头看"和2017年目标任务调查，根据发现的问题，列出问题清单，强力整治整改。进一步巩固该镇农村居民饮用水水源地保护，完成周边临时建筑搬迁拆除、环境卫生清理等遗留问题整治，启动了镇区集中式饮用水水源地配套建设运行水质自动监测站工作。扎实推进垃圾中转站压缩机建设，打造2个美丽乡村示范村。该镇还教育群众从不乱吐痰、不乱扔垃圾、生活垃圾分类处理等小事做起，引导群众爱护公共卫生，看到不文明的行为要及时制止；购买300多个垃圾箱以及6辆勾臂车，确保垃圾治理体系建设完成，实现环境的美化。该镇全力打造"如意河""一河两岸"景观带，加大了集镇建设管理力度；大力推进"三边三改三化"工程，完善上沟、曹店、伍冲、过滩、程咀等5个美丽乡村试点村基础设施建设；持续开展"绿满雷店""雷霆行动"。截至目前，该镇已成功整治畜禽养殖场12家、石材厂3家、小(二)型水库8座，新建垃圾填埋场1座、垃圾中转站1处。

四、生态文化活动硕果累累

(一)生态制度文化初步建立

湖北省委、省政府高度重视生态文化建设，以"绿满荆楚"行动为抓手，推进重点区域湿地群保护修复工程，不断筑牢生态安全屏障，全省绿色生态格局基本形成。2015年2月，湖北省发布《湖北生态文化建设考核办法(试行)》，以确保生态省规划各项工作落到实处，对各地政府和省级各部门生态文化建设工作开展具体的考核和评价。考核涉及组织领导、保障机制、日常工作、综合水平、重点任务和附加考核六大部分，其中权重最重的就是综合水平，即地区生态环境质量和反映生态文化综合水平的重要指标，包括森林覆盖率、碳排放强度下降率、万元GDP能耗下降率、地表水环境功能区水质达标率、PM10和PM2.5浓度下降率、秸秆综合利用率等24项，均与群众生活息息相关。该办法对各市(州)、县(市、区)人民政府和省直有关部门进行目标责任量化考核，并将考核结果作为相关领导干部选拔任用和安排各类生态文化补助资金的重要依据。而附加考核中规定，如果因监管不力、失职渎职造成重特大环境污染、生态破坏和因环境问题引起的重大群体性或群访事件，或者辖区内发生环境污染责任事故、较大环境违法事件和生态破坏事件，最高可扣10分。与此同时，湖北省委组织部取消了对神农架林区的GDP考核，降低了限制开发区域和生态脆弱的贫困县GDP考核指标权重，将减排指标纳入县域综合经济考核。GDP考核不再一刀切，这意味着，发展生态在湖北省将有更大的伸展空间。民生为本，生态建设改善百姓生活环境。解决突出环境问题是推进生态文化建设的一条底线，也是关系公众切身利益的最现实、最直接的问题。

(二)生态精神文化广泛传播

湖北省各级政府充分认识到加强农村生态文化工作的紧迫性和重要性，利用广播、电视、报纸、网络等各种宣传工具和渠道，采取有效措施，开展多层次、多形式的农村生态文化知识宣传教育活动，大力宣传加强农村生态文化工作的好处及重要意义，努力形成人人珍惜环境、保护环境、美化环境的良好氛围。同时在中小学校广泛开展生态文化教育活动，到环境污染地让学生亲眼观看环境污染造成的后果，通过青少年文化素质的提高，带动家长，影响社会。鼓励农民树立生态文化责任感，形成生态文化观念。农民自身生态文化意识高低直接影响着环境保护工作的效率，湖北省大力推进绿色发展、循环发展、低碳发展，持续探索不以牺牲农业和粮食、生态和环境为代价的发展路子实现中原崛起，并以此为契机来对农民群体进行理论和实践相结合的教育，采取以学校为载体进行环境保护教育，发挥电视、广播、手机等大众传媒在农村普及生态文化知识中的作用。利用家庭教育提高生态文化意识，培养新型农民、改变农民的生活和生产方式，提高农业生产的效率。在发展经济的同时注重环境保护，实现经济和生态文化的共赢。

例如，湖北省节能监察中心承办的2016年全省节能宣传周和低碳日活动启动仪式在武汉市武昌区水果湖步行街举行，启动仪式上展示了200多项先进的节能低碳技术产品。这次活动以“节能领跑绿色发展”为主题，以贯彻落实五大发展理念为总纲，以推进生态文化、促进绿色发展为主线，以提高农民节能低碳意识、培养农民节能低碳习惯为重点，通过展示节能新能源汽车、电机系统节能技术、蓄冷蓄热技术、余热余能回收利用、绿色照明技术、建筑节能、热泵系统、太阳能技术、节水技术等节能技术与产品，传播节能低碳理念、普及节能低碳知识、推广节能低碳技术、提升全民意识，推动形成崇尚节约节能、绿色低碳消费与低碳生态文化的社会风尚，确保实现节能降碳的目标。利用“节能周”“低碳日”等平台，依托有关行业协会、企业开展宣传活动，普及废旧商品回收利用、分类回收的必要性和方式，引导农民树立绿色循环低碳生活理念。

（三）生态行为文化稳步推进

开展培训使农民拓宽农业科技知识，增强他们科学合理使用化肥、农药的技能，推进农民技能素质的提高。政府部门为提高居民生态文化意识，特意安排部分专家向农民传授农业科技知识，向农民示范具体操作过程，以此来加强农民对科技的运用能力。通过提高农业科技能力素质来减少在农业生产过程中不合理行为对环境质量造成的污染，避免乡村振兴过程中导致的环境污染和生态破坏。

湖北省各级政府积极创新法治文化特色，不断完善普法阵地建设，将法制宣传触角深入到各个领域。例如，襄阳市成功承办了全市《襄阳市汉江流域水环境保护条例》实施宣传活动启动仪式，邀请生态文化部南京环境科学研究所研究员张慧举办了以“生态文化与绿色发展”为主题的襄阳论坛；开展了生态文化主题“市民问政”节目2期，法制宣传广播栏目12期，“6·5”世界环境日新闻发布会、绿色骑行活动、公众开放日等主题纪念日宣传活动6次；在襄阳法治文化公园（人民广场），制作了13块生态文化专题宣传专栏；利用户外LED显示屏，滚动播放生态文化法制宣传口号和标语。

第二节 生态宜居的问题与短板

一、生态规划相对滞后

（一）政府重视度不够

就目前情况来看，湖北省地方政府在实际的工作中，仍然存在以经济增长作为政府工作主要考评依据的现象。虽然近年来意识到生态规划的重要性，并且制定了相应的政策《湖北生态省建设规划纲要》《湖北省生态保护红线规划》等，但是还没有更加细致的政策性文件，导致部分地方政府不够重视，不会尽心去落实相关的政策。其次就是这些现存的生态规划依然是以城市为重点，2015 年发布的《湖北生态省建设规划纲要》中虽然明确提出要重视生态问题，也是着重在提城市的生态建设问题，这导致部分乡镇领导不够重视乡村的生态规划，没有将乡村的生态建设规划放在和城市生态建设规划同等重要的位置上。这就导致乡政府会优先发展经济，将生态规划问题暂时搁置，从而使得湖北省的生态规划相对滞后。

（二）规划针对性不强

《湖北生态省建设规划纲要》中提出的八大行动是从整体上对湖北省建设生态省提出相关的建议，是宏观上的建议，难以落实到乡镇。纲要主要内容有创新生态文明体制、机制；成立湖北省生态文明建设委员会，加强各级人大和政协作用；编制自然资源资产和环境容量负债表，实行自然资源资产和环境离任审计；明晰地方政府、企事业单位、公众等主体责任，健全环境治理体系；完善资源有偿使用和价格政策、生态环保投融资政策。这些建议是基于湖北省整体的情况来提出的，但是对于乡村的干部、村民来说都太过于陌生，这让他们觉得这些政策和他们是没有关系的。纲要中提到的优化国土空间开发格局，构建环境友好型产业体系，加强重要生态系统保护与修复等，这些对于政策制定者来说是非常简明扼要的，但是对于乡镇干部来说则非常有距离感，他们很难将这些建议和他们的具体环节结合起来，更难将这些政策结合当地的情况来落实到位。

（三）规划可行性欠佳

虽然湖北省于 2015 年发布了《湖北生态省建设规划纲要》，但是真正执行还存在一些问题，导致纲要的可行性欠佳。第一，生态建设尚未形成统一联动的体制、机制，部门、地区各自为政的现象比较明显。生态建设的工作职能分散在各个部门，相关政策缺乏整体考虑、统筹安排和协调一致的行动。

主要原因是体现生态文明要求的政绩评价体系尚不完善，考核中经济发展指标所占比例依然很高，生态环保指标权重偏低。另外，在解决跨区域环境问题特别是流域水污染问题的过程中，地区之间的合作不足。第二，生态建设统筹推进难度大。生态文明体制改革是一项复杂、艰巨、系统的工程，生态建设和生态文明体制改革工作无常设机构，领导小组办公室设在省环保厅，临时由省环保厅机关干部兼职开展工作，对改革具体实施措施如进展督办、考核评估、效益分析等缺乏综合统筹，部门之间协调联动、高效发力较难实现。第三，缺失的财政政策与生态建设的经济社会发展阶段不相适应。当前资源环境产权制度不明晰，资源环境经济政策体系不完善，尚未形成有利于资源节约、环境友好的价格体系。资源从无偿划拨到有偿使用改革不到位，资源再生、循环利用缺少经济动力，废弃物处理成本高于排放成本。有利于生态建设的财税、投融资政策不完善，尚未开征专门的环境税。绿色信贷、绿色证券、环保强制险等金融政策还需进一步推进和落实。排污权、碳排放权交易制度刚起步。排污权交易信息平台和交易市场尚不完善。第四，生态建设的投入机制与所需资金支持不相适应。林业的改革事项如国有林场改革、森林生态效益补偿机制改革、政策性森林保险工作等涉及惠民政策的落实，需要国家和省级财政资金作保障。农村环保长期投入保障机制尚不健全，土壤环境保护等工作尚需要建立长期、有效的推动和保障机制。繁重的工作任务与薄弱的基层机构队伍不相适应。生态建设的具体工作机构尚未建立，人员尚未配备，很多地区负责创建生态市、县、乡、村的工作机构尚未建立，创建任务依然艰巨。第五，生态保障机制与生态建设的地位不相适应。生态建设监督机制不健全，有关生态环境的专项法律法规尚不完善，环境监察执法能力较弱，环境污染责任追究制度不健全。有法不依、执法不严，有些地方保护主义严重。生态环境保护基础能力不足，生态环境保护的基本监测能力尚未达标，越到基层，基础越薄弱，缺设备、缺人员、缺标准。区域性复合型大气污染防治机制不全，现有的联防联控机制作用发挥不够，区域重污染天气监测预警机制尚不健全、应对能力有待提高，空气质量监测、污染源监测等信息尚未完全共享。综合防止污染的政策措施不够完善，缺乏对多种污染物的协调控制，难以实现对污染物排放的有效防控。跨界水污染纠纷协调机制不力，目前跨界河流上下游水污染纠纷问题比较突出，上下游协同保护机制尚不健全，跨行政区的补偿机制还不完善。目前水环境保护主要以政府管理为主，重行政手段，轻经济手段，水资源市场化、水权改革、排污权交易、生态补偿等市场化机制还不健全。公众参与生态文明建设机制尚不完善，具体表现为公众参与程度不高，参与领域窄，对政府环境决策参与较少。这些都严重影响到生态建设规划纲要的实行，导致纲要在现阶段的可行性欠佳。

二、环境治理主体缺位

（一）重经济、轻环保

一些领导干部发展观念仍未改变，坚持“唯经济主义”发展观为指导，比起保护生态环境，更愿意搞追求 GDP 增长。他们把经济目标作为农村社会发展的最高目标，并且相信只要农村经济发展了，农村的各种矛盾都会迎刃而解。因此他们无视农村生态环境的破坏，采取粗放发展方式，固执地走“先污染，后治理；先耗竭，后节约；先破坏，后保护”的发展道路。这种既不对农村社会全面发展负责，也不考虑农民的需求、农民的幸福指数的政绩观完全违背了科学发展观的基本精神。这就导致当地政府明知某些企业的生产方式会严重地破坏生态环境，但是为了发展经济，他们选择默许这种行为，甚至会为这些重污染企业打掩护以躲过环保部门的督查。除此之外，政府对环保的忽视，导致湖北省乡村的环保基础设施落后，许多农村生活污水、农业废水未经处理直接排入河流，生活垃圾也没办法得到妥善处理，只能选择焚烧或者四处堆积，这严重破坏了生态环境。甚至有人形象地描述现在的乡村就是“垃圾靠风刮，污水靠蒸发”“晴天一身土，雨天一脚泥”。这严重影响了乡村的人居环境，不利于湖北省建设生态宜居乡村。

（二）农户环保意识不足

在乡村，堆积如山的生活垃圾随处可见，垃圾堆不仅发出阵阵难闻的臭味，而且还引来漫天飞舞的苍蝇和满地乱爬的蟑螂，给人们的日常生活带来许多困扰。而在探寻生活垃圾形成的原因时，我们会发现生活垃圾的处理除了受环保基础设施欠缺等客观原因阻碍外，还跟农民环保意识的缺位密切相关。在农村农民一般只关注自家的清洁，农民会把自家的生活垃圾扔到公共的闲置区域，但从来都不对公共闲置区域的生活垃圾进行处理，他们也不会想到去向政府建议处理这些垃圾。当人们走进田间地头，随处都有可能看到满地的农药瓶和农药袋，这是农民喷洒农药后随手乱扔的废弃物。除此之外，农民还会滥用农药。但是农药的大量使用不仅会杀死导致虫害的天敌，还会杀死其他益虫，也可能导致植物本身中毒；农药对生物产生慢性危害，改变了生物原有的规律，使生物各方面的能力降低；农药严重破坏了农田生态平衡，严重污染了生态环境，并导致害虫抗药性增强。还有就是化肥的过度施用。一方面，未被植物吸收的化肥尤其是氮肥进入土壤中，使土壤板结和酸化；另一方面，未被植物吸收的化肥进入水体，成为蓝藻和黄藻生长必需的养分，导致湖泊和河流大规模地暴发蓝藻和黄藻。

（三）企业过度追求经济利益

《中华人民共和国乡镇企业法》第十一条规定：“乡镇企业依法实行独立核算，自主经营，自负盈亏。”环境治理增大了乡镇企业的成本，乡镇企业为了长足发展，会将经济利益最大化设定为最高目标。并且为了追求最大经济效益，乡镇企业会尽可能地降低生产成本。在进行生产活动时，难免会顾此失彼，一些乡镇企业为了节约生产成本，不顾农村生态环境的破坏，使用一些陈旧的设备，同时在生产技术方面比较落后，排放的污染物经过简单处理或者未经处理就直接排放。此外，乡镇企业的环境违法成本较低更是加剧了这一现象。一是环境违法行为很少得到追究，乡镇企业是地方政府财税收入的主要来源，为了追求政绩，地方政府选择纵容态度，对乡镇企业的污染行为不过多予以追究。二是行政责任轻，就算当地政府选择惩治破坏环境的企业，企业所受到的处罚远远小于既得利益，因此污染企业宁愿受罚也不愿守法。乡镇企业遵守法律更多的是一个利益的刺激，当遵守法律能给企业带来更大的好处或者更小的坏处时，才会愿意自觉地去遵守。乡镇企业为了长足发展，往往会把利益最大化作为其选择决策的最终目的。

三、生态建设资金不足

（一）资金来源单一

当前湖北省公共财政资金很大程度向“三农”倾斜，但是这对于振兴乡村，建设生态宜居乡村来说是远远不够的，湖北省的财政投入还应该成为“指挥棒”“撬动杆”“吸铁石”“药引子”，引导金融和社会资本更多流向乡村。当前乡村振兴中的民间资本还是太少。首先是乡村金融的缺乏。乡村振兴的金融需求是巨大的，也是多样化的。而农村金融服务一直是世界性难题，风险大导致贷款难，成本高导致服务难，两难之下，金融的活水不往农村走，而向利润高处流。其次就是社会资本难以流入乡村来发展乡村。事实上，社会资本是推动乡村振兴的重要力量。过去，社会资本参与乡村建设的条条框框较多，积极性不高，乡村建设更多依靠财政投入和集体经济内部积累。如今，乡村振兴战略对乡村建设资金的数量和构成提出了更高要求，也为社会资本参与乡村振兴提供了难得的机遇。

（二）资金使用效率较低

根据2016年湖北省出台的《关于统筹整合相关项目资金开展美丽宜居乡村建设试点工作的指导意见》，明确资金统筹整合的范围，包括省级财政一事一议奖补资金中用于美丽乡村建设试点的资金、新农村建设示范乡镇及示范村奖励资金、省住建厅用于村庄建设与环境整治的资金、省环保厅用于农村环境综合治理的资金等，在试点村启动的第一年度（2016年），采用因素法切块分配，以后年度采取因素法加绩效考核法分配。同时，从2016年起，省级下达给各县（市、区）的土地整理、通村公路建设、农村饮水安全及小型农田水利建设、农村能源建设、农村绿化、乡村旅游等项目资金，由县（市、区）根据项目资金的性质、试点村建设的实际需要，可从中调整部分资金用于试点村的配套建设，并报省直相关部门备案。在资金统筹整合使用上，要坚持省定创新建立贫困县资金整合的机制不变，正确处理贫困地区扶贫资金整合与开展美丽宜居试点村建设资金整合的关系，并做好衔接。贫困县（市、区）已经整合用于扶贫开发的各类财政资金，不得调整安排用于美丽宜居试点村建设。但是在具体到乡镇实施政策时，由于乡政府并不能很好地把握其中的度，专项资金不能落到实处，影响了资金的利用效率。

（三）资金监管不力

湖北省近年来越来越关注生态建设，对于生态建设资金的投入也越来越大，但是监管不到位，导致落到实处的资金却比较少。一是资金拨付和管理上缺乏公开透明度。一些专项生态建设资金的拨付和使用只有财政和极少数部门知道，真正使用该资金的基层部门和应该享受该资金的群众不知情。二是专项资金的预算编制与监督滞后。上级下达的专项资金和转移支付有相当一部分是在预算执行中陆续下达的，这就造成在年初预算安排时，无法知道上级补助项目有哪些、补助资金有多少，影响了预算编制的完整性，也不利于财政监督。三是资金管理不规范。有的生态建设资金变为“个人管理”，大额生态建设资金的拨付使用由个别领导或经办人决定，擅自变更资金管理单位或拨款渠道，失去了相互监督、相互制约的内控机制。四是资金使用缺乏绩效监督与评价。目前财政支出绩效监督法律法规不健全，财政支出绩效追究、追踪问效等方面还没有相应法律规定，没有形成制度化和系统化的监督工作机制，使资金绩效监督工作缺乏法律约束与制度保障。许多资金在项目预算中，缺乏科学的项目论证，有的还局限于先确定资金、再论证项目的现象；有的部门基本支出和项目支出划分不清。现行财政支出绩效监督指标体系不够系统和规范，对不同层面、不同行业、不同性质的支出绩效量化评价指标和测算模型更是稀缺；有的部门项目管理只管拨款，不问效果，存在资金分完用完了事的现象，资金在分配和使用中的无绩效和损失、挪用、贪污与浪费现象时有发生。

四、自然资本增值困难

（一）产权界定不清晰

自然资本具有自然属性与资本属性的结合和权益的社会化的特征，导致自然资本的产权界定与产权量变动测定具有很大的不确定性，因此，相对于物质资本，自然资本的产权核算还是一个新课题。目前我国自然资本所有权的模式为：自然资源的原始产权或最终所有权均属于全民所有。政府作为社会公共资源的管理者，拥有自然资源管理权。生产者通过付费，有偿地从政府手中获得所需的自然资源的使用权。在我国，自然资本使用权的转移，属于第一次资源转移。虽然这一次转移不改变自然资本所有权的性质，但会出现所有权与使用权的分离，管理权和收益权被分割。这导致在实际操作中产权划分出现困难，引发的最大的问题就是自然资本补偿的难度，即谁是补偿的主体，补偿制度如何建立等。

（二）生态技术难以支撑

首先是企业的研发积极性不够高。生态技术的研发和采用涉及企业技术和管理两个层次。不论是技术层的资源循环利用、产品的无害化、工艺流程的无污染，还是管理层促使企业生产经营活动与生态环境相协调的管理模式的进步，都需要通过经济社会的基本单元——企业来实施。企业不仅是生态技术发展活动的主要参与者，同时又是主要投入者、实施者，更是生态技术应用收益的直接受益者。而在当前，生态技术研发和应用意味着投入更高的成本，承受失败的风险，这些都是中小企业难以承受的。另外，生态技术的产品一般不能带来直接的经济效益，这也造成成本费用的提高，与企业眼前利益相矛盾。受这些经济利益的单向驱动，企业研发和应用生态技术的积极性不高。湖北省很多企业存在技术落后，资源消耗量和废物产生量大的问题，环保技术多属于“末端治理型”，企业被动处理工业废物，达标排放率低。其次就是技术成果转化率低。在技术成果转化为现实生产力、转化为社会财富方面，湖北省远远落后于沿海发达地区。另外，中国传统的管理体制也使技术的产生与使用成为几家不同部门的事，由此导致许多创新成果不能向市场转化。这都说明现有的生态技术难以支撑自然资本的增值。

（三）市场机制难以发挥作用

自然资本市场机制是否有效与市场机制在其他领域的作用一样，主要取决于市场机制的条件是否完备。一般而言，自然资本市场机制的作用条件主要有自然资本产权明晰、自然资本价值化、自然资本的市场交易组织或市场体系、自然资本信息与法制监督体系，这些条件都不同程度地影响着市场机制在自然资本增值中的作用效果。自然资本产权明晰，是自然资本市场机制发挥作用的前提条件。自然资本产权明晰，就是要明确自然资本的所有权、使用权、管理权、收益权等权利，而这些权利的界定、转让、交易等都与自然资本的产权结构有关。因此，自然资本的产权制度决定了自然资本的使用效率与利用情况，进而决定着市场机制对自然资本增值方面的效果。但现实情况是自然资本产权不明晰、所有者虚置，故自然资本产权就无法发挥激励和约束的作用，其结果必然导致自然资本被不计生态成本地掠夺式开发，出现环境破坏、环境污染等。近年来市场机制在一些区域环境治理中的广泛应用表明，对一些自然资本，尽管政府十分重视市场机制对自然资本增值的作用，但受现实因素的影响，市场机制难以发挥出预期的推动作用。

第三节　生态宜居的思路与对策

一、建立环境保护长效机制

（一）着力解决突出环境问题

严重的生态环境问题已成为民生之患、民心之痛，生态环境成为建设美丽乡村的短板。必须坚持节约资源和保护环境的基本国策，像对待生命一样对待生态环境，着力解决突出环境问题，提供更多优质生态农产品，让良好生态环境成为提升广大农民获得感的增长点。

首先，应强化土壤污染管控和修复。湖北省农用地土壤环境质量堪忧，工矿企业及其周边土壤环境问题突出，污染地块和农用地环境风险日益凸显。要以农用地和重点行业企业用地为重点，开展土壤污染状况详查。在广大农村，应加强固体废弃物和垃圾处置，建立生活垃圾分类处理系统，提高危险废物处置水平，夯实化学品风险防控基础，防止污染土壤。实施农用地土壤环境分类管理和建设用地准入管理，开展土壤污染治理与修复，保障农产品质量和农村人居环境安全。

其次，要加强农业面源污染治理。推进农业清洁生产，深入开展化肥、农药零增长行动，加大畜禽养殖废弃物和农作物秸秆综合利用力度。加快农村环境综合整治，实施生活污水处理、生活垃圾处理、饮用水水源地保护专项工程。推进美丽乡村建设，加强村域规划管理，开展农房及院落风貌整治和村庄绿化美化。推进农村地区分散布局的工业企业向工业园区集中。

（二）加大生态系统保护力度

湖北省是长江中游生态屏障，保护好这片美丽的山水，建设生态宜居的美丽乡村是我们这一代的历史责任和使命。湖北省应实施重要生态系统保护和修复重大工程，优化生态安全屏障体系，构建生态廊道和生物多样性保护网络，提升生态系统质量和稳定性；完成生态保护红线、永久基本农田、城镇开发边界三条控制线划定工作；开展国土绿化行动，推进荒漠化、石漠化、水土流失综合治理，强化湿地保护和恢复，加强地质灾害防治；完善天然林保护制度，扩大退耕还林还草；严格保护耕地，扩大轮作休耕试点；健全耕地、草原、森林、河流、湖泊休养生息制度，建立市场化、多元化生态补偿机制。其中划定并守住三条控制线，是顺应生态文明建设客观规律的举措，彰显了我们党着力加强生态保护的坚定决心。这就要求三条控制线不仅要划在幅员辽阔的国土上，更要划在领导干部的头脑里、人民群众的心田里；不能只是划完了事，还必须严格执行、有效监管，以确保三条控制线的刚性，使之成为生态保护的带电“高压线”。

（三）改革农村生态建设监管体制

各乡镇要着眼长远，注重建立长效监督管理机制，把农村生态环境建设工作与统筹发展、推动小城镇和美丽乡村建设紧密结合起来，与农业综合开发、新能源综合开发利用等项目有机结合起来，坚持规划设计先行的原则，从乡村规划抓起，尽快编制完成美丽乡村建设总体规划，编制和完善村镇布局、产业发展、基础设施、公共服务等专项规划。要坚持农村生态环境建设与转变人的观念一起抓，突出性整治与经常性管理一起抓，建立健全长效管理机制。要强化政府管理，把长效管理工作统一纳入有关职能部门和行政村的日常工作中去。

要强化督导，加强考核。建立农村环境保护目标责任制，县委、县政府将农村环境保护工作成效纳入各级领导班子和领导干部年度目标考核。县领导小组办公室将加大督导检查力度，采取明察暗访等方式，实行全程跟踪，做到月调度、季通报、半年检查、年终验收。同时设立督办卡，对各乡镇开展农村环境保护情况进行定期检查督办，检查结果通报全县。对工作扎实、成效显著、管理机制完善的乡镇给予表彰；对效果较差、群众不满意的予以通报批评。

（四）推进绿色发展

习近平总书记强调，绿水青山就是金山银山，要坚持节约资源和保护环境的基本国策，推动形成绿色发展方式和生活方式。农业和环境最具相融性，新农村的优美环境离不开农业的绿色发展。近年来，随着农业生产的快速发展，农业面源污染日益严重，特别是畜禽养殖废弃物污染等问题突出，对农民的生活和农村的环境造成了很大影响。在全省推进绿色发展，有利于减少农业生产废弃物排放，美化农村人居环境，推动新农村建设，实现人与自然和谐发展、农业生产与生态环境协调共赢。

首先应开展畜禽粪污资源化利用行动。坚持保供给与保环境并重，坚持政府支持、企业主体、市场化运作方针，以畜牧大县和规模养殖场为重点，加快构建种养结合、农牧循环的可持续发展新格局。在畜牧大县开展畜禽粪污资源化利用试点，组织实施种养结合一体化项目，集成推广畜禽粪污资源化利用技术模式，支持养殖场和第三方市场主体改造升级处理设施，提升畜禽粪污处理能力。建设畜禽规模化养殖场信息直联直报平台，完善绩效评价考核制度，压实地方政府责任。力争到2020年基本解决大规模畜禽养殖场粪污处理和资源化问题。

其次，应积极参与长江流域水生生物保护行动。坚持生态优先、绿色发展、减量增收、减船转产，逐步推进长江流域全面禁捕，率先在水生生物保护区实现禁捕，修复沿江近海渔业生态环境。加大资金投入，引导和支持渔民转产转业，将渔船控制目标列入地方政府和有关部门约束性考核指标。实施珍稀濒危物种拯救行动，加强水生生物栖息地保护，完善保护区功能体系，提升重点物种保护等级，加快建立长江珍稀特有物种基因保存库。力争到2020年，长江流域水生生物资源衰退、水域生态环境恶化和水生生物多样性下降的趋势得到有效遏制，水生生物资源得到恢复性增长。

二、加强建设主体培育工作

（一）树立生态政绩观

所谓生态政绩观就是以科学发展观为指导思想，以生态文明为价值取向，以生态价值优先、整体利益最大化、未来利益至上为原则，以经济增长、社会公平和改善环境质量为目标，实现生态、经济、社会全面协调可持续发展的政绩理念。它是以生态保护为指向的政绩考核体系，将生态保护、实现可持续发展、构建和谐社会的内容纳入政绩考核的内容，体现到政绩考核的目标、标准、方法和结果当中。

要建设生态宜居的美丽乡村，就必须树立生态政绩观。主要需做好以下四个方面工作：一是建立绿色GDP考核体系，从而科学地评估领导干部的政绩；二是建立生态环境问责体系，将农村生态环境责任延伸到政府体系的每一个相关部门，对给农村生态文明造成极大破坏的行为，要依法严厉惩处；三是推行生态审计制度，主要审查领导干部任期内招商引资过程中是否引进污染严重的企业，环境污染事故发生情况，农村生态环境改善情况，主要投资项目的生态效应等；四是完善生态政绩考核机制，采用多元考核主体参与的考核机制，政府政绩考核的主体应包括人民群众、环保社会组织、媒体在内。

（二）引导乡镇企业走新型生态产业道路

发展乡镇企业，繁荣农村经济，加快乡村生态建设，需要乡镇企业走有中国特色的农村新型生态产业道路，且政府应通过政策激励引导乡镇企业走新型生态产业道路。

1. 坚持可持续发展。可以采取以下措施：一是发展循环经济，严格限制能源消耗大、污染严重的产品生产，鼓励开发和应用节能降耗的新技术，倡导节约资源的生产方式和消费方式，在全社会形成节约意识和风气，加快建设节约型社会；二是坚持科学发展观，严格按国家政策办事，对政策限制的企业实行关停，同时要求新建企业项目严格按照国家制度规定运营，保证其排放符合标准；三是在乡镇企业内部积极推行清洁生产，生产绿色环保产品。

2. 重视技术创新，努力提高企业素质。实现乡镇企业持续健康发展，必须依靠技术创新驱动，提高企业自主创新能力。可以采取以下措施：一是采用先进技术，同时鼓励技术创新，争取掌握核心技术；二是建立完善网络服务，为乡镇企业技术创新提供服务平台；三是及时地推进科技成果转化，在符合条件的乡镇企业及时推广应用科技成果；四是创新驱动实质上是人才驱动，加快形成一支规模宏大、富有创新精神、敢于承担风险的创新型人才队伍。

（三）加强农民环境宣传教育培训

保护环境，教育为本。环保宣传工作要适应新的形势，应将提高农民环境意识作为今后宣传工作重点，面向乡镇和农村，运用广播、互联网、专栏等形式加大对农村居民环境知识的宣传工作，让居民了解农村环境工作的重要性，如何帮助减少在生产、生活中所产生的污染。帮助农村居民了解农村环境存在的问题、发展趋势及其危害，唤起农民的生态意识和可持续发展意识，增强全民生态环境保护的责任感和使命感。创新农村环境保护宣传教育形式，大力提倡文明生产、生活方式和绿色消费理念。坚持从农村、农民的实际出发，因地制宜开展形式多样的宣传教育，采取灵活多样、通俗易懂、农民喜闻乐见的形式，充分利用广播、电影、电视、图书、报刊、网络等各种载体，采用专访、系列报道、专题片、培训以及文艺表演等形式，广泛宣传和普及农村环境保护知识，大力宣传农村生态恶化对农民生存环境的危害和加强农村生态环境保护的重要性、紧迫性，着重宣传有关节水、节电、节肥、节药的生态农业的实用环保科普知识，围绕打造绿色食品供应基地，向农民宣传绿色食品知识，大力宣传生态农业，努力优化农业产业结构，引导农民发展绿色高效农业，促进农业增效、农民增收。积极引导广大农民群众自觉培养健康文明的生产、生活、消费方式，培养良好的生活习惯，动员广大农民自觉参与环境保护，从自身做起，自觉地维护、建设良好的农村环境，形成农村生态环境保护的整体氛围。结合在农村经济发展中出现的各类污染事件，要加强对农民的警示教育，加大对环境违法案件的曝光力度，摄制、制作一些以破坏环境为题材的警示教育片到农村巡回放映，将查处的典型环境违法案件公之于众，以案说法，教育农村广大群众，唤起农民环境忧患意识，使农民群众进一步加深对遵守环境法律法规重要性的认识，增强农民群众的环境保护意识、法制意识和文明意识，提高农民遵守环境保护法律法规的自觉性，从而在现实生活中更加珍惜环境、珍爱家园。

（四）加强环保组织建设

湖北省农村一直缺乏有影响力的环保组织，这极大抑制了湖北省农村环境保护体制、机制的建立。生态宜居乡村的建设，离不开环保组织的建设。应从以下三个方面，推进湖北省环保组织的建设。

1. 从描述问题到提供解决方案。描述环境问题能够提高人们对环境的注意力，但是要想真正地解决问题，还需要专业的解决方案。方案应初步明确每一个利益相关方应当做什么、如何做。如果有多个路径选项，则应给出每个路径的投入产出比分别是多少，方便人们判断和选择。以种树活动为例，“环境问题”是空气质量差，“解决方案”可以是更多地种树、减少空气中的温室气体、提高人们的环境意识等。仅以种树相关的“解决方案”为例，其内容可能包括：树种（美观、适应性、功能等）以及对应的成本、种植位置、种植数量、种植时间、每次活动的最佳人数、如何维护已种植的树木等。在解决方案中，要能体现每个利益相关方的职责、成本（时间、金钱等）、收益（个人体验、荣誉等）。在这个过程中，环保社会组织可以为村民提供树种选择的相关信息，进行趣味环保科普教育。

2. 从资金导向逐渐转向打造品牌。从资金导向逐渐转向打造品牌是环保社会组织长期发展必须要考虑的事情，这个转变是一个循序渐进的过程。环保社会组织要有自己最擅长的优质“产品”，才能够引导“消费者”。例如世界资源研究所专门研究开发标准，并且这些标准得到了用户的普遍认可。国内已经开始出现环保社会组织品牌，例如公众环境研究中心的污染地图和绿色供应链，但是大部分环保社会组织仍然处于资金导向阶段，还没有形成明确的品牌。湖北省支持各乡镇引进这些环保组织，参与生态宜居建设，并积极推进这些环保组织的品牌建设。通过这些环保组织，带动越来越多的村民加入环保行业。

3. 注重内部管理。环保社会组织的短期目标是环境不再污染，长期目标是可持续发展。当前环保社会组织内部管理存在的问题，已经影响到了环保社会组织的良好可持续发展。解决好组织内部存在的问题，需要从以下三个方面努力：一是完善环保社会组织内部管理制度，重点是要健全财务管理制度、民主决策制度、信息公开制度、人事管理制度、项目管理制度；二是强化内部监督机制，要在环保社会组织内部构建全员监督机制，设立明确的监督岗位，明确监督岗位的责任，将组织内部成员之间监督由抽象变为具体；三是加强组织的人才队伍建设，环保社会组织要完善培养人才、吸引人才、用好人才、留住人才的政策，积极地引进人才，尤其是高素质人才，解决面临的人才匮乏问题，为环保社会组织的可持续发展提供人才保障。

三、加大资金投入整合力度

（一）财政保障是基础

在生态宜居建设中，政府应发挥主导作用，其中一个很重要的标志就是看保障乡村振兴战略的财政资金有多少用于乡村生态建设。近几年，湖北省公共财政投入“三农”的资金总量虽逐年递增，但用于乡村生态建设的资金还远远不够。生态宜居建设工作的重中之重，不仅应确保公共财政更大程度向“三农”倾斜，还应积极调整支出结构，统筹存量、盘活增量，努力增加乡村生态建设专项预算安排。着力解决突出环境问题，改善乡村生态环境，进一步提升全省农村生态功能，进一步改善大气、水、土壤环境质量，进一步提高资源利用综合效益，进一步发展绿色产业。让取之于农村的资金更多投向农业农村，支持实施乡村振兴战略。解决支农项目“撒芝麻盐”“九龙治水”等问题，建立涉农资金统筹整合长效机制，让用之于农业农村的财政资金在生态建设上发挥更大作用。四两拨千斤，财政投入还应该成为“指挥棒”“撬动杆”“吸铁石”“药引子”，引导金融和社会资本更多流向乡村生态建设中。

（二）农村发展是根本

在农户个体经济和农村集体经济发展过程中实现乡村振兴资本积累，不仅符合内因起决定作用、外因通过内因起作用的辩证法，而且也符合产业兴旺、生活富裕的总要求。现代农业科技崛起，绿色循环农业勃兴，一二三产业融合，农业农村经济正处于发展钻石期。生态宜居建设应转变发展方式，坚信“绿水青山就是金山银山”，通过生态资本运营，生态也可以生钱。乡村的山水林田湖草、农耕文化和康养资源，在生态休闲农业的蓬勃发展中必将成为农村生态建设的“聚宝盆”。更重要的是，这“聚宝盆”取之于农业用之于农村，用得好还取之不尽，用之不竭。

（三）改革创新是关键

当前，湖北省农地确权颁证工作基本结束，随着农村基本经营制度的巩固和完善，农村土地制度改革深化，承包地“三权分置”制度完善，以及宅基地使用权放活。农村沉睡的土地、农民闲置的农房、村集体经济组织躺在账簿上的经营性资产，这些“沉睡的资产”被改革的春风唤醒，缓解了农村资金不足的困境，提高了闲置资源的利用效率。湖北省在进行生态宜居建设中，要进一步以完善产权制度和要素市场化配置为重点，激活要素、激活市场，推动城乡要素自由流动、平等交换，投改革之石激起资源千层浪，让资本源头活水潮涌乡野。

（四）金融倾斜是重点

乡村振兴对金融的需求是巨大的，也是多样化的。而生态宜居建设中，对绿色金融的需求更是迫切的。要实现农业农村的绿色发展，就必须依靠金融手段和金融创新影响企业的投资取向，为农村绿色产业发展提供相应的金融支持，促进农村传统产业的生态化和新型绿色生态产业的发展。此外，在财政上，全省农业信贷担保体系要发挥作用，国家融资担保基金应加快设立，引导更多金融资源支持乡村生态宜居建设。在调动商业金融机构力量方面，中国特色社会主义制度优势应充分体现，农业银行、邮储银行“三农”金融事业部要加大支持力度，农村信用社、村镇银行要真正成为农民身边的银行，国家开发银行、中国农业发展银行则应在乡村振兴中长期信贷方面发挥应有作用。

（五）社会资本参与是重要力量

生态宜居建设不仅激荡着亿万农民，更召唤着大量城市工商业者投身广阔天地。工商资本是推动乡村振兴的重要力量，也是推动乡村生态宜居建设的重要参与者。过去，工商资本下乡面临的条条框框多，参与度不高，农村生态建设更多依靠财政投入和集体经济内部积累。如今，乡村振兴战略对农村建设资金的数量和构成提出了更高的要求。对于工商资本参与乡村振兴的热情，我们应该大力鼓励引导。在设置好保护农民权益的防火墙的前提下，搭建好桥梁和舞台，稳定政策预期，优化投资环境，遵循市场规律，让更多的工商资本在乡村振兴中大有作为，让更多资本流向农村绿色生态项目建设。

四、促进乡村自然资本增值

（一）推广农业生态资本增量运营模式

绿色农业生态资本运营是一种通过对绿色农业生态资本使用价值的有

效运用过程，即对其运营过程进行有效的计划、组织、实施和控制，依据绿色农业生态资本的消费及其形态的变化，实现绿色农业生态资本长期收益整体最大化而进行的活动。

1. 绿色农业以农业生态资本的保值为前提。绿色农业的本质要求是通过保护和建设优良的产地环境来保障绿色食品的质量安全，农业生态资本是绿色农业的核心资本，也是绿色农业可持续发展的关键资本，所以，绿色农业始终把实现农业生态资本的保值作为基本前提。无论进行何种形式的绿色农业生产，在其整体设计框架中，绿色农业生态资本应该是增长的，农业生态系统的整体功能应该是增强的。在绿色农业生态资本运营过程中，特别突出保持绿色农业生态资本品质，不得使其降低。如果一种具体的绿色农业生产活动不可避免地减少或者降低了绿色农业生态资本品质，那么一定要划分出一定的运营收益，在临近系统中建设专门生态工程，用以补偿绿色农业生态资本的损失，确保农业生态资本各要素在存量上不减少，流量上更趋于合理，结构上更趋于优化，进而使农业生态资本的总价值得以稳定提高。

2. 绿色农业通过农业生态资本的增量投入提高经济价值。绿色农业的直接目标是实现农业生态资本的货币化，获取远高于常规农业的经济效益。为此，绿色农业必须努力增加农业生态资本的数量、全面提高农业生态资本的质量，通过农业生态资本的增量投入和增量运营来提高绿色农业的综合经济效益。在绿色农业生产过程中，通过生态技术将农业生态资本的价值转移到绿色食品之中，生产出更多优质、安全、高生态附加值的绿色食品，通过提高产品的生态位来获取高额利润，在实现绿色经济价值以后，又反过来投资绿色农业产地环境建设，获取更多更好的农业生态资本，在更大规模上进行下一轮的绿色农业生态资本运营，实现农业生态资本的增量投入与循环运营。

绿色农业生态资本增量投入的措施主要包括两个方面：一是绿色农业产

地环境建设，通过农业生态保护、农业生态修复等措施，全面改善农业生态环境质量，提高农业生态环境对绿色农业生产的支持功能，如通过实施水生态修复提高水质标准，确保农业用水的数量和质量；通过土壤修复技术恢复土壤活性，提高土壤有机质含量，提高绿色食品的营养。二是绿色农业生态补偿，通过绿色农业生态补偿激励绿色农业生产者调整种植结构、改进耕作方式，自觉进行农业生态环境保护，减少农业面源污染，弥补绿色农业生产者转产的直接损失和机会成本。绿色农业生态补偿的直接目的虽然是为了维持绿色农业的可持续发展，但在客观上促进了农业生态资本的增量投入。

3. 绿色农业通过农业生态资本的增量运营保障高产高效。绿色农业是以绿色食品产业为主线的安全、优质、高产、高效的农业发展模式，不仅是一种有利于环境保护的农业模式，也是一种高产高效的现代农业发展模式。绿色农业生态资本运营主要通过绿色农业企业这个载体来实现，绿色农业企业作为提供绿色农产品及其加工品的组织，致力于用最少的农业投入生产出更多的绿色农产品。绿色农业生态资本投入的多少将影响到绿色农产品的数量和质量，为了确保绿色食品的质量安全，绿色农业生产者必须控制化肥、农药等生产原料的投入，因此，必然会降低农产品的产量。为了维持绿色农业的高产，利用生态技术创新实现农业生态资本的形态变换，将大量生态环境质量要素和高品位农业生态资源的价值转移到绿色食品中去。通过绿色农业产地环境保护和建设，提高农业生态资本的存量和增量，以农业生态资本的增量投入和增量运营来实现绿色农业的高产高效，维持绿色农业较高收益率、增加绿色农业企业的利润、促进农业增效农民增收，最终实现绿色农业的可持续发展。

（二）推广农业生态资本减量运营模式

循环农业是一种以农业资源的高效利用和循环利用为核心，以“减量化、再利用、资源化”为原则，以低消耗、低排放、高效率为特征的农业发展模式，是循环经济理论在农业领域的具体实践。循环农业通过对农业生态经济系统的设计和管理，运用物质循环再生原理，利用物质多层次利用技术，实现农业经济系统自然资源投入最低化、可再生资源利用高效循环化、有害污染物最少化、经济效益最大化目标，在保护生态环境的同时提高生态效益、经济效益和社会效益。

循环农业要求在保护农业生态环境的基础上，调整和优化农业生态系统内部结构和农业产业结构，提高农业系统物质能量的多级循环利用，严格控制外部有害物质的投入和农业废弃物的产生，最大限度地减轻环境污染，把农业生产经济活动真正纳入农业生态系统循环中，实现生态的良性循环与农业的可持续发展。

循环农业的实质是将传统农业的“资源—产品—废弃物”线性物质流动方式转变为现代农业的“资源—产品—废弃物—再生资源”循环流动方式，把简单的自然种养模式转变为规模化科学种养模式，把粪便、秸秆和生活垃圾等农业废弃物变成农业生产的肥料、饲料和燃料，从而实现农产品、中间产品和废弃物交互利用、互相衔接，使资源得到最佳配置、废弃物得到有效利用、环境污染减少到较低水平。

实践证明，循环农业不仅是一种资源节约、环境友好型农业，从农业生态资本运营的角度来看，更是一种典型的农业生态资本减量运营模式。在长期的循环农业实践中，探索出了一系列关键农业生态资本减量运营的技术和方法，如通过推广喷灌、滴灌、微灌等节水技术实现水资源减量化投入；通过“沃土工程”建设等措施实现土地资源的节约、集约利用；通过综合利用畜禽粪便、农作物秸秆资源实现农业能源投入减量化等。节约农业资源、提高资源利用率、减少农业废弃物排放、改善农业生态环境是循环农业的突出优势，在我国农业资源短缺、农业污染加剧的今天，全面推广循环农业意义重大，刻不容缓。农业生态资本减量运营是保障循环农业可持续发展的根本措施，反过来，循环农业的持续发展又进一步促进了农业生态资本的减量化运营。

（三）推广农业生态资本平衡运营模式

低碳农业是在应对全球气候变化挑战过程中发展起来的新型农业模式，是低碳经济在农业领域的具体实现形式。与绿色农业和循环农业等生态农业模式相比较，低碳农业是为维护全球生态安全、改善全球气候条件而在农业领域推广节能减排技术和固碳技术、开发生物质能源和可再生能源的农业，是以“低能耗、低排放、低污染”为主要特征，具备“农业生产、安全保障、气候调节、生态涵养”多元功能的新型农业。

低碳农业的实质内涵包括两个方面：一是减少农业温室气体排放，二是利用农业绿色植物光合作用进行固碳。通过“一减一固”实现农业生态经济系统碳平衡，针对传统农业高消耗、高排放引起的温室气体。低碳农业的核心是发挥农业生态系统碳汇功能进行固碳，具体模式包括土壤碳汇模式、植被碳汇模式和其他农业碳汇模式。

低碳农业通过投入低碳化和输出低碳化来实现现代农业的低碳化发展，具有其他农业模式所不具备的多元化功能，突出地体现在生态生产功能、环境保护功能、气候调节功能、生态涵养功能等方面。生态生产功能通过调整农业结构、转变农业生产方式，在不增加气候变化压力下提供生态农产品。环境保护功能通过节能减排技术，发展生物质能源，改善农业生态环境，保障农业安全。气候调节功能通过减少使用化石燃料，减轻农业生产对气候变暖的压力。生态涵养功能通过发展配合农业生产的自然与生态湿地，利用湿地固碳、净化水源等功能，保护水资源，减少面源污染，改善农业生态环境，保护自然生态资源。

近年来，低碳农业在各地蓬勃发展，推进速度之快、范围之广超过了以往任何一种农业模式的发展。在实践中，低碳农业已不仅仅是作为一种农业发展模式而被推广，在很大程度上已被认为是人类应对气候变化的有力武器。全球性的碳产业和碳汇交易市场正在以出人意料的速度竞相成长，无疑大大加快了低碳农业的发展进程。理论与实践表明：低碳农业是一种典型的农业生态资本平衡运营模式，通过利用农业生态系统的整体服务功能，充分发挥农业生产过程中的固碳功能进行碳汇，不仅能够提高农业经济效益，还能有效改善人类生存环境质量，在更大尺度和更广空间上实现了农业生态系统整体服务功能的提升，是现代农业多功能性的生动体现。低碳农业是现代农业发展的新阶段与新形式，农业生态资本平衡运营模式是对低碳农业实质内涵的真实反映，更是生态资本运营的发展方向和必然趋势。

第四节　生态宜居的湖北模式：谷城县堰河村的绿色发展之路

堰河村位于谷城县五山镇西部百日山麓，面积约 12 平方千米，辖 4 个村民小组，303 户，1050 人。2016 年，村集体经济年收入 150 多万元，农民人均纯收入达 18000 元。2017 年村集体经济在 2016 年的基础上增长了 20%，农民人均纯收入达到 22000 元。近几年，堰河村先后获得“全国文明村”、“全国先进基层党组织”、“全国生态文化村”、“全国绿色小康村”、“全国农业旅游示范点”、“全国创先争优先进单位”和国家 3A 级景区、湖北省旅游名村、全省第一也是唯一挂牌的“绿色幸福村”、湖北省环境保护政府奖等荣誉，成为省市新农村建设的典范，有关专家学者将堰河发展总结提升为“五山模式”

堰河样本。

一、背景与历程

堰河村原本是一个远离城镇、地少山多、资源匮乏的穷山村。直到20世纪90年代初，堰河村还是穷山恶水。当时，村民吃粮靠供应，被称为“布袋队”；用钱靠砍山林，被称为“斧头帮”；住房是“干打垒”，被称为“泥巴窝”。村里穷得人见人愁，村里的姑娘都想往外嫁，村里的小伙找不到对象；村里脏得没有路走，遍地是垃圾。五山镇党委书记朱莹说，堰河村既没有交通优势，也没有资源优势。

近年来，堰河村立足科学发展观，围绕镇委、镇政府打造“生态文明、美丽五山”的发展定位，坚持“科学发展、绿色发展”的发展理念，着力转变经济发展方式，促进了经济与社会、人与自然的和谐发展。

一是坚持走生态经济化、经济生态化的特色产业之路。先后发展茶园1200多亩，年产值3000余万元；引进生物技术和无性繁殖技术，使茶叶产业向生态化、有机化和高效益迈进。同时，还栽种杜仲950亩，嫁接板栗600亩，欧杨3万株，形成多元化绿色经济格局。开发的“堰河香”系列农产品被省旅游局认定为“灵秀湖北”旅游商品标识。目前，全村农民年人均从茶叶产业经营和旅游接待中获纯利在5000元以上。

二是开展了以垃圾分类、一建四改为主要内容的村庄整治。堰河村按照中心村标准进行规范化建设，以推行“改水、改厕、改路、改气”为重点，全面改善村容村貌。在实施过程中重点突出“三抓”：一抓村庄规划。讲求因山就势，随湾就片，宜街则街，宜林则林，宜景则景，合理布局，错落有致。二抓道路硬化。加快村组路网提档升级步伐，近年来硬化道路25千米，实现了组组户户通水泥路。三抓绿化亮化。在农户相对集中地段安装了太阳能路灯，并在沿河两岸、公路两旁及农户房前屋后广栽香樟、垂柳、翠竹、桂花等风景树和生态林，构建花园式家园、公园式村庄。

三是以生态茶园为面，以凤凰寨、天艺茶庄、百日山景、奇石馆、甲板洞奇观、真武殿、朝圣宫为点，以通组水泥路为线，围绕特色建筑、奇异民俗、山光水色和“农家乐”开展生态旅游，吸引了省内外大量游客，成为著名的乡村旅游景点。截至目前，五山堰河乡村旅游区年接待游客 19.8 万人左右，实现旅游综合收入突破 5000 万元。

四是以“十星级文明户”评选为载体，创建绿色幸福村、生态文明村和新型农村社区，实现经济可持续发展。

二、做法与成效

（一）改变发展观念，打造优美生态环境

发展从育人开始，育人从转变陋习开始。为了打造优美环境，改变村容村貌，2003 年堰河村党委书记、村委会主任闵洪彦邀请北京绿十字生态文化传播中心的专家孙君来村里考察，帮助树立生态环保理念。孙君让闵洪彦明白了一个道理：堰河村要有大发展，老百姓要过上真正幸福的日子，必须走生态文明发展的路子，保护好青山绿水，发展生态旅游。按照孙君的建议，堰河村先从小事抓起，从垃圾分类开始，改变群众卫生习惯。教育村民每户自备三个垃圾桶，将可再生、不可再生、有害三类垃圾进行收集分类。村里每个组设一个垃圾分类中心，每天由专、兼职保洁员统一收集、分类，湿垃圾采用堆肥或蚯蚓进行生物分解处理；可再生物资卖给垃圾回收中心，有害物质集中存储，统一销毁和填埋。随后，堰河村又建立了采用生物一体化污水综合处

理技术的污水处理站，大部分村民的生活污水统一进入处理系统，处理规模为日处理约20吨。

经过长期坚持，村民由最初的不理解到慢慢接受，垃圾分类也成为村民的自觉行动。如今，堰河村农户室内清洁整齐，厕所干净卫生，村组道路干干净净，村里实现了垃圾归点、柴草归院、禽畜归圈、青山常在、碧水长流，到处清清爽爽，赏心悦目。这样的面貌也是堰河村能成为国家3A景区的基础条件。

（二）依托资源优势，发展绿色产业

从1992年开始，村里发动全村群众开荒山、建茶园。堰河村三年发展茶园1200亩，很快使茶业成为全村农民摆脱贫困的支柱产业。随后几年里，村里又相继带领村民栽种杜仲950亩、杉树700亩、花椒500亩、板栗600亩、欧杨3万株，同时还引导村民在树林里套种红薯、花生、油菜等多种经济作物，发展养殖业，实行立体开发，昔日的荒山秃岭乱草岗，变成了如今的茶成垄、树成行、果飘香的“绿色银行”。

堰河村充分发挥风景秀丽、景色宜人的生态资源优势，十年磨一剑，把山水变风景，把资源变资本，把农民变股民，把产品变商品，向乡村旅游业刨金，目前年经营总产值已经超过1亿元。堰河村形成了道乡寻踪游、茶色生香游、田园风光游三大特色旅游品牌。

为丰富茶文化内涵，堰河村相继建起了茶坛、茶圣厅、奇石馆、农博馆等景点，游客在品茶之余，可参观茶叶加工区，了解杀青、揉捻、烘干、提香、筛选、包装等茶叶生产的全过程，还可拜茶圣、读茶经、祭茶坛、赏奇石。走进农博馆内，犁、耙、耒、水车、老式纺线车等农具应有尽有，加上八仙桌、架子床、碗柜、瓷碗、箱子等明清家具，成为农耕文化变迁的历史见证。目前，全村发展了集茶艺、表演于一体的“农家乐”30家，年收入3000多万元；他们注册“堰河香”商标，生产香菇、腊蹄子、风干鸡等土特产，一年产值近千万元；此外该村还有养殖、种植中药材等收入，估算全村工农业总产值已经超过了1亿元。

2018年2月4日，堰河村举办百家宴，近300户村民端出各家的拿手菜，凑了388道具有浓郁农家特色的菜肴，上桌后免费供当天前来堰河村游玩的2000多名游客品尝。百家宴已成为堰河村的一个文化品牌，每年吸引大量游客前来“尝鲜”，极大地增加了堰河村的人气，还大大增加了村民的收入。五山镇吃百家宴有1000多年的历史。最初，农民们各家出一两道拿手菜，摆在一起品尝，有庆贺丰收、增进乡邻感情及切磋厨艺的意思。一般以村庄为单位，一年举办一次。然而，到了20世纪五六十年代，因物质贫乏，这一传统习俗中断了。近些年，堰河村乡村生态旅游和绿色经济产业发展迅猛，每年前来游玩的客人络绎不绝。为了丰富旅游内容，延长游客在堰河村的逗留时间，2015年，堰河村恢复举办百家宴。这一举措得到了村民的积极响应，也受到了游客的欢迎。让游客来前想得起堰河村，来了留得住、吃得好，这正是堰河生态旅游专业合作社理事长闵洪彦举办百家宴的初衷。“游客来堰河玩，村民的增收是多方面的。”闵洪彦说，“村民连带还可以销售自家的农产品。”

堰河乡村旅游业吸引多名本村籍大学生回村创业。本村籍大学生闵谷月2007年从华中农业大学毕业，先在外工作，看到家乡发展神速，她毅然回村创业。2014年，闵谷月承包经营村“农家乐”银杏山庄，吸引5名村民在银杏山庄就业。不到两年时间，闵谷月把银杏山庄办成了湖北省首家四星级“农家乐”。

堰河乡村旅游业辐射带动周边村庄种植业和养殖业发展。他们产出的土鸡土猪及多种山野菜源源不断销往堰河“农家乐”。

（三）确定发展目标，促使村民富起来、乡村美起来

闵洪彦说，党的十九大报告提出到2020年实现全面建成小康社会的目标。堰河村在全村提出了“四个一”的小康标准：一家一栋小洋楼，一家一部小轿车，一家有一个致富项目和一名致富能人，人均存款达到十万元。给村民提出“四个一”具体目标，就是希望农民听得懂、做得到、办得成。目前，多数家庭已经实现了前三个“一”，全面建成小康社会指日可待。

据统计，2017 年堰河村接待游客 30 万人次以上，创收 8000 余万元。“堰河村走绿色路、吃生态饭、挣环境钱，让老百姓的腰包鼓起来，让农村美起来，这就是能让老百姓高兴的事儿”，闵洪彦说。

村里环境好了，群众收入多了，堰河村名声大了，原来迁走的农户有不少要求搬回来，小小的山村呈现出前所未有的繁荣兴旺。

三、经验与启示

（一）一个好的领头人

堰河村的巨大变化，得益于村里有一个好的领头人——村党委书记、村民委员会主任、堰河生态旅游专业合作社理事长闵洪彦。他说，实现新农村建设关键要有一个强有力的领导集体，做到一个声音一条心，领导班子不仅要有高度的政策境界，还要懂得引导地方资源发展，根据自身优势正确发展，带领大家艰苦奋斗、勤俭节约并无私奉献。

2002 年，闵洪彦担任村党支部书记，后来担任村党委书记。他下定决心带领村民脱贫致富。闵洪彦认为，一张白纸能画出最美的图画。村里搞建设谋发展要往前看 20 年，不能瞎折腾，也经不起折腾。他借力于基层组织“五个基本”建设，大力推行以组织构架“三位一体”、民主管理“三会治事”、推进措施“三联共建”为主要内容的“三三制”基层组织建设新模式，凝聚了村党委、村委会、生态旅游专业合作社三大组织的力量，形成了聚民心、抓发展、干事业的合力。

（二）一个好的发展理念

闵洪彦和村支“两委”一班人反复研究，确立了做好山水文章、发展特色产业、建设绿色家园的发展思路。他与干群一道，在荒山坡上摆战场，开发基地建茶园。在基地开发期间，村干部带着家属齐上阵，和村民们一起劳动。干部带头激发了全村村民的创业热情。

（三）一条正确的发展路子

堰河村党委书记闵洪彦说：“堰河就是一片山和水，要管好山、护好水、修好路、育好人、建好村，让老百姓热爱他的家乡。”

他们确定的发展路子就是：走生态路—吃旅游饭—挣环境钱。

闵洪彦刚当村党支部书记那两年，着力解决了村里通路、通电和吃水问题。他认为，村基础设施建设是发展产业的前提。之后，村集体有了积蓄，继续大搞村基础设施建设。近几年，村里投入近亿元用于修路、造景点、建民居。搞好基础设施建设的目的就是为了大力发展乡村旅游。

日子好过了，村里也没忘了保护生态环境，村委会请来专家对村落进行精心设计和规划，以生态环保、舒适宜居为基本理念指导农户建设新居。在堰河村，村民按照时间顺序将村里的民居变化分成了五代：分别为土坯房、砖木结构楼房、实心墙结构楼房、砖混结构楼房以及新型仿古别墅。经过多年建设，一个风貌古朴、功能现代、产业有机、文明复归的堰河村展现出来。

正如习近平总书记所说，“绿水青山就是金山银山”。堰河村良好的生态环境，科学的管理机制，绿色的发展理念，坚持走生态经济发展道路，使其成为全省闻名的生态财富聚集地、生态旅游目的地、生态经济示范地。

践/行/篇

第七章

乡村振兴湖北方案的保障：乡风文明

乡风文明既是加强农村文化建设的重要举措，更是乡村振兴战略的重要保障。实施乡村振兴战略，实质上是在推进融生产、生活、生态、文化等多要素于一体的系统工程。文化是农村几千年发展历史的沉淀，是农村人与物两大载体的外在体现，也是乡村振兴战略的灵魂所在。因此，在实施乡村振兴战略的过程中应转变过去重经济轻生态、轻文化的发展理念，也就是"既要护口袋，还要护脑袋"。

如何繁荣兴盛农村文化、培育文明乡风，是新时代给出的一道新"考题"。落实乡风文明建设，首先还是要回归到乡风文明本身。乡风文明作为社会主义精神文明在乡村的具体化，主要指的是乡村文化的一种状态，是一种有别于城市文化，也有别于以往农村传统文化的一种新型的乡村文化。它表现为农民在思想观念、道德规范、知识水平、素质修养、行为操守以及人与人、人与社会、人与自然的关系等方面继承和发扬民族文化的优良传统，摈弃传统文化中消极落后的因素，适应经济社会发展，不断有所创新，并积极吸收城市文化乃至其他民族文化中的积极因素，以形成积极、健康、向上的社会风气和精神风貌。新时代乡风文明作为一项必须长期坚持的系统工程，涵盖着丰富的内涵。一是新时代的乡风文明要体现传统与现代的融合。二是新时代的乡风文明要实现乡村文化与城市文化的融合。三是新时代的乡风文明要体现中国文化与世界文化的融合。文明中国根在文明乡风，中国文明要依赖乡风文明。

第一节　乡风文明的基础与条件

一、乡风文明的基层党组织领导力切实增强

（一）思想建设方面

湖北省从农民群众思想实际出发，提倡真善美，反对假丑恶，用社会主义核心价值观为农民的世界观、人生观定位，开展爱国主义、集体主义、社会主义教育，增强走中国特色社会主义道路的信心，为乡风文明建设把好第一关。在提升基层党组织政治教育功能上，健全完善了党员集中活动制度，坚持做到“三会一课”，落实了每月党员升国旗，重温入党誓词，引导党员干部心中有党、心中有民、心中有责、心中有戒。“村村响”及时、准确、生动深入宣传党的理论和路线方针政策，成为湖北省委省政府加强对农村宣传和推进农村精神文明建设、巩固农村思想文化阵地的宣传教育平台。充分利用公益广告、村务公开栏、文化墙等宣传解读社会主义核心价值观，把道德规范、文明礼仪等融入道德讲堂、村规民约、家规家训中，润物无声地提高村民精神境

界、道德素养。党的十九大胜利召开后，湖北各地积极组织新青年下乡服务队，通过表演话剧、曲艺联唱、大鼓说唱、剪纸作品等方式传递十九大精神到农村。如武汉团市委牵头承担的“走下去”工作，吸引了4所市属高校107个班级大学生走进江夏、蔡甸、新洲、黄陂等地，开展了班村结对等活动，组建学习社、宣讲团、实践队，将党的十九大精神传递到结对乡村。通过加强农村思想建设，基本形成了新农村、新农民的观念，确立适合湖北乡风文明的核心价值观。在积极向上的思想建设中，改革带来了切实利益，为农村树立良好文明的乡风奠定了坚实的物质基础。新时代农民的思想观念、价值判断等都实现了质的转变，农民普遍感觉到通过自己的劳动和智慧去实现自己的梦想是非常美好而珍贵的。

（二）组织建设方面

乡风文明的建设离不开农民的积极参与，更需要农村基层组织支撑。从保障村民权益最大化出发，发挥农村基层党组织在乡风文明建设中的堡垒作用。当前湖北乡村基层干部作为乡村的先进分子，严格落实“一岗双责”，充分发挥了带头作用，主动提高廉洁自律意识，自觉抵制腐败文化的侵蚀，以廉为荣、以贪为耻，加强世界观改造，严格履行了自己的职责，形成了为农民办实事、办好事的局面，促进当地树立了良好的民风民俗。乡村基层干部积极带领群众摈弃愚昧落后观念和陈规陋习，使社会主义先进文化和健康、文明、进步的风尚占领湖北广大农村阵地，推动乡风文明的建设。

（三）作风建设方面

湖北农村基层党建工作的作风建设取得较大成效。基层党员密切联系群众，学习党和国家关于乡村振兴的方针政策并做好宣传工作，及时倾听群众关于乡风文明建设意见。农村基层党员干部适应农村经济社会发展的新形势，发扬了党的优良传统，不断改进工作作风。全省各县（市、区）党政机关都建立了农村基层工作联系点制度，领导干部深入基层，调查研究，“解剖麻雀”，以点带面，推进作风建设工作。乡镇干部认真落实包村联户制度，走村入户，把主要精力放在乡村建设各项政策的落实上，放在解决农民群众生产生活中的实际问题上；严格执行出勤制度和值班制度，坚守工作岗位、安心基层工作，基本克服了“走读”现象。农村基层党员干部严格遵守中央和省委有关廉洁自律的各项规定，坚持做到了中央提出的“六要六不要”，具体做到了“十不”。

（四）务实建设方面

湖北各地文化部门为农村业余精神文明活动提供了必要的经费支持、场地支持和器材支持。自2017年开始，襄阳市各县市区每年根据工作需要安排文化小康建设专项资金，并纳入财政预算，增加经费投入，使乡风文明建设专项资金投入增加的幅度与财政收入增长同步。宜昌市通过创建国家公共文化服务体系示范区，加大了村镇文化基础设施的建设，通过改扩建，使100%行政村（社区）文化中心（活动室）面积达到200平方米，100%行政村有文化广场（健身广场）和体育设施，100%社区有标准配置的公共电子阅览室，100%村建有应急广播，与广播“村村响”工程有效结合，基本形成了农村文化服务网络，满足农民多层次、多方面的文化需求。孝感市借力打造孝文化品牌，采取了减免税、贷款优惠、资金补贴等办法鼓励兴办孝文化产业园，充分挖掘孝感剪纸、云梦竹简和皮影、应城膏雕等具有民间特色的传统优秀文化。

二、乡风文明的文化民生工程建设保障有力

（一）加大了农村公共文化建设

鉴于农村文化建设的理论和实践还比较薄弱，围绕省委实施的“三乡”工

程，湖北省加强了农村文化建设、构建农村公共文化服务体系、建立城乡文化互动融合发展工作机制的研究。全省县一级党校农村文化建设课程实现了全覆盖，帮助基层干部了解当地的文化资源，增强了建设新时代农村文化的探索。湖北投入200多亿元，新建、改建了200多个文化场馆和1万多个基层文体广场，通过公共文化场所重点打造，基本建成了覆盖广大农村的，以公有文化设施为主导，社会团体、民办文化设施作补充的，遍及湖北农村集镇，合理布局、公平准入的公共文化设施网络。建立健全农村文化产品（服务）的生产和运营系统，极大地丰富公共文化产品（服务），让农民群众真切地感受到其文化权益的实现和文化需求的满足。通过《关于大力支持返乡下乡人员创业创新促进农村一二三产业融合发展的实施意见》的深入推进，逐步形成了一整套吸引人才、帮助人才创出业绩的良好的人才激励制度，为人才的发展创造良好的环境，保证农村公共文化服务的质量。

（二）丰富了村民的文化活动

繁荣农村经济离不开文化，提高广大农村干部和群众的思想道德素质更离不开文化。农村文化工作是农村工作的重要组成部分，是关系经济和社会发展的大事，是一项社会性的系统工程，需要政府各部门和社会各界的关心、支持和参与。随着农村经济的发展，农民文化生活越来越丰富，文化活动的形式呈现多元化。一是政府相关部门开展的文化惠民活动。湖北省推进广播“村村响”、电视“户户通”、农村智能广播网、农家书屋、农村电影放映和全民阅读等文化惠民工程，基本满足了大部分干部群众读书、看报、听广播、看电视和电影的需求。2016年全省电视“户户通”安装开通105.9万套，开通率73%；广播“村村响”从2013年开始共建成县级平台91个，覆盖全省933个乡镇26034个行政村，建成村级广播系统2万个，占总任务的78.8%，安装音柱和喇叭20.4万只，并不断拓展；成功举办了农民读书节、全民读书月等系列活动，书香荆楚全民阅读网络平台累计访问量960多万人次，上线图书10万册，注册个人书房32万间；文化部门组织的文化下乡、戏曲下乡为农民送上了精神文化大餐；电影公司响应国家“1231”农村电影工程号召，组织开展送电影下乡，每月每村放一次电影；随着农村文化广场的建设，各县文化部门组织农村广场舞培训活动，自发性的广场舞演出在农村得到普及。二是以农村道德讲堂建设等活动为载体，积极引导广大农民群众崇尚科学，抵制腐朽文化，提高思想道德水平和科学文化素质。湖北“十星级文明户”成为人们竞相学习的目标。三是村庄自发组织文艺宣传队，如秭归县大力支持民间文艺团体自我发展，该县磨坪乡已有文艺演出团队7家，演职人员150余人，对丰富村民文化生活起到了积极作用。在有些村庄，积极开发出具有民族传统和地域特色的剪纸、绘画、雕刻、编织等民间工艺项目和皮影戏、舞狮舞龙、赛龙舟、花灯等民间艺术，形成具有地方特色的文化品牌。

（三）推进了文化精准扶贫

湖北省努力兜住底线，补齐短板，加快推动贫困地区公共文化建设。湖北省委宣传部、省文化厅、省新闻出版广电局等积极组织文化精准扶贫。省委宣传部、省文化厅在竹溪县召开文化精准扶贫现场会议。省文化厅建立厅级领导、厅直单位和机关处室对口联系贫困县工作机制，制定《文化精准扶贫实施方案》，出台《文化精准扶贫资金使用意见》；实施边远贫困地区、民族地区和革命老区文化人才支持计划，累计选派2500多名文化人才到“三区”县市提供文化服务，为“三区”培养业务骨干近300名；指导贫困地区创作出《黄四姐》《我的汉水家园》《余三胜轶事》《土家魂》等一批文艺精品；加大文化扶贫资金投入，向贫困地区下达专项资金8亿元，支持贫困地区新建或改扩建了一批基础公共文化设施。政府职能部门的政策、措施有力推动了贫困地区文化建设，促进了湖北省基本公共文化服务的均等化。在2016年6月召开的全国文化精准扶贫工作视频会议上，文化部部长雒树刚对湖北省的做法和成效给予了充分的肯定。

三、乡风文明的农村经济基础稳步提升

（一）农村集体经济稳步发展

加快发展壮大村级集体经济，是巩固和完善农村基本经营制度的内在要求，是乡风文明发展的坚实基础。扶持村级集体经济发展作为湖北省农村综合改革示范试点的重要内容，通过积极创新各试点村，根据产业基础、区位优势、资源禀赋等基础条件，逐步探索出夷陵区萧氏集团“村集体+土地股份合作社”、孝感市春晖“村集体+龙头企业”、京山县新市镇“农村集体资产股份合作制”等模式发展村级集体经济，实现了集体资产保值增值。仅集体资产股份合作制改革试点一项，截至 2015 年底，全省共完成改革的城中村、城郊村、园中村（简称“三村”）就达到 286 个，界定集体经济组织成员 38.7 万多人，折股量化资产总额逾 88.8 亿元，历年累计分红达 3.3 亿元。此外，各地坚持市场导向，围绕地方资源、产业等优势，通过土地股份合作经营、农产品产业加工、乡村旅游等，促进特色产业发展进而促进一二三产业融合发展，带动了大宗蔬菜、食用菌、中药材、特色果品等特色种植业，生猪、肉羊、特色淡水鱼类的养殖，加快了农副产品精深加工、休闲观光农业和乡村旅游服务业的发展。近年全省发展壮大村集体经济，夯实集体经济基础，集体经济焕发活力，村集体在农村治理中的稳定器作用得到发挥。如监利县新沟镇，通过发展壮大村级集体经济，村内公益事业建设有了收入来源，服务性、公益性、合作性和互助性社会组织逐步健全，为民服务有了经济保障，增强了村级组织的凝聚力、战斗力，巩固了党群、干群关系，强化了乡风文明的基层组织。

再如潜江市杨市办事处，通过坚持产业融合，发展现代农业，吸引了一批优秀人才回乡创业，创办了湖北虾乡食品股份有限公司等一批企业，培养锻炼了一批致富带头人，也为村集体经济良性发展储备了一批能力较强的后备力量。

（二）农民家庭收入稳步提高

近年来，湖北省统筹城乡发展，全面建设小康社会，城乡居民收入都有了较大幅度增长，消费水平有了明显提高，消费领域不断拓宽，消费结构更加优化，人民生活水平有了进一步的改善，乡风文明建设有了物质保证。2017 年农村居民人均可支配收入超过 13800 元，其中武汉市最高，达 20887 元，荆门和鄂州两市紧随其后分别达到 17167 元、16168 元，各地收入水平跃上新台阶。综合来看，近年湖北农村居民收入稳步增长突出表现在农村居民人均工资性收入增加，其在收入中的比例继续提高。2016 年，全省农村居民工资性收入增长 9.2%，可支配收入增长 2.9 个百分点，对收入增长的贡献率达到 38.6%。此外，第一产业因粮食价格因素增收作用较大，转移性收入继续增加，典型特征有：主要农产品量增价涨的前提下推动农民收入增长；畜牧业在转变生产方式和加大政策扶持力度中得到快速增长；水产业实现产效齐增、农村居民从水产业获得的纯收入增加；林业在兼顾生态效益和社会效益的同时，对农村居民增收发挥的作用越来越大。

（三）农民生活条件得到快速改善

伴随着全省农村居民生活富裕程度快速提升，进一步刺激和扩大了内需，彰显了当今全省居民“吃讲营养、住求宽敞、用追高档、医有保障”的新型消费格局。农村居民生活消费结构进一步改善，消费内容不断丰富，消费形式更加多样，消费行为趋于理性，消费档次逐步提高；在消费构成中，生存型消费所占比例逐年下降，享受型消费和发展型消费所占比例逐年上升。据抽样调查，2016 年湖北省农村居民人均消费支出为 10938 元，相比 2015 年增长1134.85元，增速达10.38%，其中农村居民的文化、体育、娱乐等服务消费支出占比越来越高，农村居民恩格尔系数自2013年接近30%以来进一步下降。

四、乡风文明的社会保障制度体系持续完善

（一）建立完善了新型农村合作医疗制度

为了让更多农民参加新型农村合作医疗，让农民从新型农村合作医疗（新农合）中得到更多实惠，湖北省积极做到了三点。一是通过简化报销程序，提高了服务质量。各个定点医院简化环节、优化流程，比如襄阳市下辖各县市区设立专门针对新农合的报销点，同时提高了为农民服务的意识，通过转变服务作风，增加医患之间的沟通交流，构建了和谐的医患关系。二是通过提高筹资标准，加大报销比例，建立起了大病、小病、无病都受益的模式，提高农民对新农合医疗制度的信任。三是实施了统一的城乡居民医保制度，2017年始将城镇居民医保和新农合合二为一，实现保障更加公平、管理服务更加规范、医疗资源利用更加有效的目标，推动全民医保体系持续健康发展。

（二）建立健全了农村社会救助制度

农村社会救助是农村社会保障的核心和基础，它的建设和完善有助于维持农村社会的稳定与整个社会的和谐发展，具有多方面的社会文化意义。湖北省农村社会救助制度逐步完善，对先进乡风文化建设形成重要支撑，具体表现在以下3个方面：①制度体系不断完善，农村社会救助大格局基本形成。经过近年来的努力，湖北已建立起以农村最低生活保障为核心，以灾害救助、农村五保、孤儿福利生活保障为重点，以临时救助为补充，以医疗、教育、司法、殡葬等专项救助相衔接的农村社会救助制度体系，农村困难群众基本民生保障网编织成型，形成了互助关爱的乡村新风。②农村社会救助水平不断

提升，困难群众基本权益得到较好保障。一是农村低保标准逐步提高；二是灾害救助标准逐年提高；三是农村五保供养水平逐步提升；四是农村孤儿救助纳入福利保障；五是农村医疗救助惠及范围和救助力度更大；六是农村教育和司法专项救助稳步推进；七是殡葬救助切实减轻了农村困难群众负担。③农村社会救助管理体制和运行机制日趋规范，社会救助公信力逐步提高。表现在农村社会救助管理体制逐步健全、农村社会救助运行机制补助规范、农村社会救助工作手段逐步提升。

五、乡风文明的法治氛围法治环境有效改善

（一）通过推进农村法治文化建设，营造了良好的法治环境

湖北省大力建设农村法治文化，通过加强农村党员干部的法治教育，提高了广大党员干部的法治思维和依法办事能力，促使他们在深化农村改革、推动农村发展、化解农村矛盾、维护农村稳定工作中自觉运用法治思维和法治方式。黄冈市大力实施农村法治教育基础工程，通过开展农村基层执法人员和司法人员的社会主义法治理念教育和“守纪律、讲规矩、树形象”主题教育活动，规范农村执法机关的执法行为和司法机关的司法行为，构建法律监督、社会监督和舆论监督的多维监督体系，促使司法机关公正司法，依法制裁和惩处各种违法犯罪行为，同时引导农民群众通过法律途径维护自身权益、解决矛盾纠纷。荆州市农业系统法治文化建设和法律进乡村活动积极把法治文化活动纳入群众性精神文明创建之中，广泛利用法制讲座、法制宣传橱窗、宣传资料、图片等形式宣传农业相关法律法规，使广大农民群众在丰富多彩的活动中受到了法治熏陶和教育，围绕“两个确保”，打好“两大战役”，加强了农资打假专项治理行动，保障农业生产安全和农产品质量安全，维护农

民合法权益。

（二）借助建立健全农村公共法律服务体系，助推农村法治建设上新台阶

通过走群众路线，充分调动了农民群众参与农村法治建设的积极性，农村执法、司法机关和基层政府等在调解、听证、涉诉信访、法庭陪审等活动中，保障了人民群众的参与权，通过倾听人民群众的呼声加强农村重点领域的立法工作，及时出台或修订农村实际工作中急需的法律法规《湖北省信访条例》《湖北省土地管理实施办法》《湖北省林地管理条例》，通过建立一系列完备的农村法律制度，切实解决好"三农"问题，促进农村社会更和谐、更稳定。同时，借助司法公开、执法公开、警务公开，并通过人民群众的严格监督，不断改进和完善了执法工作和司法工作。现阶段湖北省提供的公共法律服务具体包括：为公民提供法律知识教育和法治文化活动；为经济困难和特殊案件当事人提供法律援助；开展公益性法律顾问、法律咨询、辩护、代理、公证、司法鉴定等法律服务；预防和化解民间纠纷。

第二节　乡风文明的问题与短板

一、存在的主要问题

（一）亲情邻里关系弱化

随着农村社会的发展，农村传统的家庭观念也发生了诸多变化，家庭暴力、老无所依、幼无所靠等问题时有发生，尤其是随着农村劳动力的非农转移，湖北各地存在数量较大的留守儿童。由于父母候鸟式的迁徙，长期亲情缺失的留守儿童，承受着几倍于同龄人甚至成年人的生理和心理痛苦。另外，随着湖北省农业机械化、信息化和智能化水平的提高，农民生产生活有了更大的独立性，邻里换工帮忙的机会越来越少，农村高平房、高门楼、高院墙的居住模式也阻碍着邻里间的交往，加之全省有1060万左右农民外出务工等因素，邻里间的关系普遍不如以前亲密。

（二）公共文化生活匮乏

在湖北省大部分农村，文化设施还相对落后，农村文化产品和文化服务供给不足。这些文化建设硬件的缺乏，使得农村文化生活普遍单调贫乏，小赌怡情成为部分人茶余饭后的主要消遣。有的农村赌博成风，尤其是春节期间，利用癞子麻将、斗地主、炸金花赌博。一些农民不事稼穑，以赌为生；一些得到征地补偿的农民因赌博输光补偿款；还有一些农民输掉打工积蓄，甚至输掉房屋财产。部分农村存在地下六合彩，农民迷信所谓的“买码”，把发家致富寄托在不劳而获上，为买彩票而债台高筑、越陷越深。

（三）陋习骗局仍有市场

封建陋习在湖北农村社会上有一定的根基，农村攀比、迷信、重男轻女、过度劝酒等陋习陈规在各地还有一定的市场，在婚丧嫁娶活动中大操大办的现象依然存在，加之农村男女比例失衡，“天价彩礼”“因婚致贫”等现象开始出现，导致不少农村家庭苦不堪言，甚至一些家庭债台高筑。此外，在一些城乡接合部或是经济基础较好的农村，非法集资和非法传销渗入，他们往往打着“国家项目”“军工品质”“养生保健”等旗号在农村发展下线，进行非法活动。在偏远的山区和农村地区，非法集资活动有一定市场，而且呈现出了与城市非法集资活动完全不同的特征，这些深入贫困农村的非法集资活动，让部分农村经济状况雪上加霜，受非法集资影响较大的困难群众吃饭、看病、养老、上学等基本民生都或多或少出现了一定困难。

（四）农民功利思维增强

加强农村青年思想观念教育是用文明思想占领农村阵地的重要手段，当前湖北部分农村青年还存在着功利主义观念，精神生活也较贫乏。在农村传统和现代文明的交错中，“读书无用论”开始蔓延，青年农民出现信仰危机，拜金主义、享乐主义、极端个人主义在农村居民身上多有表现。部分农民群众价值取向过度趋利化，在城镇建设、房屋拆迁、土地征用中，没有拆迁（或征用）的农民盼拆迁（或征用），列入拆迁的闹拆迁，即使政府的补偿已超过其心理预期，还要寻隙闹事、漫天要价。

（五）农村人口素质下降

城乡教育资源差距较大，以及大量有知识、有技能的农村青年向城市流动，一定程度上影响了农村劳动者的文化水平和思想道德素质，使得乡风文明的建设存在着优秀青年人才短缺的瓶颈。与此同时，因大量青壮年劳动力的外出务工，带来了大量的留守儿童问题。2016年湖北省农村留守儿童总数高达74万人，其中94%的留守儿童由祖父母或外祖父母监护，无人监护的农村留守儿童达1万人，存在严重的安全隐患。留守儿童辍学率高、心智不够稳定、行为出轨频次高也对湖北农村社会稳定发展带来了极大挑战。

二、存在的主要短板

（一）农村经济发展的短板

农村经济发展状况决定了乡村文明建设的水平。经济发展是乡村文明建设最直接、最主要的物质保证，只有解决好农村经济问题，才有可能带来新时代乡村的繁荣与稳定。但是目前湖北一些农村地区的经济建设依然落后，致使乡风文明建设也大打折扣，主要表现在两方面。

1. 生产经营能力较弱。农村联产承包责任制给农民带来了自主劳作生产的权利，但也客观上造成了农民自身组织能力较差，使得农民的自我管理难以强化，生产经营的组织化程度难以全面提高。

2. 农村交通条件较差。不少地方受地理条件复杂、经济基础薄弱等因素制约，农村公路的建、管、养、运都存在许多薄弱环节，交通成为广大贫困地区脱贫致富的"短板"，限制了公共秩序、公共环境和公共卫生等方面的治理。从现实来看，湖北省农村人口分布不均、各地地形复杂且气候环境千差万别，客观决定农村经济的发展差距很大，也意味着乡风文明建设的长期性。

（二）农村文化建设的短板

湖北省农村文化建设短板主要体现在三个方面。

1. 文化设施不足。湖北省部分贫困农村公共文化基础设施陈旧落后，甚至出现农家书屋等文化设施"空壳"化的现象，难以承担乡风文明建设的重任。

2. 文化场所建设缺少经费。地方文化部门的文化经费支出有限，许多县级公共图书馆无专门的购书经费支出，更没有财力投资农村公共文化设施建设。有的文化站为了缩减财政支出把公益性文化单位推向市场进行创收，甚至将文化设施出租牟利。

3. 文化资金投入偏少。乡风文明建设之所以面临资金困境，有政府在文化经费方面投入不足的原因，也有部分文化管理部门挪用政府有限的文化资金的原因，越到基层文化经费越短缺。

（三）农民主体能动性短板

农民主体能动性短板主要表现在三个方面。

1. 农民精神文化生活不够充实。改革开放以来，虽然增加了农村公共文化，但是不少农村农民精神生活不够充实。农民的科学知识欠缺、封建思想残留和文化素质不高，不但可能酿成农民精神信仰的缺失，而且可能成为农村乡风文明建设的现实障碍。

2.农村干部认识存在偏差。农村干部认识偏差主要表现在两个方面，一是看重短期效应，二是只把GDP作为政绩。部分干部群众把乡风文明建设看成是立竿见影的速成工作；还有一部分农村干部把乡风文明建设看成“面子工程”“一阵风工程”，错误地认为乡风文明建设对经济发展意义不大；也有的干部重经济建设、轻文化管理，认为只要搞好经济，乡风就自然文明了。

3.常住人口结构发生较大变动。同全国其他农业省份类似，当前湖北相当多的地方留守在农村的主要是妇女、儿童和老人等弱势群体，农民家庭的经济支柱主要来自进城务工的家庭青壮年劳动力的工资收入。大量文化层次较高的青壮年外移至城市，不但使农村失去了建设主力军，无法提高农业现代化水平，而且造成乡风文明建设人才缺乏。

（四）农村治安环境的短板

随着农村发展步伐加快，优化农村产业结构、调整利益关系取得了一定成效，农村整体安定祥和。但目前，一些农村社区治安状况仍欠佳。主要表现在三个方面。

1.农村治安案件发生频率较高。部分村庄入室盗窃案件频发，甚至“两抢”案件也不足为奇，不仅使村民蒙受经济损失，而且导致一些村民人心惶恐。有调查显示在湖北东部，只有7%的受访者认为农村治安工作“令人满意”。

2.农村警力不足。农村治安人手短缺。多数情况下，湖北省农村1名警察要负责4个村庄、4000～6000人。警察人手短缺导致无法及时处理复杂的犯罪案件，农村治安受到制约。

3.综合治理效果不佳。一些农村综合治理效果不佳，因家庭纠纷矛盾而演变成恶意伤害的事件时有发生。当前农村进入深层次改革阶段，随着“五化同步”（工业化、信息化、农业现代化、城镇化和生态化）建设步伐加快，农村基层组织在改革中有不可或缺的地位和作用。由于部分农村基层组织软弱，干部责任意识不强，消极对待基层服务，时有矛盾纠纷激化，留下村庄安全管理的隐患。

第三节　乡风文明的思路与对策

新时代乡风文明作为一项必须长期坚持的系统工程，建设过程中必须体现传统与现代的融合、实现乡村文化与城市文化的融合、体现中国文化与世界文化的融合，要以社会主义核心价值观为引领，实现乡风文明在社会主义精神文明中的深入实践；要继承和发扬民族文化的优良传统，摈弃传统文化中消极落后的因素，适应经济社会发展，不断有所创新；要以服务农业农村农民为目的，推动农业农村更好地发展，让农民有更好的生活环境、更高的收入水平，能够充分分享现代化的成果。乡风文明建设既要关注内容，也要重视载体和平台建设，要整合资源，形成合力。

一、继续加强农村的基层党组织建设

通过强化作风建设和示范引领，逐步增强农村党支部的凝聚力，做基层乡风文明建设的坚实堡垒。

（一）以政治建设为统领，筑牢党建思想根基

用习近平新时代中国特色社会主义思想统领基层工作，落到基层，做到实处，用具体的行动来加强对基层党组织的政治领导。在思想宣传阵地起到排头兵的作用，激发广大群众的奋斗热情，使其加入新时代的建设行列中。

不管是用街谈巷议形式讲述理论，成立农村新时代讲习所，还是用皮影戏、三句半、快板说唱、乡村广场舞、曲剧、诗歌等文艺形式演绎新时代新变化，农村基层党组织从实践中摸索得来的形式令人耳目一新，让新思想为广大群众所熟知，这为广大农村基层党组织筑牢党建思想根基提供了实践的参考。

（二）以提升组织力为重点，开发党建资源“富矿”

加强农村基层党组织建设需要在组织力上发力，关键要有一支敢担当、做实事的干部队伍。一方面，组织配置上选优配强党组织书记，让农村基层党组织带头人发挥作用，整顿部分软弱涣散基层党组织，基层党建工作朝着标准化建设迈进；另一方面，在调动更多人的积极性上下功夫，向湖北随县三里岗镇吉祥寺村、天门市华丰农业专业合作社等优秀基层党支部学习，充分开发基层党建资源“富矿”，让老干部老党员做党建工作的指导员、协调员、代办员和监督员，共同为农村基层党组织建设传经验、解疑惑。

（三）以脱贫攻坚为核心，共谋发展换新貌

农村基层党组织作为整个党组织的“神经末梢”，可以说是实施乡村振兴战略和打好脱贫攻坚战的战斗力所在。如荆门钟祥市彭墩村修缮民居，兴办产业，整治环境，吸引游客，带来效益增收从而带动脱贫致富；十堰市茅箭区直面发展困境，后举全区之力，大抓交通建设，推动交通与脱贫攻坚、产业发展、乡村旅游融合发展。这些农村基层干部将谋求发展、脱贫致富作为核心工作，将农村基层党组织的组织优势转化为发展优势，带领广大村民实现脱贫致富的梦想。

二、提升农村公共文化服务水平

推进农村公共文化供给侧结构性改革、推进农村公共文化服务标准化均等化建设、增强农村公共文化服务的内生活力。

（一）满足农村公共文化需求

公共文化服务体系的构建呈现快速发展的态势，但从湖北全省范围来看，农村公共文化服务体系的建设面临着艰巨繁重的任务。加强全省农村现代公共文化服务体系建设，在充分发挥县级公共文化机构辐射作用，推进基层综合性文化服务中心建设，实现乡村两级公共文化服务全覆盖的同时，特别在对省内秦巴山区、幕阜山区等老少边贫地区，要落实公共文化服务优先发展战略的实施。优化公共体育设施、文化活动室、老年人活动中心、图书阅览室等公共服务基础设施，鼓励“三农”题材文艺创作生产，让全省3000万农民共享文化改革发展的成果，补齐农村发展“文化短板”，真正让农民有家园的归属感、凝聚力和向心力，实现农村公共文化建设跟农民的日常生产生活相融合。

（二）切实发挥政府主导作用

农村居民是构建公共文化服务体系的主体，政府是主导力量。应充分发挥政府在农村公共文化事业建设中承担的重要作用，制定和实施统筹兼顾的公共文化服务政策及发展规划，以促使农民群众公平、均等地享有文化成果。政府首先应建立农村公共文化服务相应的政策支持体系，制定支持促进农村公共文化服务有效供给的相关政策，推动公共文化服务供给机制的创新，切实提高各类文化基础设施及公共文化产品的使用效益。其次，要深化文化体制改革，逐步形成经营性文化服务的供给由市场调节、公益性文化服务的供给由政府主导、社会各界平等参与的文化运行新机制。最后，转变政府职能，维护文化市场秩序。全面推进政事分开、政企分开、管办分开，切实承担起为社会提供公共文化产品与服务的职能，在保证社会主义核心价值体系对农村文化的统领地位的同时，保障广大农民群众的多种文化需求和文化权利。

（三）形成多方供给格局

培育挖掘乡土文化本土人才，积极鼓励和引导社会力量开展各类农村公共文化服务，建立文化建设的多元融资机制，形成政府、企业、民间社会组织和个人共同投资文化建设的局面，以有效解决由单纯依靠公共财政投入而造成公共文化服务经费短缺的问题，并最终逐步形成农村公共文化服务体系建设投资渠道多元化、运作市场化的发展态势。不断提升政府向社会力量购买公共文化服务的水平，立足农村现代公共文化服务体系建设的经济社会发展实际，从以直接拨款为主转为购买服务、项目补贴、以奖代补、基金制等多种方式相结合，形成竞争机制，切实加强绩效管理。借助于新媒体、新技术活跃繁荣农村文化市场，丰富农村文化业态，加强农村文化市场监管。

三、加快农村经济发展方式转型

通过改善农村经济发展状况，推动农村经济发展方式从粗放低水平数量扩张转向集约、质量效益型增长，助力农村经济实现可持续发展，为家风乡风建设提供更好的经济条件。

（一）推动农产品加工业转型升级

探索建立农产品加工科技支撑体系，引导科企对接，完善农产品加工技术研发体系，提高农产品加工技术创新与应用能力。加快覆盖全省的融资担保体系建设，组织金融机构与龙头企业对接。积极推进农产品产地初加工和农村特色加工业，引导农产品加工业、农业产业化园区向优势产地集中，推动农业产业化示范园产业链延伸，重点支持农产品精深加工产业链构建。发挥农民合作社和龙头企业的示范带动作用，突出“三品一标”产业化发展，着力打造一批有影响力、有文化内涵的农业品牌。加大农产品品牌知识产权保护力度。

（二）健全农村市场流通体系

构建农业物流服务的网络节点及涉农物流通道，全面实施农产品物流服务示范工程。积极培育多元化的农产品流通主体，引导其向规范化、职业化、专业化方向发展。建设武汉、荆州、仙桃等一批全国性农产品产地批发市场，加快潜江、枝江等一批区域性农产品产地市场升级改造。大力推进电子商务进农村综合示范县建设。加强农村电子商务标准化和品牌化建设，积极引导特色农产品主产县（市、区）在第三方电子商务平台开设地方特色馆。

（三）大力发展休闲农业和乡村旅游

以“鱼米之乡”和“四季花香”两大旅游产品为核心，打造休闲农业和乡村旅游产品。通过品牌提升、素质提升、文化提升、服务提升、基础提升、体系提升，促进休闲农业与乡村旅游持续发展。

（四）积极发展农业新型业态

全面推进湖北智慧农业战略的实施，重点推进物联网等现代信息技术在现代农业发展中的应用。积极发展创意农业、工厂化农业、会展农业等农业新型业态。

（五）完善农业产业链与惠农富农利益联结机制

大力发展农业生产服务业、农产品加工业、农村服务业，逐步建立产业链完整、价值链提升、市场链优化的一二三产业融合发展新模式，引导农业由生产环节向产前、产后延伸。

四、强化农村法治氛围法治环境

加强法制宣传教育，消融农村社会遗存的封建观念，形成办事依法、解决问题靠法逐步成为共识，推进村规民约对接法律法规，助力乡风更加文明。

(一)强化农村产权保护

应加强农村产权制度立法,完善农村土地承包经营制度,明确承包期满后的续约规则和土地承包经营权的继承权。稳妥有序开展农村承包土地的经营权和农民住房财产权抵押贷款试点,方便农户和其他农业经营主体获得金融支持。

(二)规范农产品市场运行

在保障国家粮食安全的前提下,推进农产品市场运行法治建设;加强规范农产品市场运行的制度设计,采取产业布局调整、财政补贴、税收优惠等措施,调控不同类别农产品产销。

(三)加强农村改革决策与立法的衔接

尊重并认真研究农村传统民商事习惯,从中提炼法律条款,以增强法律的适用性。保障农民的合同权利,在土地承包经营权流转、林权改革、土地改革、农村金融改革中,认真履行合同法等法律规定,运用契约精神解决农民利益纠纷。在土地征收征用补偿、房屋拆迁补偿、村级公用设施投入等方面,依法召开村民会议,保障村民的知情权、参与权、监督权。

(四)提高农村基层治理法治化水平

进一步深入田间地头开展普法宣传教育工作。培养村支书、村主任以及其他农村党员的法治意识,充分发挥基层党组织的作用。加大资金投入,扩大司法服务在农村基层的覆盖面。推广村规民约,完善村民自治机制。严格审查执法人员的执法资格,加强对行政执法人员的职业道德教育、法律业务知识培训,增强其法治观念和依法行政能力。完善农村基层行政复议、行政诉讼制度,充分发挥行政复议法、行政诉讼法等在农村治理中的积极作用。目前在不少地方,还没有建立农村公共法律服务体系的实际行动和具体措施,因此,上级司法行政机关应根据中央的指示精神,尽快制定能具体指导农村公共法律服务工作的《农村公共法律服务机构管理办法》或具有更高效力的规范性文件，加快建设政府主导、规模适度、覆盖城乡、惠及全民的农村公共法律服务体系。

五、弘扬农村优秀传统民俗文化

通过教育培训、树立优秀传统民俗文化保护意识，对农村优秀传统文化传承人加强保护和培养，大力发展农村民俗文化创意产业，努力完善民俗文化的管理和法制工作。

（一）加大传统文化的发掘与保护力度

将各地富有地方特色的传统文化进行收集，系统整理，深挖各地民俗文化的精髓，使优秀民俗文化成为乡风文明的名片，服务乡村文明建设。

（二）加大传统文化的宣传和教育力度

依托建设农村文化活动室、文化墙、文化宣传栏等多种形式，让传统文化入脑入心、滋养心灵。

（三）发挥好传统文化的引导作用

通过传统文化宣传教育来引导农村群众向先贤学习，以他们为榜样，从而开阔他们的视野，增强他们的自信心，激发他们敢作为、勇作为的干事创业激情和斗志。如编修族谱乡志时，以社会主义核心价值观为准绳，多记先进人物，特别是在乡村振兴中作出贡献的优秀人物。

六、完善农村社会救助保障体系

（一）加强组织领导，形成工作合力

一是要健全完善领导体制和工作机制。进一步加强领导，明确责任，建立健全“统分结合、各负其责”领导体制和工作机制。二是要加强宣传引导和政策教育。加强农民保障意识教育，增强农民的自我保障意识，提高农民参与的自觉性。三是要实行试点先行和典型引路。针对保障体系建设的薄弱环节，可先行稳妥开展新型农村社会养老保险和农村社会福利特别是老年人社会福利工作试点。同时，总结推广好经验好做法。

（二）积极探索创新，建立新型农村社会养老保险制度

一是加大资金投入，采取政府补贴、集体补助和个人缴费相结合的农村社会养老保险基金筹集方式，增强农村养老保险制度的吸引力，鼓励农民参保。二是认真解决被征地农民基本生活保障问题。三是妥善解决好历史遗留问题。应本着因地制宜，因人制宜，实事求是，量力而行的原则，按照新人新办法，老人老办法，妥善解决其就业和保障问题。四是调整现行城乡养老保险政策。采取有力措施，要求养老保险金缴纳全覆盖。为减轻企业负担和增强经济活力，可采取调节缴费基数的过渡办法，低水平纳入，逐步规范。五是建立农村无保障老年人基本生活保障制度。规定到达一定年龄或劳动能力不足的无子女村民，其承包田收归集体，按月给予一定的老年基本生活保障金，解决这个群体的养老问题。

（三）深化合作医疗，切实保障农民群众健康

一是加大财政投入力度。二是加快推行普及型合作医疗，不断扩大受益面。三是认真解决费用报销和资金筹集等环节中的问题。抓紧实行实时报销办法，简化报销程序，方便参保群众。

（四）坚持分类实施，提高农村社会救助和福利水平

一是坚持分层分类、标准有别的原则。根据困难群众致贫、致困的不同程度和情况，实施分层分类救助。二是不断完善最低生活保障动态管理机制。建立健全应保尽保、应退尽退机制。凡符合最低生活保障条件的，都要及时给予救助，确保应保尽保。三是完善农村“五保”对象集中供养和农村老年人福利制度。积极推进农村敬老院设施建设，改善文化、娱乐、健身等基础设施。四是加大对农村低保对象的资金补助力度。需要国家、省财政提高补助标准，缓解各地低保资金缺口大的现状。

（五）加强监督管理，提高保障机构的组织效率和制度效率

一是搞好科学规划。通过规划的制定、实施来提高农村社会保障体系建设的层次。二是健全制度。通过科学管理增强体系建设的实效。三是强化监督。严格监督和检查，实行业务公开和信息定期发布制度，增加工作的透明度。四是重视设施建设。建设和完善信息化管理和服务体系，不断提高管理和服务的现代化水平。

第四节　乡风文明的湖北实践：孝感市实施“三大工程”培育文明乡风

一、实施背景

孝感市为深入推进乡风文明建设，提升农民文明素质和农村文明程度，紧紧围绕“推动移风易俗、树立文明乡风”这根主线，大力实施“十星级文明户”创建提质、乡风文明文化墙普及、乡风文明理事会培育等“三大工程”建设，实现了孝感市所有乡村乡风文明文化墙全覆盖的目标，近20万农户被评为“十星级文明户”，孝感市50%的村建有乡风文明理事会，让群众在参与活动中受教育、在潜移默化中得提高，使孝感市农村呈现出乡风良好、社会和谐的美好局面。

二、做法与成效

(一)实施"十星级文明户"创建提质工程建设,培育好家风

自2012年推进"十星级文明户"创建以来,孝感市着力在提高群众的知晓率、参与率和覆盖率上下功夫,取得了一些成效,该市经验做法在湖北省宜昌现场会上做了交流。针对在推进过程中,存在边远村、"空心村"等创建覆盖率不高,在外务工人员宣传发动难等实际问题,孝感市采取宣传再深入、措施再添力等方式,逐步打通创建的"最后一公里",使家家户户追星、创星。

1. 宣传发动更深入,做到家喻户晓。一是开展一对一入户宣传。各级召开现场会、推进会等进行宣传活动,组织驻村干部、乡风文明理事会成员进村入户发放"十星级文明户"创建手册等宣传品,组织群众开展农村"十大陋习"大讨论和评选,面对面向农户宣讲"十星级文明户"创建活动的目的意义和有关要求,努力形成层层动员、齐抓共管的工作局面。二是开展点对点跟踪宣传。针对常年在外务工人员,村级组织在调研摸底基础上,建立台账档案,在节假日以手机短信、信函邮寄等形式发送《致农民的一封信》,温馨提示他们要遵纪守法、争做文明人。三是开展面对面巡回宣传。各地自编朗朗上口的"十星歌""三字经",自导自演"十星"文艺节目,利用闲暇时间到村镇进行巡演,广受群众欢迎。安陆市组织乡土艺人创作出湖北大鼓《二杆子创星》及小品《创"星"记》,大悟县将"十星级文明户"创建内容编成"钢镰大鼓",大力营造浓厚的社会氛围,使群众知晓率达到100%。

2. 评选办法更完善,做到实创严评。一是修订完善《孝感市"十星级文明户"评选办法》。把社会主义核心价值观、孝亲"七个一"实践活动内容,即"给父母做一次体检、带父母看一场电影(戏曲)、给父母添置一套新衣、给父

母做一次饭、给父母一次零花钱、关爱一个留守儿童、结一个留守（空巢）老人帮扶对子”融入“十星级文明户”内容和村规民约，体现到创评各个环节。在2016年中宣部、全国妇联召开的“弘扬德孝文化，践行核心价值观”现场会上，孝感市作了“突出四类群众，打造四孝品牌”（“四孝”即孝廉机关、孝德校园、孝亲乡村、孝诚企业）的交流发言，得到中宣部领导肯定。二是严格规范管理。制定“十星级文明户”动态管理制度，严格做到“一年一评、一户一档”。上年度表彰的“十星级文明户”，要依据本年度评选定星情况挂牌，对出现下滑的，及时撤星、撤牌，切实维护“十星级文明户”的严肃性及示范性。孝昌县丰山镇丰三村对创建下滑的5家“十星级文明户”进行摘牌，统一建立本村农户的评选档案，并集中到村部归档管理。三是严格评选程序。“十星级文明户”严格按照“自评、互评、审评、审定、公示”的程序，采取自下而上、民主评议、村组把关、村“两委”决定的方法进行，广泛接受群众监督，力求评选结果真实准确、客观公正，切实防止“只挂牌，不评选”等走过场的做法。

3. 推进措施更给力，做到提质拓面。一是落实奖励政策。孝感市委、市政府把“十星级文明户”创建作为农村精神文明建设的重要抓手，列入各级年终目标考核内容，制定出台《孝感市文明村镇建设的实施意见》，明确评选奖励办法。各地结合实际制定“十星级文明户”创建激励机制，进一步增加了“十星级文明户”创建的吸引力。汉川市华严农场每年举行最佳“十星级文明户”表彰大会，农场负责人为获奖家庭颁奖，并将他们的事迹制作成挂历，免费赠给全场农户。二是开展“十星级文明户”“双培双责”活动。即把热心参与村级事务的“十星级文明户”户主培育成村级后备干部，把懂技术、会经营的“十星”级文明户主培育成致富能手，同时明确村级后备干部要履行村级乡风文明理事会理事的职责，要积极参与“十星级文明户”创建、道德评议等工作，明确致富能手要负责包保帮扶1～3户贫困户致富奔小康的责任。孝南区陡岗镇通过开展“十星级文明户”“双培双责”活动，有效地把70名“十星级文明户”培育成村级后备干部和村级致富带头人，极大调动了广大群众参加“十星级文明户”创建的热情，充分发挥了“十星级文明户”在农村精神文明建设中的示范引领作用。三是建立“四季连创、四级联评”长效督查机制。主要是市级半年巡查点评、县级每季督查奖评、乡村每月自查自评、各级年终考核总评，形成了一级抓一级，层层抓落实的创建工作局面。孝昌县每月开展一次乡镇文明创建考核评比，对考核排名第一名的乡镇颁发优胜奖牌，对排名靠后的给予黄牌警告。

（二）实施乡风文明文化墙普及工程建设，培育好村风

农村良好文明风尚的形成，需要创造相应的环境。孝感市利用各地特色文化，精心设置了群众喜闻乐见的文化墙，营造出“明礼崇德”的浓厚氛围，教育引导村民自觉践行文明风尚。

1.整合资源，保障一村一墙建设。各地成立由文明办牵头，相关部门和乡村组织共同参与的乡风文明文化墙建管机制。通过开展村企结对、部门联村、企业冠名、能人捐助等形式，筹措文化墙建设资金，探索各种共建新模式。各地按照“抓点、连线、成片”的推进方法，有针对性地选择人口聚集、交通便利、群众参与热情高的村湾打造样板点，辐射带动周边村。对已有一定基础的文化墙逐个策划创意并进行重点培育，使亮点更亮、品位更高。孝感市文明办紧紧抓住湖北省“三万”活动的机遇，将乡风文明文化墙建设纳入“三万”活动工作内容，与“三万”工作一起安排部署、一起检查督办、一起考核验收，取得了良好成效，各级“三万”工作组协助驻村制作文化墙1751块，全市乡风文明文化墙累计5000余块。

2.围绕重点，突出一时一主题宣传。文化墙宣传内容围绕中华孝道、社会主义核心价值观等主题，由各地按照“4+X”（4即以社会主义核心价值观、弘扬孝文化的“七个一”、“十星级文明户”和文明新村创建标准、光荣榜为主要内容，X是各地结合实际自行增设其他乡风文明建设内容）模式统一设计模板，以图文并茂的形式展现出来。同时，各地根据各个时期的主题活动及时更新文化墙内容，使其成为“美德教育墙”“政策明白墙”，使其家喻户晓、老少皆知，使其成为看得见、摸得着、行得通的行为指南。

3. 因地制宜，打造一墙一美景。各地按照重点突出、因村制宜、凸显特色的原则，结合村庄的整体规划、自然环境、人流量等因素，注重图文并茂、雅俗共赏，精心规划设计与周边环境相协调的风格。应城市因墙制宜，精心设计内容和载体，并使之与景观和环境相协调。汉川市文化墙的设计力求在呈现先进文化、文明新风等共性的基础上，以言简意赅的标语、朗朗上口的歌谣、通俗易懂的顺口溜体现个性特质。安陆市通过运用水墨漫画的表现形式，把文化墙建成一道道美丽的风景线。赏心悦目的文化墙让村民在潜移默化中深受教育，村民以文化墙为背景开展“草根宣讲”“墙说文明”等活动。

（三）实施乡风文明理事会培育工程建设，培育好民风

为充分尊重和突出群众在精神文明建设中的主体地位，调动农民群众的参与意识，孝感市以群众性自治组织——乡风文明理事会为依托，推动移风易俗在广大农村向纵深发展，提升社会治理能力，促进治理体系建设。

1. 因势利导，抓试点。改革开放以来，农村经济社会发生巨大变化，农民生活质量显著提升。但在一些地方环境脏乱差、婚丧嫁娶大操大办、不讲信用、不孝敬老人等不良现象仍然比较突出。针对这种情况，孝感市积极探索解决新时期农村出现的新情况、新问题、新矛盾的有效方法。孝南区陡岗镇袁湖村以理事会治村的做法受到省委、省政府及有关部门领导肯定。该村采取“1+X”（1是村党支部，X是在村党支部领导下各群众自治组织）模式，成立有红白理事会、卫生理事会、文体理事会等7个理事会，会员有上百人，形成了群众“自我教育、自我管理、自我约束、自我提高”的管理机制，农民道德素质不断提高，社会风气明显好转。为此，孝感市文明办专门印发通知，要求各地要深入调查研究，指导各乡镇精心选择1～2个村级“两委”班子强、群众工作基础好、条件相对成熟的村组先行先试，培育有本土特色和推广意义的创新典型。孝感市各地共建立各类理事会500余个，会员达2000多人，形成了一支乡风文明建设的重要力量。

2. 总结推广，抓壮大。孝感市文明办总结了一批各具特色的乡风文明理事会工作做法，印制成案例汇编供各地学习借鉴。各地把培育和发展乡风文明理事会与农村各项工作有机结合，按照试点先行、总结推广、规范管理的要求，积极采取现场参观、集中培训、相互交流等形式，加强对乡风文明理事会的培育和推广，提升理事会成员履职能力。安陆市烟店镇组织包村干部到外地考察学习村民自治的经验做法，定期深入到各村组指导、监管乡风文明理事会开展工作。孝昌县周巷镇新龙村在成立苗木协会的基础上，又组建了乡风文明理事会，做到既“富口袋”也“富脑袋”，辐射带动了全镇29个村纷纷自发建立了乡风文明理事会和苗木协会，全镇形成了年创产值2亿多元的苗木种植、营销和绿化设计产业，成为享誉全国的“苗木之乡”。

3. 建章立制，抓长效。为保证乡风文明理事会有序、有效、有章运行，各地结合实际，制定了《理事会章程》，明确了理事会的性质、任务、宗旨和要求。理事会的宗旨是“解村民难、帮村民富、助村民为乐”。理事会为村“两委会”领导下的群众性组织，由本村有威望、有能力的老党员、老教师、老村干以及村民代表、复退军人、致富能人等组成乡风文明理事会。理事会坚持“美德众人传、善恶众人议、家事众人评、大事众人办”的活动原则，负责调处或参与调处邻里纠纷、评判美丑善恶、监督公共事务、倡导文明乡风、评选“十星级文明户”等事务。孝南区制订出台乡风文明理事会建设管理办法，要求各理事会基本达到“三有、三明确”，即有章程、有活动场地、有活动载体，议事规则明确，年度目标任务明确，职责明确，并定期组织评选“好邻居”“好婆媳”“卫生户”等活动，把健康文明的社会风尚“引”到每个村民的家里，“种”到每个村民的心里。

三、启示

孝感市的“三大工程”建设活动，说到底就是“文化+”，其成就的是乡风文明，这种主流价值观的高扬在乡村振兴中发挥了稳定器和凝神聚魂的作用，营造了风清气正的良好社会氛围。孝感的“三大工程”活动的成效表明，社会主义核心价值观教育，不能停留于标语口号式的宣传，需要有实实在在的载体、实实在在的举措来内化于心，最终才能外化于行。

农民群众的钱袋子普遍鼓起来，对文化的需求，对丰富精神生活的渴望日益高涨，甚至比追求物质条件的改善更加迫切。孝感通过“十星级文明户”创建等活动，广泛传播弘扬好风尚，阐释社会主义核心价值观内涵，扩大先进典型对群众的正面影响，在潜移默化中丰富群众精神文化生活，满足群众精神层面的需求，很好地引领了群众的精神文化需求。通过挖掘、弘扬、传承好家训，以“家风”带“村风”、促“民风”树“作风”，营造了“户户好家风，村村正民风”的良好风尚。就现实性而言，文化基因不仅是家风，更是村风和民风的内核。所谓“三大工程”活动，实际上是在一种对孝感“孝文化”价值守护基础上的创新性发展，激励农村村民在发掘传统文化资源的创新性发展中，追求生活的富足，追求人的精神风采、精神风貌。“三大工程”建设是一种基于本地文化的自豪感的外溢，这里的村民不像某些地方村民那般冷漠，或者无奈，是因生活比较富足和有精神追求，而滋生出一种作为人的尊严感，一种对本土文化的守护意识，也有利于发挥村级基层党组织在乡村治理中的领导作用。在“三大工程”建设活动中群众焕发出的积极性和向善向上的社会力量，使孝感的经济在全省发展较快，为精神文明建设和农村富裕奠定了坚实基础。孝感市经济的发展和社会的稳定为弘扬“好家风”“好村风”“好民风”提供了坚实的物质基础和保障，“三大工程”活动又为经济社会的发展提供了新的精神动力。孟子曾说“天下之本在国，国之本在家，家之本在身”，从一定意义上说，好的家风孕育好的村民，好的村民组成好的乡村社会，好的乡村社会推动形成好的农村经济社会发展环境。因此，家风、村风和民风是一个事关国家稳定祥和、社会良性有序的重大问题，是湖北各地培育和践行社会主义核心价值观的有效载体和抓手。

践/行/篇

第八章

乡村振兴湖北方案的基础:治理有效

“治理有效”是乡村振兴的基础，相比原来的新农村建设要求中所提的“管理民主”,其内容更为广泛、立意更加深远。“治理有效”既是整个乡村振兴战略的重要目标与内在保障,又与第二个百年目标的社会主义现代化强国建设中的国家治理体系与治理能力现代化紧密对接,关乎整个发展大局。

第一节　治理有效的基础与条件

一、组织建设取得突出成效

湖北省各地区积极探索加强村党组织和群众性自治组织建设的新思路，以基层党组织建设为引领，以群众自治组织建设为基础，促进基层治理体系和治理能力现代化。

一是加强农村基层党组织建设。例如，咸宁市以农村基层党建为抓手，统筹推进农村社区建设。坚持以基层党建引领基层治理创新，把党的触角延伸到城乡基层治理各个方面。洪湖市以合村并组的233个村党支部为基本单元，划分城乡网格，形成了“人在格中走、事在格中办”的基层治理服务管理体系。以网格为基础分领域打造“五好”农村党支部、“五有”流动党支部、“双强六好两新”党支部，并依托自然村、产业基地、社区网格设置党小组，建强基层治理的战斗堡垒。

二是加强农村群众性自治组织建设。秭归县以“村落理事会”这一村庄自治组织的再造来实现村治主体的再造，通过缩小治理单元，依靠熟人社会较高的心理认同和紧密的利益关联，推动治理活动的有效展开，形成了典型的基层社会治理模式。

二、乡村治理体制、机制不断健全

湖北省各地区坚持把体制、机制和制度建设贯彻在乡村治理始终，通过完善各类组织协同机制、内部运行机制以及群众权益保障机制等，进一步转变政府职能，推动城乡公共服务一体化，建立健全民主制度，提高乡村治理的规范化和制度化水平。

湖北省巴东县的“农民办事不出村”信息化项目建设，以全心全意为人民服务为宗旨，坚持以民为本，以“让数据多跑路，让群众少跑腿”为总体思路，利用现代信息手段，横向连接县直部门及单位窗口，纵向连接县、乡镇、村三级行政审批服务网络，构建县、乡镇、村三位一体的“一网式办结”的工作平台，形成“外网受理、内网办理、外网反馈”的工作格局，实现“变群众跑为干部跑，变多次办为一次办，变随意办为规范办”的工作机制。将政务服务关口前移到村党员群众服务中心，从源头上优化办事流程，提高服务效率，让农民不出村就能办理行政审批和服务事项，享受快捷服务。着力增强农村基层党组织服务农村改革、推动科学发展、带领农民致富和密切联系群众的能力。

三、群众参与乡村治理的热情逐步提升

乡村治理最成熟的状态是政社互动共治，必须培育群众的参与意识，拓宽参与渠道，扩大参与范围。湖北省各地区积极培育发展各类农村经济合作组织和社会民间组织，发挥其在提供服务、反映诉求、规范行为、化解矛盾等方面的作用，形成了社会服务管理的合力。

通过完善村民自治制度，推进乡村治理重心下移，完善村规民约，发挥新乡贤的积极作用，调动村民参与乡村治理的热情。通过畅通村民参与村务决策、反映诉求的渠道，使村务治理充分吸取民意、集中民智，充分体现村民对村务治理的“存在感”。正是这样的“存在感”，使农民有了主人翁意识，进而更加积极主动地参与村务决策、支持村域公共建设。此外，所有涉及老百姓切身利益的事项都让村民参与决策，让农民合法权益得到保障，诉求得到有序表达。乡镇以及村级组织明确自己的角色和定位，该管的管，该服务的服务，该放权的放权，通过引导农民办好自己的事，调动其参与村庄治理的积极性和主动性，实现了对干部的有效监督，夯实了乡村治理基础。

四、基层民生得到有效保障和改善

通过加大常态政策支持力度，建立稳定的公共财政投入机制，整合各部

门资源，大力发展村落经济。完善农村基础设施建设，提升社会公共服务能力和水平，着力改善群众的生产生活条件，提高农民群众的幸福指数。

近几年来，湖北省加大农业投入，着力加强农村基础设施建设，农村基础设施明显改善。农村新产业新业态蓬勃发展。返乡下乡人员在农村创业创新，为农村发展增添了新的活力。2016 年，湖北省 8.5%的村开展旅游接待，比 10 年前提高 6.6 个百分点，高于全国 3.6 个百分点。农村电商由无到有，2016 年 26.7%的村有电子商务配送站点，农村基本社会服务稳步提升。2016 年有农民业余文化组织的村比例为 48.4%，高于全国 7.1 个百分点；有卫生室的村比例为 84.3%，高于全国 2.4 个百分点；有体育健身场所的村所占比例为 54.3%，比 2006 年提高 49.4 个百分点。

五、乡村治理体系逐步完善

十九大报告提出，健全自治、法治、德治相结合的乡村治理体系，湖北省积极探索三治融合的地区样本。湖北省委领导指出要加强农村群众性自治组织建设，进一步健全和创新党组织领导的充满活力的村民自治机制。加大农村普法力度，增强基层干部法治观念，提高农民法治素养。要建立道德约束机制，坚持德治为先，强化道德教化作用，引导农民向善向上、孝老爱亲、重义守信、勤俭持家。

2017 年，武汉市以“三乡”工程为抓手，积极实施乡村振兴战略，取得阶段性成效。“三乡”工程作为城乡融合工程、乡村治理体系建设工程，通过鼓励市民下乡、能人回乡，企业兴乡，依靠政府政策的引领，市场机制的活力、社会参与的助力、农民自身的动力，促进城乡居民双向流动，推动农村治理体系的变革，健全自治、德治、法治相结合的乡村治理体系。

湖北省恩施州采取律师进村、村医村教进“两委”、文明创建等系统措施，让自治、法治、德治“三治融合”在村级落地生根，实现了基层治理资源的交汇，增加了破解基层问题的“钥匙”，全面提升了村级组织治理能力和水平。

湖北省大冶市按照党政主导、村民自治、依法治理的改革思路，在茗山乡开展农村基层党建创新试点工作，探索构建新的治理体系。从划分自治新单元开始，形成以村党组织为领导核心，以村委会、村庄理事会、农户为三级自治架构的“1+3”全新治理体系，全面提升了基层治理能力和治理成效。

第二节 治理有效的问题与短板

现阶段随着城市化进程的快速推进，客观上加大了农村社会治理的难度。大量农村人口外流形成的“空心化”和农村治理主体的缺失，土地分利化和村级权力缺乏有效监督导致的乡村腐败和稳定性隐患等，这些问题对农村社会治理形成了新的困扰和挑战，从当前湖北省乡村治理的现实状况来看，主要表现在五个方面。

一、治理体制亟待转型

随着现代城市的快速发展，乡村社会处于结构性的弱势地位，乡村衰败成为不容忽视的现实问题。加之城乡之间各方面的差距，驱动着大量的资源，如资本、技术、劳动力向城市集聚，从而进一步影响着乡村社会自身的发展。

面对农村人口结构失衡、产业发展滞后、传统文化衰落等方面的挑战，目前的乡村社会治理体制并不能有效组织和动员乡村社会的内生发展资源，也难以动员其他可利用的外部发展资源。乡村治理主要依靠乡镇政府和村基层组织落实国家的涉农政策和资源下乡项目，而在培育乡村自身发展动力和提高农民的有效参与上，却显得力不从心，在组织和协调内生发展实践中，也未显示出足够的有效性。

一方面村庄无主体性、乡村治理异化导致农民动员困难。无主体性主要表现为农民"等靠要"的性格特征和关注个体利益得失而漠视村庄公共事务的行为特征，以及约束个体行动者的村庄价值规范的式微。无主体的村庄在同新的乡村利益共同体互动中，使乡村治理异化为向上负责、对内脱离的过程。其后果是原子化的农民缺乏动员的社会和政治基础，成为没有被组织起来的、缺乏动员的、因结构分散具有极强离心力的"一盘散沙"。

另一方面农民的组织动员缺位，导致有效参与不足。在涉农政策的执行过程中，村干部不得不花费较大的成本或者以应付政策执行的办法来完成乡镇安排的任务。同时，在对下乡资源的使用中，因难以动员作为受益群体的农民参与监督过程，导致资源使用效率低下和干群关系的不信任。最终影响现代化过程中的乡村治理效率，损害基层治理的合法性，破坏基层社会的公正。①

二、乡村治理机制弱化

就社会秩序的形成机制而言，有效达成社会共识对秩序的构成和维持意

① 刘建平、陈文琼:《"最后一公里"困境与农民动员——对资源下乡背景下基层治理困境的分析》,《中国行政管理》2016 年第 2 期，第 62 页。

义重大。因此，促进社会共识的形成是社会治理的重要内容和任务。

村庄共识是共同体内的成员之间共享的，激励人们在规则框架内行动的基本价值，是社会转型过程中，村民应对经济压力与变迁动荡的文化资源。在消费社会与市场经济背景下，村庄基础性的共识生产机制难以供给集体能量，村民之间的认同与行动单位内缩至核心家庭，村落结构渐趋演变成以个体利益为中心的松散原子型，村庄秩序生产面临内卷化危机。①

此外，由于乡村社会的分化与变迁，大量农民外出从事不同职业，文化与价值观的多样化，乡村社会内部出现阶层差异等，乡村社会的共识基础在削弱，乡村在公共事务治理方面要形成共识或一致目标的难度加大。乡村社会共识基础削弱问题属于乡村社会治理机制问题。因此乡村社会治理需要进行治理机制创新，以应对和解决乡村振兴背景下乡村社会如何有效形成社会共识问题。

三、乡村治理主体缺失

一是乡村精英外流。改革开放以来，大量的乡村精英脱离原有的生活方式，涌入城市，从 2000 年开始，国家对于农村劳动力的政策导向从“引导流动”转向“取消流动限制”和“公平流动”，进一步造成了乡村精英的单向流动。乡村精英的流动有着深刻的政治、经济和文化推动力，政治上的乡村政治管理体制变革和乡村治理的精英容纳力不足，经济上的利益导向与城乡经济二元结构，文化上的城市向往的强化与乡土情结的弱化，成为乡村精英流动的内在机制。进一步形成新时期农村“空心化”、劳动力“老龄化”与乡村社会

① 韩庆龄：《规则混乱、共识消解与村庄治理的困境研究》，《南京农业大学学报》2016 年第 3 期。

凋敝等社会问题。[①]此外，乡村精英净流出问题还意味着乡村治理要面对的是一种精英匮乏或精英结构不均衡的社会现实，在此背景下，要在乡村建起合理的、均衡的社会治理结构，强化村民自治的有效性，将面临较大的挑战，这也是乡村治理创新需要面对和解决的问题。

二是乡村公共参与有限问题。乡村治理效率的提高、治理效果的改善，通常需要广大村民积极参与到村庄治理之中，贡献民众的智慧和力量，发挥监督和协调作用，共同促进乡村振兴。而目前的乡村社会治理则面临着公共参与有限的问题，这一问题直接影响到乡村社会治理结构的合理性。改革开放以来，农村社会治理的主体由过去基层党政组织单一主体管控，演变为基层行政组织、村民自治组织、农村社会组织和农民等多元主体。伴随人口大规模向城镇和非农产业转移，部分农村出现“空心化”现象，这就意味着参与乡村社会日常治理的主体是老年人和妇女群体。在现实经验中，许多村干部反映，在应对和处理乡村公共事务上，老人和妇女通常做不了主，也不愿意参与公共事务的商议，重要的村庄决策会议和村委会换届选举参与的村民数量不够，而且很多村庄公共事务也难以找到充足的人力去完成。这不仅制约着治理的决策效率，也降低了治理的整体效率。农民在农村治理中“缺席”，是现阶段农村基层社会治理面临的最大挑战。

四、乡村治理能力弱化

乡村治理能力主要取决于政府对乡村社会的管理能力和乡村社会自治能力两个方面。当前乡村社会自治水平低下，成为影响乡村治理有效性的阻

① 张英魁、曲翠洁:《当前中国乡村精英社会流动的内在机制分析》,《当代世界与社会主义》,2014 年第 3 期。

碍因素。

首先，社会组织参与乡村治理的能力有限。虽然在湖北省的乡村治理实践中，存在社会组织积极参与乡村治理并切实提高乡村治理能力现代化的案例，但总体上说社会组织发育不足，力量薄弱，在乡村治理中作用有限。主要体现在两个方面：一是社会组织面临着有限的制度环境。基于我国对社会组织的管理制度的制约，农村社会组织自主发展的空间有限，提升率不足。二是农村社会组织活动经费难以靠自身解决，内部的管理不够规范，人员的待遇比较低，无法吸引村庄精英参与社会组织，形成有效的治理主体。

其次，村民参与乡村治理的意识和能力有待提高。一方面，受传统观念的影响，村民至今还存在对政府和权威的依赖心理，主动参与乡村治理事务的意识不强，认为村民自治只是走走过场，摆摆样子，致使村民自治流于形式。另一方面，随着大量农村人口外流，村民与乡村间的联系弱化，无法参与日常的治理活动。此外，村民自治缺乏一定的规范性，村庄重大决策主要由村干部和少数精英商议决定，民主化决策机制形同虚设，村民对没有利害关系的村庄事务不关心，不参与成为常态。

最后，乡村干部的素质不高能力不足。目前，一些乡村干部学历低、素质较差、独断专横、为民服务的意识不足；个别拥有政治资源者滥用资源、谋取私利；官僚主义、形式主义作风，严重影响了乡村治理能力的提高。同时，基层政府引导村民的致富能力、文化教育建设能力、生态环境保护能力等均存在一定程度的不足，影响了乡村社会整体治理能力的提高。

五、乡村治理手段有限

乡村社会治理手段是指在实施社会治理过程中所采取的具体方法和手

段。在当前乡村治理中通常采取的治理手段有两种：一种是行政性或半行政性的手段，即上传下达的治理手段；二是传统的治理手段，主要是村干部按照传统习惯推行治理措施。目前乡村治理手段的缺陷在于法制化程度较低、行政手段与传统手段的不协调，这些问题都影响治理的效率。

首先，乡村发展与矛盾的悖论问题反映了乡村治理手段方面存在的问题和缺陷，悖论问题产生的根源在于社会治理缺乏前瞻性和规范性，乡村社会的产权、权益关系因制度和习俗的影响而缺乏清晰的、明确的、法制化的规定，这些模糊空间往往就演化成利益纷争的空间，由此成为矛盾冲突和群体性事件的起源。

其次，长期的城乡二元结构，使得农村基层政府行政管理和公共服务滞后，尤其是信息网络设施缺乏，导致治理手段和方式有限。大量精英人口外流，致使农村社会治理现代化的群众基础相对较差，诸多现代化治理技术无法实施，甚至导致部分惠农政策落实困难。在治理手段的多样化和现代化上，农村社会治理同样面临挑战。实现农村社会治理的现代化，必须走综合治理之路，从单一行政手段依赖转向行政、法律、经济、教育、道德等多种手段综合治理。

第三节　治理有效的思路与对策

2018 年《中共湖北省委湖北省人民政府关于推进乡村振兴战略实施的意见》提出构建乡村治理新体系，实施“红色头雁”工程，选优配强村党组织书记，全面向贫困村、软弱涣散村和集体经济薄弱村党组织派出第一书记，探索村“基层党建+集体经济+乡村治理”的治理模式，为湖北省乡村治理现代化和治理水平的提升指明了方向。

一、深化乡村治理体制改革

当前的村民自治是在城乡二元体制框架下进行的制度设计，创新乡村治理体制就要力争摆脱和消除二元体制的束缚和影响，在制度设计上把村民自治纳入城乡一体化发展战略和统一的社会管理体制中。因此，结合当前乡村振兴战略的推进，在城乡融合发展的框架之下，深化乡村治理体制改革。

深化乡村治理体制改革，首先，要在乡村治理中广泛引入社会力量的参与，包括市场的力量，如让各种社会组织和团体进入乡村，引导一些市场机构参与乡村社会事业发展，对增强乡村社会治理的力量，提高乡村社会治理实效，都会起到积极作用。其次，要建立和完善乡村民众参与乡村社会治理的机制。有效的乡村治理，需要有基层民众的支持，同时也需要有民众的积极参与。此外，乡村治理体制创新，还要创建起相互协调的多元治理结构。必须充分发挥政府、市场和社会三方面力量组成协调的多元治理结构，以实现乡村政治、经济发展和社会文化建设的有效分工和合作，大大促进乡村发展，协调社会关系，维护社会稳定。

二、理顺自治、法治与德治的关系

党的十九大报告提出乡村振兴战略，要求“健全自治、法治、德治相结合的乡村治理体系”，“三治”融合，是我国新时代对乡村治理的重大理论创新。

一是以法治为保障，实现乡村治理有序。以法律作为规范乡村所有主体行为的准绳。无论是德治还是自治，都要通过法治来规范和保障，也只有通过法治才能从根本上引领和保障乡村社会公平正义的实现、社会诚信的促进，从而确保良好乡村社会秩序的建立和维护。要把乡村治理纳入法治轨道，严格依法规范乡村组织行为，引导村民依法办事；健全完善乡村法律服务体系，搭建联村联户的法律服务平台，推动乡村形成办事依法、遇事找法、解决问题用法、化解矛盾靠法的良好社会氛围。湖北省各地区积极探索助推法治乡村建设，如以“法务网格工程”为支撑基层公共法律服务体系建设的“宜昌经验”，采取“律师驻村”方式在全市范围内推广建立律师顾问制度的潜江模式等，形成了良好的法治环境。

二是以德治为引领，实现乡村治理有魂。德治以道德规范为准则，是社会舆论与自觉修养相结合的“软治理”。伦理道德是引导社会风气和凝聚社会人心的不可替代力量，是乡村治理的灵魂。无论是法治还是自治，都要通过德治来体现和引导，才能有效破解在乡村治理中法律手段太硬、说服教育太软、行政措施太难等长期存在的难题。要把以规立德作为净化农村社会风气的治本之策，突出村规民约的观念引导和行为约束作用，发动群众积极参与文明创建与评议活动，采取各种有效形式激发农村传统文化活力，不断丰富乡村文化生活，形成良好的村风民俗，使社会主义核心价值观的大主题在乡村文明创建与评议的小活动中落地生根。通过邀请专家学者到村里开展道德、法律、科普等方面的讲座，提高村民的法治意识、道德文化素质和修养。通过提高干部的政治素养和行为品德修养，在党员干部与群众之间架起沟通桥梁，实现“上情下达，下情上递”，在推进依法治理的过程中，努力实现法治和德治的融合，

三是以自治为核心，实现乡村治理有力。村民自治的根本目的，就是保证和支持广大基层群众实行自我教育和自我管理。让村民群众当家做主是乡村治理的本质和核心，是乡村治理的出发点和落脚点，无论是德治还是法

治，都要通过自治来实现和推进。随着乡村社会从封闭不断走向开放，单一的治理手段无疑难以应对差异化、多元化的社会现实。有效的乡村自治，就必然要求尊重各地的客观情况，尊重各地的村民群众意愿，以自上而下制度建构的法治为保障，探索以德治为引领、以自治为核心的差异化治理，乡村发展才能具有自主性，广大村民群众才能成为乡村振兴的真正主体。

三、完善自治、法治与德治的融合机制

以自治激发活力，靠法治定纷止争，用德治春风化雨，加快形成自治为基、法治为本、德治为先的“三治”结合的乡村治理格局，为实施乡村振兴战略提供有力支撑。

在乡村社会治理中，必须“三治”融合，以法治保障自治、规范自治、实现自治，以德治支撑自治、滋养自治；在自治中实现法治，践行德治；在德治中促进法治；在法治中体现德治，实现民意、法律和道德相辅相成，自治、法治和德治相得益彰，最终达到乡村社会的善治。

以往，乡村社会治理主要由村民自治组织承担和执行所有治理措施与任务。而乡村自治组织的发育和作用有限，要创新治理体制，需要将村民自治组织所承担的基层公共管理功能纳入统一的公共管理体制中，村民自治组织专门负责配合公共管理和落实村庄内部的自治事宜。

当前的乡村治理机制是一种从中央到基层，最后由村级组织落实的单线垂直的行政和半行政化的治理机制。在这种治理机制中，乡镇政府和村民自治组织在乡村治理实践中发挥着关键、核心作用。这也就意味着，乡村治理效率、治理效果如何，在很大程度上取决于这两大机构和组织。垂直的行政化和半行政化治理机制虽然有利于国家政策和法律的执行和落实，对乡村社

会秩序维持发挥一定作用。但单一化的治理机制在治理效率、特别是在解决乡村发展问题方面，效率有限。因此，要建立起综合治理机制需要从以下两个方面着手。

一是创建新型多样化的乡村社会自治的实现形式。目前已有一些乡村地区，在治理实践中，发挥基层创造性，创建了诸如“一事一议”、乡贤理事会、村民代表议事会、“党领群办”等乡村社会自治形式，这些治理机制的创新，弥补了单一化、行政化治理机制的一些不足，使得乡村社会治理力量能够更加有效地转化为实践，并在实践中达到更好的治理效果。

二是构建乡村社会治理的联动机制。目前半行政化的乡村治理机制具有有效的传动机制，也就是能把上面的政策和意图很好地贯彻下去，然而在治理实践发挥合力作用方面，依然缺乏有效的机制。因此，我们需要在治理的联动机制上加以突破。

四、规范乡村治理程序

乡村社会治理过程在当前实现了民主化选举，但由于民主权仅局限于治理组织的产生之上，在社会治理的决策、实施和监督过程中仍存在效率不高的问题。规范社会治理程序需要从以下三个方面推进。

一是改革和完善村民自治，推进乡村社会生活的民主化。村民自治制度的核心是“四个民主”，即民主选举、民主决策、民主管理和民主监督，推进乡村社会生活的民主化，实质就是把乡村民主建设的重点放在社会生活领域。在当前及未来，村民自治的民主重点要在社会生活领域得以体现，也就是要让乡村居民可以自主地选择自己的生活方式、对自己生活中的事务能够自主决策、能参与村庄内部生活中共同事务的决策。民主监督的内容也要加强村民在平时生活中的自我教育、自我监督，对共同生活的事务和社会行为的相互监督。

二是创建自下而上的治理平台。要把乡村社会治理得更好、发展得更好，乡村社会成员主体力量的参与非常重要，只有他们才最了解如何更好治理，也最愿意更好治理。目前治理过程大多是自上而下的治理，农民的意愿和想法在治理中难以体现，更难以落实。因此，创新社会治理过程，有必要创建一个平台，为基层民众在社会治理中发挥主人翁的作用创造有效的途径。

三是协调推进乡村治理措施。乡村社会治理创新其实就是深化改革，改革要想取得理想的成效，就需要保障改革措施之间的协调配套。同样，在乡村社会治理过程中，旨在促进乡村发展和乡村和谐稳定的各项治理措施，在推进和实施过程中需要保持协调一致。例如，要在农村土地流转、培育农村产业和精准扶贫等方面推行新的治理措施，与此同时，还要解决劳动力季节性过剩和重新就业的问题。

五、提升乡村治理能力

针对湖北省乡村社会治理能力的弱化问题，需要从两个方面着手。

一是培养乡村干部现代治理的能力。乡村干部是乡村治理的主体，通过构建提高乡村干部学习能力的长效机制、培育乡村干部执行力的保障机制、培养乡村干部树立正确的政绩观来培养其现代治理能力。

二是提升乡村民主政治建设的能力。充分发挥基层党组织的领导核心作用，强化村民自治，规范民主选举，提高选举质量；科学民主决策，做到公开、公平和公正；依法民主管理，向村民宣传村民自治的法律法规；强化民主监督，保障畅通的监督渠道，真正实现人民当家做主。

第四节 治理有效的湖北探索：秭归县“幸福村落”建设

一、建设背景

从2003年开始，秭归县结合农村山区的特点和实际，在全县深入推进“杨林桥模式”的农村社区建设，通过近十年的探索和实践，取得了明显的成效，同时也面临一些新的难题。

一是农村社区规模过大，村民自治功能难发挥。秭归是山区县，山大人稀，2001年“合村并组”后，形成的行政村由以前的两到五个村合并而成，合并后的村地域面积大，辖区人口多，而村“两委”干部依然保留三到五人。随着村级事务增加、维稳压力增大，村级工作难度加大。村干部对老百姓的服务不如以前细致，特别是偏远地区、单门独户的村民一年难得见一两次村干部，干群感情生疏，滋生新的矛盾和不和谐因素。社区内公益事业的建设和投入不能覆盖到所有农户，无直接利益关系的群众参与建设积极性低，甚至阻挠一些公益事业的开展，导致农村公益事业发展缓慢，影响了农村经济社会的全面发展进步。

二是社区服务半径过大，社会管理服务难到位。秭归作为典型的山区县，人口居住分散，行政村的平均面积在10平方千米以上，平均人口为1700多人，最高海拔落差达1000米以上。同时，由于农村外出务工人员不断增多，留守村内的多是老人、妇女和儿童，管理、服务的难度较过去大幅提升。社区服务半径过大，而社区以下的互助组形同虚设，复杂的社会管理和服务任务都落在社区理事长头上。由于人手和精力有限，工作手段不足，农村政策宣传、矛盾化解、困难帮扶、社会管理、公共服务水平和质量等远远不能满足群众的需求和愿望。

为了切实解决农村社区建设过程中的新难题，融洽干群关系，发展村落经济，完善村落设施，化解村落矛盾，秭归县于2012年8月创造性地提出了“幸福村落”创建工作，在12个乡镇确定了13个村试点，探索和积累“幸福村落”创建经验，取得了明显成效。并于2013年1月1日在全县范围内全面推进“幸福村落”创建工作。

二、建设方案

“幸福村落”建设，是指在原农村社区的基础上再划分若干“村落”，并以村落为单元，以村落理事会为组织载体，以“一长八员”[①]为骨干队伍，以“七项任务”[②]为重点，以“九个得到”[③]为主要内容的村落建设和管理，旨在提高村民幸福指数。

（一）顶层设计好组织构架和创建模式

县乡分别成立以党委书记任组长的创建工作领导小组，各村成立创建工作指导委员会。根据村落实际按照规模适度、方便就近的原则划分，形成村

① “一长八员”：理事长，经济员、宣传员、帮扶员、调解员、维权员、管护员、环保员、张罗员。

② “七项任务”：一是大力发展村落经济；二是努力改善村落民生；三是积极建设村落设施；四是不断繁荣村落文化；五是及时化解村落矛盾；六是着力解决村落困难；七是切实保障村落权益。

③ “九个得到”：经济得到发展、民生得到改善、环境得到保护、设施得到建设、乡风得到净化、正义得到伸张、矛盾得到化解、困难得到帮扶、权益得到保障。

—农村社区—村落—农户四级组织架构的模式，各级组织承担不同的职责。全县统一印发“幸福村落”工作章程、实施方案、考核标准、村落公益事业议决建管办法等10多个规范性文件，指导创建工作有序推进。

（二）合理界定村落范围，民主推选“一长八员”

按照“地域相近、产业趋同，利益共享、有利发展，群众自愿、便于组织、尊重习惯、规模适度”的原则，以自然村落为主，每个村落控制在1～2平方千米、50～80户，全县共划分村落2055个。村落设党小组和村落理事会，以单独和联合方式组建党小组1256个，实现村落党组织全覆盖。理事会由义务履职的“一长八员”组成，全县共海选“一长八员”10412人，其中党员2908人。“一长八员”成员可由社区理事长（村民小组长）兼任部分理事长、事务员，充分吸纳本地威望高、热心服务群众的人员和外出务工返村创业的优秀人才，并对其他事务员视其工作情况和能力予以适当调整，以便精简、配强村落“一长八员”。

（三）提供创建条件，优化创建环境

县财政按照每村每年1万元的标准，设立“幸福村落”建设以奖代补基金，保障创建活动有力有序推进。2013年通过政策倾斜、项目扶持、“一事一议”等方式，全县共安排1100万元支持村落道路、安全饮水等公益建设，整合7180万元用于10个贫困村的整村推进，争取新农村建设项目资金6.9亿元。

（四）建立工作制度和长效机制

落实县乡领导联系制度，采取定期通报、现场培训等方式开展检查督办。村落理事会每月召开一次“一长八员”会议，商议和安排村落工作；每季度召开一次群众会，学习贯彻有关政策和文件精神，报告工作情况，征求群众意见；每季度向村“两委”进行一次工作汇报；每年底向村创建工作指导委员会和村民代表进行一次述职并接受测评，测评结果在村落公开。村“两委”每年对优秀“一长八员”进行一次表彰。

三、建设成效

通过开展创建工作，基层普遍认为现在“群众会好开、村干部好当、公益事业好办、社会风气好转”。秭归县“幸福村落”创建工作得到上级领导高度评价，并要求全面推广，工作经验在新华社、人民网、《中国县域经济报》、《中国社会报》、《湖北日报》、湖北卫视等媒体推介。秭归“幸福村落”创建获“首届中国社区治理十大创新成果”奖，并纳入全国第二批农村改革试验区试验项目。其效果主要表现在以下四个方面。

（一）凝聚力量，促进了农村经济发展和基础设施的改善

通过开展“幸福村落”创建工作，村落群众自己推选“当家人”，自己商定产业发展规划，自己议定公益事业，充分调动了群众的发展热情。自创建工作启动以来，全县新发展茶叶24079亩、柑橘23130亩、烟叶22983亩、核桃44792亩，发展其他农作物28970亩，收益后正常年景可新增收入9.43亿元。全县村落共筹资4105万元，投工投劳42.5万个，新修公路256条434千米，维修公路805条3078千米；新修水渠23.27千米，维修水渠212.94千米；新建水池2863口，维修水池3655口；新建垃圾房1618个，购买垃圾箱10671个，建设垃圾填埋场2个。

（二）找到了新的群众路线和村民自治新路径

一是找到了“发动群众”的钥匙。通过村落理事会和“一长八员”找到了发动群众的途径。二是增强了“相信群众”的底气。村落工作开展很好，对党的领导是很好的补充，可以充分相信群众。三是搭建了“依靠群众”的平台。“幸福村落”创建寻找到了“群众关注”的点位，推选了“群众信任”的骨干，提

供了“群众需要”的条件。四是瞄准了“为了群众”的目标。找到了农村取之不尽、用之不竭的力量，实现了富民、靠民、安民的目标。五是构建了“服务群众”的机制。形成了村民自我服务、自我发展的机制。

（三）强化基层组织建设，巩固了党在农村的执政基础

村落内有3名党员的成立了党小组，延伸了基层党组织的骨架。村党组织找到了依靠力量，村落群众主体意识增强，发展生产的热情高涨，主动找村里要求调整产业结构、兴办公益事业，逼着村里向上争取项目。许多村落过去议不成的事现在议得成了，过去办不成的事现在可以办了，有些理事长在活动中的威信逐步提高，给现任村干部造成了压力，倒逼着村干部主动转变工作作风。同时，创建中也发现了很多有组织能力、领导能力的村民，为今后村干部队伍建设提供了后备力量。

（四）推动了农村精神文明建设，提高了农民素质，促进了农村和谐稳定

坚持把提升农民思想文化素质、道德品行、政策水平贯穿活动始终，广泛开展群众文化活动，促进了乡风民风的明显好转。全县村落群众参与困难帮扶的户数达6737户、26640人，共成立文体活动演艺队93个，参与人数达2366人。比如，归州镇万古寺村成立了民间艺术表演团和两支舞龙队；各村落都建有文化活动广场，大力宣传惠农政策、身边好人好事；茅坪镇建东村第5村落理事长董远春把自家的一间房拿出来办起了农家书屋，方便村落群众看书读报；茅坪镇建东村第14村落理事长张荣组织成立红白理事会，引导群众移风易俗、简办红白喜事，并提供一条龙服务。同时，农村大量社会矛盾得到就地化解，上访人员同比减少1/3以上。

四、经验与启示

（一）以村落为载体，推进基层民主自治

针对农村基层民主协商普遍存在“政府行政强、自治协商弱，协商单元大、农民参与低，协商难开展、成果难落实”的问题，尤其是山区库区农村因地理条件的限制使村级民主协商陷入“对话无平台，磋商缺基础”的困境，湖北省秭归县以“幸福村落”创建为契机，将协商单位下沉至村落，组村落理事会，议群众身边事，用乡土议事方式，补议事专项费用，建协商长效机制，有效弥补了村级协商流于形式的短板。

一定权利，凝聚协商真内核。秭归县在实行村落协商的过程中以保障村民知情权、建议权、监督权为重点，通过“三权同步”来突出村民的议事主体地位。一是保证知情权，让村民“听得进”。议事之前，村落理事长和宣传员深入农户家中了解情况，收集意见，形成议题。涉及重大、牵涉面广的议题，在村落会议召开之前在显要位置张贴公告，告知会议时间、地点、形式和内容等。二是发挥建议权，让村民“说得出”。通过召开“坝子会”“户主会”等家门口的会议，让村民广泛交流、自由辩论，充分表达自己的意见，同时就议题涉及的资金分配、用工用劳、土地占用等情况提出建议，最终形成共识。同时，村落理事会成员都是德高望重的热心人士，其拍板定案后村民也不再扯皮。三是强化监督权，让村民“看得着”。一方面，留痕监督。村民直接参与协商过程，了解议事事项进展，议事结果还需参与议事人员签字或按手印确认。另一方面，专人监督。理事会中的监督员肩负着“对村落理事会是否按村落群众讨论通过的意见开展工作”的职责，对议事结果实施全程监督。

二立机制，保障协商可持续。秭归县2014年发布了《农村基层协商民

主实施办法》，对村落理事会和村落协商的长效运转提供了制度保障。一是增强培训力度，提升协商能力。秭归县每年组织“一长八员”专题培训，提升其组织协商议事能力。各乡镇也根据本地实际，分期分批组织各种技能培训。二是加大经费投入，保障协商落地。县财政自2015年起，每年为每个村预算两万元“幸福村落”建设资金，其中1万元直接拨付到村用于工作经费，主要包括为村落理事会提供办公用品、人员经费补贴、“一事一议”专项经费等；1万元安排到乡镇，实行以奖代补，从而把议题转化为项目，让协商结果惠及村民。三是延伸利益联结，筑实协商基础。按照“利益攸关方”原则，涉及单一、牵涉面较小的事项，由利益相关方个别协商解决；涉及复杂、牵涉面较广的事项，由村委会或村落理事会出面，把利益相关方召集起来共同协商。在此原则下，村落内外能够寻求最大利益共同点，并在此基础上开展民主协商。

秭归县以村落为单元的民主协商以寻求村民共同利益为出发点，不仅解决了当地农民在生产生活中遇到的实际困难，还创造了一套民主协商长效运行的机制，显著提高了当地政府和村民的协商水平，有效激活了当地基层民主协商，为新时期农村社会治理探索出了一条可行路径。

（二）以理事会为依托，促进资源整合与经济发展

秭归县“幸福村落”治理模式主要是把经营能人、具有一定带领能力的党员以及外出务工回村精英吸引进村落理事会这个集体中来，实现村落内部人力、信息等资源的共享和互通，使管理更贴近群众的切身利益。优势在于，一方面，外出务工精英的回流不仅带回先进的理念和意识，还有能力出资或者组织其他农民集资发展生产。他们的加入，不仅有利于推动当地经济的发展，还有利于提高基层民主治理水平。另一方面，返乡精英的回流，大量青壮年留在当地，减少了农村地区人才的流失，缓解了乡村社会的“空巢”和“留守”现象。总之，村落理事会作为最小的自治单元，通过集思广益、因地制宜发展区域种植，进行规模生产、统一管理和集约化经营，既有利于推动当地经济的发展，又有利于提高村民进入市场组织化程度。

（三）以农民为主体，调动群众参与积极性

作为建立在以村民自治为核心的农村组织体系，秭归“幸福村落”并非盲目地模仿其他地区的新农村建设搞整齐划一的住宅区，而是密切关注农民的切身利益，在村务公开、村务管理以及基础设施建设等方面，充分尊重村民意愿，发挥村民的积极性和创造性。对于村中重大决策事项，村落理事会的会议召集时间会尽可能选择在人口回村的高峰期，让每家每户都能了解村中的治理情况和村中经济发展现状，保障家庭外出人员在乡村治理中的参与权利，调动了村民的参与热情，从而真正地实现村民自治。

（四）优化组织架构，重构基层权力运行体系，实现治理体系多元化

面对基层治理的现实困境和农村发展的内生需求，秭归县从 2012 年下半年开始探索“幸福村落”建设，开辟村民自治新途径。

重新设计村级的组织架构。取消村民小组，实行“村党组织—村落党小组—党员”和“村委会—村落理事会—农户”的双线运行、三级架构治理模式。凡是村落有党员 3 人以上的，同步组建党小组；村落内党员人数不足 3 人的，与邻近村落联合组建党小组。党小组组长兼任村落理事长的有 844 人，占 41%。

在村庄内部，村委会调动社区或村落理事长的主动性和能动性，培育村社自主性，激活村落精英。通过重塑村组织，形成村干部动员村落精英，“一长八员”动员村民的良态机制。在经济引领、困难帮扶、矛盾化解等方面发挥村庄能人效应的感召力，增强村民认同感。“幸福村落”建设工作启动后，村民改变了以往的“等靠要”的依赖思想和畏惧心理，自我调整生产资料、自行筹资投工，启动村落公益事业建设。

十九大报告提出，实施乡村振兴战略，加强农村基层基础工作，健全自治、法治、德治相结合的乡村治理体系。来自田野的改革探索，总是生机勃勃。湖北省的实践证明，只有努力践行十九大精神，把众人事变成人人事，才能破解基层治理难题，实现治理体系和治理能力的现代化。

践/行/篇

第九章

乡村振兴湖北方案的根本：生活富裕

2018年的中央一号文件明确强调："乡村振兴，生活富裕是根本。要坚持人人尽责、人人享有，按照抓重点、补短板、强弱项的战略要求，围绕农民群众最关心最直接最现实的利益问题，一件事情接着一件事情办，一年接着一年干，把乡村建设成为幸福美丽新家园。"乡村振兴的出发点和落脚点，是让亿万农民生活得更美好。乡村振兴战略的实施效果要用农民生活富裕程度来评价。为此，围绕农民群众最关心最直接最现实的利益问题，抓重点、补短板、强弱项，拓宽农民增收渠道，增加农村低收入者收入，扩大中等收入群体，保持农民收入增长速度快于城镇居民，持续降低农村居民的恩格尔系数，加强农村社会保障体系建设，持续改善农村人居环境，让广大农民群众和全国人民一起进入全面小康社会。

第一节　生活富裕的基础与条件

践行乡村振兴国家战略，贡献农民生活富裕的湖北方案，首先必须从理论上解决生活富裕的愿景和评价标准、实现生活富裕的目标等难题。

一、生活富裕的愿景

（一）生活富裕与小康

“生活”的含义很丰富，我们所要研究的“生活”主要是指生活景况即生计、衣食住行等方面的情况、境况。“富裕”实质是人们获取生存和生活资料、资源的能力和效率，集中体现在是否拥有充足的休闲时间，是建立在一定劳动生产率的基础之上的。富裕不能仅仅以收入多少来衡量，而是收入扣除生活成本后的余额。

“生活富裕”在现阶段就是指“小康生活”。“小康”一词是古老的词汇，是中华儿女对美好生活长期的憧憬。此词最早出现于《诗经》的《大雅·民劳》，“民亦劳止，汔可小康”。这里的“小康”是生活比较安定的意思。如此看来，古人对于小康的标准并没有一个明确的界定。

“所谓小康社会，就是虽不富裕，但日子好过。”为了规划中国现代化发展的蓝图，邓小平设想了著名的现代化发展“三步走”战略，即：第一步，从1981年到1990年，国民生产总值翻一番，实现温饱；第二步，从1991年到20世纪末，再翻一番，达到小康；第三步，到21世纪中叶，再翻两番，达到中等发达国家水平。

总而言之，小康社会表达了一种比较理想和殷实的生活状态。

（二）小康和富裕家庭收入具体标准

小康家庭的收入标准争论很大、众说纷纭，综合各种观点，按照2016年物价水平，湖北省农村家庭的小康水平大致如下。

(1)生活水平。如果按每个家庭3人计(下同)，应达到年纯收入3.9万元，消费倾向为70%，年消费支出2.73万元，恩格尔系数为40%，年食品消费支出1.092万元。

(2)居住环境。所居住的住宅小区人均公共绿地面积要达到10平方米，环境相对安全，能非常容易地与互联网接通，家庭住房使用面积在60平方米以上。家庭的周边有便利的交通条件，家庭附近有医院、学校和购物中心。

(3)家庭财产。银行存款或保险性储蓄大约为5万元，购买一定数量的国库券、股票、古玩等具有增值性的投资，大约为3万元。拥有一辆价值大约10万元的家用轿车。

(4)精神生活。拥有电视机、录像机等电器并定期订阅报纸杂志。每年或两年有一次外出旅游，娱乐文教每年支出约8000元。每月中有一个周末同亲朋好友聚会，有一个周末同家人驱车去近郊旅游或去休闲场所游玩。拥有台式的家用电脑一台，每周有三次以上在网上交流信息或通过网络查阅新闻。

(5)社会保障。实现家庭人人参加医疗保险、人寿保险及失业保险等基本的保险事项，年保险支出大约为3000元。

（三）生活富裕的湖北目标

“十三五”期间，劳动生产率和土地产出率大幅度提高，农产品市场竞争力不断增强，促进农民增收获得新成效。农村常住居民人均可支配收入年均增长9%以上，城乡居民收入差距不断缩小。到2020年，全省农村常住居民人均可支配收入达到16500元以上。实施产业扶贫项目入户，鼓励和支持贫困户发展种、养、加一体项目，确保全省590万建档立卡贫困人员如期实现脱贫目标，实现稳定脱贫致富奔小康。

湖北省农村居民生活富裕的核心目标是：①公共领域——路要硬化、亮化、洁化，每个自然村有一个文化广场、一个图书室、一个娱乐中心、一个医疗卫生室，公共服务做到"办事不出村"，清洁卫生有专人负责，社会保障水平与城镇居民一致；②家庭——年可支配收入3万元以上，人均住房面积23平方米以上，基本家用电器俱全，存款5万元以上，收入增长幅度超过物价涨幅，家庭关系、邻里关系、干群关系和睦。

二、生活富裕的基础条件

湖北省农村人口约2500万人，2017年农村人均收入达到13812元。第二次土地调查结果显示，耕地总面积7985万亩，人均1.30亩，比全国平均水平低0.22亩，实际可供开发耕地资源只有150万亩。到2020年，湖北省正常建设需要占用耕地200万亩，加上退耕还林、还草、还湿共761万亩，以及一部分地表土层破坏的耕地，守住6947万亩耕地红线任务艰巨。农民生活明显改善。乡镇居民人均可支配收入达到13812元，年均增长超过10%，跑赢了经济增速；城乡居民收入比由2.65缩小到2.31。脱贫攻坚取得决定性进展，450万人摘掉贫困帽子。

（一）经济收入持续增加

根据《湖北省农民收入调查》课题组2017年11月对湖北省17个地市州2182户农民进行的抽样调查结果，81.1%的农民认为农村生活富裕、变化明显。

2017年，湖北全体居民人均可支配收入23757元，增长9.0%，其中，城镇常住居民人均可支配收入 31889 元，增长 8.5%；农村常住居民人均可支配收入 13812 元，增长 11.3%。

（二）精准脱贫成效显著

2017 年湖北省 91.7 万建档立卡贫困人口实现脱贫，1013 个贫困村脱贫出列，13.47 万户 37.21 万人实现易地扶贫搬迁，全省贫困地区农村居民人均可支配收入高于全省平均增幅。2018 年 8 月 7 日，经湖北省人民政府批准，神农架林区、红安县和远安县 3 个贫困县脱贫摘帽。

在扶贫助困举措上，湖北省也有新动作。比如，全省贫困人口城乡居民大病保险起付线由 1.2 万元降低至 5000 元。深入推进兜底保障，全省农村低保标准平均达到 4646 元，农村五保集中供养标准平均达到 8750 元、分散供养标准达到 8377 元。2018 年将聚焦深度贫困地区脱贫攻坚，严格考核问责，确保完成 104.6 万人脱贫、963 个贫困村出列、17 个贫困县摘帽的年度目标。

（三）生计能力快速提升

2017—2018 年，湖北省做好省内缺工企业与返乡农民工岗位对接和就业服务，2018 年春节前帮 20 万返乡农民工就近就地转移就业；安排 1.2 亿元项目资金，针对返乡农民工开展特别职业培训，培训 10 万人。面向全省技校、就业训练中心及其他社会培训机构，采取“招标定点、政府采购”形式，开展订单式培训；筹集专款 5 亿元，用于补充各地小额贷款担保基金、开展创业培训、给予创业补贴等，年内帮 5 万城乡劳动者成功创业，带动 20 万人就业；将安排 1 亿元，启动对就业困难人员的就业援助专项行动，通过开发和购买公益性岗位，安置 2 万就业困难人员就业。

（四）人居环境不断优化

湖北省委、省政府以“重整山河”的大手笔，强力推进“四化同步”示范乡镇建设试点、竹房城镇带城乡一体化试验区、棚户区改造、新型农村社区建设等多个层面的省级新农村建设，覆盖了全省60%的乡镇。先后打响绿满荆楚、精准灭荒、污水处理、垃圾清运、厕所革命等攻坚战，乡村人居环境明显改善，一批生态宜居的美丽乡村、旅游名村、幸福乡村、生态村涌现荆楚大地。

（五）乡村文化异彩纷呈

经济发展和社会文明是一对互为动力的“孪生兄弟”，富了口袋，还要富脑袋。弘扬乡风文明，提升农民文化素养，“十星文明户”“十星党员”“十星文明村镇”文化创建活动，构筑起湖北全省乡风文明建设的框架。2017年全省开展各种“送戏下乡”演出活动2万多场，服务农村群众1000多万人次，建设1500个农民体育健身工程。

武汉市黄陂区坚持以传统文化滋养，培育和弘扬社会主义核心价值观。将盘龙文化、木兰文化、二程文化等黄陂特有的优秀传统地域文化有机融入社会主义核心价值体系，赋予时代内涵，使广大市民接受优秀传统文化熏陶，树立文化自信与价值自信。黄陂籍全国道德模范孙东林、董明、刘培、刘洋等“道德群星”闪耀荆楚，大型原创民族舞剧《花木兰》作为迎宾演出亮相第四届世界互联网大会，在为观众奉献震撼视听盛宴的同时传播了中国故事，占领了道德建设高地，书写了新时代农村道德建设的新篇章。

（六）产业发展势头良好

2017年湖北省农林牧渔业增加值3921.03亿元，按可比价格计算，比2016年增长4.3%。粮食种植面积6707.59万亩，比2016年增加52.29万亩；棉花种植面积304万亩，比2016年增加0.2万亩；油料种植面积2180万亩，比2016年增加1.2万亩。粮食总产量2599.69万吨，比2016年增加45.58万吨，增长1.8%；油料产量340.65万吨，比2016年增加10.9万吨，增长3.3%。畜牧、水产业保持稳定。全年全省生猪出栏4299.63万头，增长1.8%；水产品产量465.42万吨。

通过实施粮食综合生产能力提升，新型沃土、农机装备和服务能力提升，农业科技创新和服务能力提升，“互联网+”现代农业行动，农产品加工业转型升级，现代种业提升，种养结合循环农业，新型农业经营主体培育，农业生产安全保障等重大工程，以及农业品牌提升行动、粮棉油作物生产全程机械化推进行动、农产品加工业提升行动、乡村就业创业促进行动、耕地质量保护与提升行动、以长江为重点的水生生物保护行动、特色优势农产品出口促进行动、“一懂二爱”班子队伍提升行动等八大行动，紧紧围绕农业供给侧结构性改革，以提高农业供给质量为主攻方向，以体制改革和机制创新为根本途径，优化农业产业体系、生产体系、经营体系，提高土地产出率、资源利用率、劳动生产率，推动湖北省农业调结构转方式，确保粮食生产能力不降低、农民增收势头不逆转、农村稳定不出问题。

第二节　生活富裕的问题与短板

一、社会保障水平相对滞后

社会保障从概念角度上说，指的是政府运用立法的方式来调动社会领域的各项资源，对社会弱势群体、无收入群体开展保障性救助。在充分保障社会弱势群体生活需求得到充分满足的基础上，将社会整体的福利水平进行提高。当前的社会保障制度主要由社会保险、社会救助、福利以及优抚安置四项制度组成。农村社会保障就是通过政府干预与调节，分配社会资源，从而对农村社会成员的基本生活和物质给予保障。具体做法是：首先要充分了解与掌握农村社会保障制度的内容、目标；其次是尽可能地将农村社会保障制度与社会经济在发展上保持均衡，从而在农村居民生产、生活以及重大疾病等方面发挥最大的作用。所以说，当前湖北省农村社会保障制度建设上应当与福利、保险以及经济和优抚安置这四项内容进行全面融合，从而实现协调性的发展。

当前湖北省农村地区在社会保障上的发展现状主要包含三个方面的内容。首先是社会保障覆盖率有所上升。湖北省作为一个人口大省，农村人口数量占到了50%以上，近年来，湖北省政府高度重视农村社会保障体系建设。当前湖北省农村地区新农合覆盖率高达91%，这也表明湖北省推行农村社会保障制度工作效果显著。其次是农村社会保险得到广泛推行。随着湖北省农村地区剩余劳动力的大量转移，农村养老问题日益凸显，而湖北省现有农村养老保险制度的逐步推行，也成为新时期农村社会保障实现稳步推进的重要表现，这也在很大程度上对农村地区居民生活水平起到改善作用。最后是农村低保政策的实施对农村贫困家庭的脱贫起到了巨大的推动作用。另外，留守儿童与老人是当前农村社会保障的难点，中央以及各级地方政府加大了对这类特殊群体的福利与救助资金投入，从而对农村家庭在经济上的发展矛盾起到了很大的缓解作用，从而在整体上改善了湖北省农村社会保障滞后的局面。总之，近年来，湖北省农村社会保障得到快速发展，取得了很大的成就，但同时还存在一些问题需要引起高度重视。

1. 农村社会保障与城市社会保障之间存在较大差距。农村社会保障制度的建设作为有效协调城乡经济、文化发展的主要平台，随着其内部运行制度的不断健全，社会公平原则在各个领域得到良好的体现。但是，基于湖北省广大农村地区在长期落后的经济发展模式以及心理特点等方面的影响，农村地区与城市地区的社会保障发展上的差距不断地被拉大，同时各级乡镇政府在资金、政策上的匮乏与不合理，使得湖北省农村地区的社会保障制度长期得不到完善。除此之外，城乡地区在社会保障制度发展上的不协调，最终造成的农村与城市居民在所享受的保险、救济、福利等领域上的资金、服务水平存在较大的差异。

尽管，从整体上来说，社会保障制度已经覆盖了大部分农村地区，但是从其制度的具体内容的建设与制定上，与农村居民的保险、经济以及救助需求依然存在很大的差距，尤其是特殊困难家庭尚未获得实质性的社保救助。根据2016年省统计局的调查显示，湖北省农民工参与养老保险的只占21.6%，城乡社会养老保险转移衔接制度还不够完善，导致频繁出现农民工退保现象。农民失去土地后，本应该列入城镇居民行列，但对失地农民的户籍问题没有专门的解决对策，导致失地农民无法落户城镇，一方面无法享受到城镇居民的社会保障待遇，另一方面也失去了参加新型农村医疗保险的资格。当无力解决这些问题时，失地农民就有可能成为社会的负担，激化社会矛盾，从而使农村与城市之间的差距越来越大。

2.农村社会保障不公平性突出。突出的是发展不均衡。主要体现在两方面：一方面是地区间保障水平不均衡，武汉城市圈地区经济发达，农村社会保障水平较高且覆盖面广泛；在经济欠发达的鄂西北地区，农民贫困程度高，应对风险的手段单一，对社会保障的需求大，但财政困难，资金不到位，使许多社会保障项目难以实施，保障水平偏低，供给与需求矛盾突出。另一方面是社会保障项目发展不均衡，近几年新型农村合作医疗、农村社会救助等项目发展较好，但农村社会养老保险发展缓慢，许多农民都没有参保，不能很好解除农民后顾之忧，而且农民工、伤残、孤儿等特殊群体的保障问题尚无切实可行的保障措施，这些问题都亟待解决。

随着湖北省经济体制的不断变革，各类经济资源逐步地向城镇以及社会上层集中，而经济资源的集中化也导致整个社会保障资源沿着同样的发展趋势进行集中，这也就加剧了城乡地区在社会保障资源分配上的不均衡。具体来讲，一是在计划经济阶段，湖北省农村地区医疗卫生事业的兴起极大地改善了农村地区医疗条件差的问题，但是从整体发展程度上来讲，依然与城镇地区存在一定的差距。而在湖北省全面实施改革开放政策以后，除了在医疗基础设施发展上存在很大的差距之外，在城乡医疗费用的投入比例上也产生了很大的差距。根据相关统计显示，2000—2015 年的 15 年当中，湖北省医疗费用在卫生费用中的占比从原先的 50%迅速激增到 75%。其中，城镇医疗投入费用从 2000 年初的 28%增长到 55%。城市当中的医院所投入的医疗费用占总费用的比例由 55%增加到 63%。从上述数据中可以看出，医疗资源的集中化发展在城乡经济发展中愈发明显，而这种医疗资源的集中化发展无疑更加剧了农村地区社会保障的滞后程度。二是各类社会群体在享受社会保障水平上存在较大的差距。根据相关统计数据显示，2016 年湖北省农村地区的居民中能够享受到完整的社会医疗福利的人口仅占到农村总人口的 43%，而仅占到湖北省总人口 36%的城镇居民享受社会医疗福利的占比却高达 87%。

再从养老保险角度上说，湖北省城镇居民在养老保险费用的缴纳上主要是由个人或者政府、单位来负责的，其费用缴纳比例始终被控制在 50%左右。但是湖北省农村地区居民所享受到的养老保险还依然停留在改革开放之前的集体保险体制中，且大部分缴纳费用都是要由农民个人支付，这也直接体现出当前湖北省城乡居民在社会保障制度上的不公平性。

3. 农村社会保障资金短缺。目前，湖北省农村社会保障主要是以个人缴费为主，国家给予财政补贴为辅的筹资方式。但由于湖北省农村贫困地区较多，平均生产力水平不高，个人缴费为主对很多农民来说依然是个难题，大多数农民由于资金无法及时到位而选择退保。近些年来，虽然湖北省已经在农村社保方面加大了资金投入力度，但仍然无法满足农民对社会保障的需求，社保资金每年的增幅不及物价上涨的速度。2009 年湖北省开展新型农村社会养老保险试点之初，符合条件的农村居民每月从政府领取不低于 55 元的基础养老金，在当时已经高于农民每月 49 元的低保金，在一定程度上能够起到缓解生存压力的作用。但随着物价上涨以及经济的快速发展，农村基础养老金购买逐渐下降。2013 年城市居民平均领到的基础养老金是 248.6 元，而新农合基础养老金只有 55 元，国家在城市与农村保险资金投入方面差距过大，农村社会保障资金匮乏。

4. 农村社会保障立法滞后。根据宪法规定，湖北省公民所享受的社会保障权利主要包含社会保险、社会救助以及社会福利和社会优抚四个类型。农民也属于湖北省公民范畴。所以，农民也应当与城市居民平等地享受到政府以及社会公益组织所提供的各类经济与物质上的援助。从目前湖北省农村社会保障立法方面的建设现状上说，仅有数部法律对农村地区的社会保障制度的建设以及农村居民的保障权利进行了明确的规定，这也体现出湖北省农村社会保障制度建设依然比较滞后。尽管新农合以及新农保开展多年，然而其在具体的规定上内容比较模糊不清，从而使得农村社会保障制度建设遭遇很多现实性的阻滞。基于此，湖北省县级政府在健全农村社会保障制度立法上，首先就是将农村社会保障制度纳入社会保障体系建设过程当中，从而尽快通过为农民缴纳社保以及制定符合农村居民救助需求的相关规范制度，来实现湖北省农村居民社会保障需求的充分满足。

二、脱贫攻坚形势严峻

当前全国脱贫攻坚形势依然严峻，湖北省也不例外。全国仍有5000多万农村贫困人口。“十三五”期间脱贫攻坚的目标是，到2020年稳定实现农村贫困人口不愁吃、不愁穿，农村贫困人口义务教育、基本医疗、住房安全有保障；同时实现贫困地区农民人均可支配收入增长幅度高于全国平均水平，基本公共服务主要领域指标接近全国平均水平。脱贫攻坚已经到了啃硬骨头、攻坚拔寨的冲刺阶段，必须以更大的决心、更明确的思路、更精准的举措、超常规的力度，众志成城实现脱贫攻坚目标，决不能落下一个贫困地区、一个贫困群众。

近几年湖北省精准扶贫工作虽然成就显著，但是问题较多，脱贫攻坚形势依然严峻。

从客观情况看，可以用两句话概括。一句话是贫困人口群体依然庞大。按现行贫困标准，2016年底农村贫困发生率3.89%。现有贫困人口主要分布在中西部地区和集中连片特困地区。鄂西圈贫困群体规模仍然较大。另外一句话是脱贫难度越来越大。经过多年的努力，容易脱贫的地区和人口已经基本脱贫，剩下的都是难啃的“硬骨头”。尚未脱贫的人口大多致贫原因复杂，自身发展能力较弱，越往后脱贫攻坚成本越高、难度越大。

从工作层面看，面对繁重的扶贫开发任务，当前还存在认识跟不上、工作不适应的突出矛盾。一是部分地方领导干部思想认识还不到位。部分扶贫任务比较重的地方主要领导还没有把扶贫开发工作放在突出的位置，各级党政领导班子和党政领导干部的政治责任还没有落到实处。二是工作考核机制不健全。省（区、市）对贫困县党政领导班子和领导干部的经济社会发展实绩考核办法还不完善。三是工作思路和工作方法不够清晰。不少地方还停留在“大水漫灌”的传统观念和工作方式上，一些地方表面上建立了精准扶贫工作机制，但实际上还是缩小版的“大水漫灌”。四是投入力度还不够。政府扶贫投入力度与脱贫攻坚任务不相适应，财政扶持投入渠道分散，未形成合力。

思想认识离精准扶贫有差距。精准扶贫的核心在于到村到户，本质在于扶助穷人。无论是区域发展项目还是到户项目，其落脚点应当是增加收入、改善生活、减少贫困人口。但是，在实际工作中，由于对精准扶贫理解不透、认识不深，扶贫政策难以到达真正的贫困户。一是认为搞精准扶贫风险高难度大，短时间内难以做出成绩。一些领导干部认为只要把地方经济搞上去了，依靠“涓滴”效应，贫困村的发展和贫困户的脱贫问题也就顺利解决了，往往把主要精力和投入放在大项目和财源建设上。组建驻村帮扶工作队也仅仅是停留在文件上、口头上，雷声大、雨点小，更不用说整合资源来推动贫困村脱贫。对贫困户的扶持依然停留在一般的如春节“送温暖”的形式上，忽视对贫困户的持续关注和能力开发建设。二是在扶贫资金使用上，不同人存在不同想法。县上干部希望搞工业项目和财源建设；乡村干部希望搞基础设施和公益项目；条件好的家庭希望搞不分贫富共享扶贫资金的项目；贫困家庭迫切希望提高素质和发展产业。而贫困人口往往缺少话语权，一些干部习惯以“大多数群众要求”的名义反映他们个人的意愿。从在基层调研的情况来看，上述现象在各地不同程度地存在，导致许多扶贫项目背离贫困人口而去，结果是“帮助富人掏了穷人的腰包”。三是认为搞精准扶贫会增加基层工作量，存在畏难想法。精准扶贫项目涉及千家万户，程序复杂，工作烦琐，需要做大量思想政治工作和具体的组织实施工作，工作量非常大。再加上现有到户项目成功率低，而且从某种程度上来讲，搞精准扶贫是对相关部门权力和利益的剥夺，是一种自我加压。基层干部普遍认为搞精准扶贫吃力不讨好，存在着较为严重的畏难情绪。

政策价值离精准扶贫有差距。一是部分政策目标偏离。根据2012年重点县建档立卡数据库，排出了2840个高贫困发生率村，与“十二五”全省各地确定的1500个整村推进村名录核对，结果显示，只有612个高贫困发生率村纳入整村推进计划，占总数的40.80%，虽然2017年又有91个高贫困发生率村被调进，但总体比例并不高。由此可见，大多数最贫困的村没有被纳入扶持范围，也就是说，整村推进政策偏离了目标，与精准扶贫“工作到（贫困）村”的要求有很大差距。二是部分政策门槛过高。2018年上半年，省里组织对37个贫困县进行精准扶贫专项巡视，查出有问题资金13876.30万元、占可用资金总量的45.19%，其中有10207.60万元属于闲置未用、占有问题资金总额的73.56%。大量的扶贫贷款贴息资金用不出去，与贫困地区企业贷款难、贫困户发展生产资金严重缺乏形成强大的反差。究其原因，主要还是扶贫贷款制度设计门槛过高。三是部分政策执行扭曲。扶贫搬迁、雨露计划、互助资金、小额贷款扶贫贴息等到户项目主要针对农村建档立卡贫困户设置，而一些地方在执行时放宽了条件，将一些非贫困户纳入政策范畴，扭曲了扶贫到户政策的价值取向。

财政投入离精准扶贫有差距。要使贫困人口到2020年底之前在稳定脱贫的基础上步入小康，投入则需更大。要基本解决一个贫困村的主要问题，按照现有政策规定和贫困地区实际，需要投入财政专项扶贫资金100万元、整合其他资金200万元以上。按湖北省新一轮建档立卡的贫困人口188.53万人来算，考虑到湖北省每年返贫人口10万～16万人，如果按照精准扶贫的要求使村户都得到扶持，现有的投入强度则明显不足，每年至少需要追加8亿～10亿元的专项财政扶贫资金投入，供求矛盾十分突出。

工作能力离精准扶贫有差距。精准扶贫要体现目标精准、制度精确、管理精细，追求的是优化减贫治理结构、提升减贫治理能力，走科学扶贫之路。归根到底，精准扶贫体现的是公共治理理念，要求减贫的目标科学、切合实际，要求减贫制度系统完备、针对性强，要求减贫主体多元民主、协同一致。这就对扶贫工作者提出了更高、更全面的要求，扶贫工作者不再是制订计划、分配资金，而是要做减贫治理全过程的参与者。而当下的扶贫工作者能力严重不足。目前，全省省市县三级共有扶贫机构 102 个，其中省级 1 个、市州 17 个、县市 84 个，共有人员 917 人；在这些人员中，本科以上学历占到 42.3%，专科以下占 57.7%；45 岁以上占 58.1%，30 岁以下占 6.1%。扶贫机构成立较晚、机构不统一带来的先天不足，使其成为历次机构改革受影响、受冲击最大的机构。上下不匹配，左右不一致，是当前扶贫开发工作机构设置的最大特点。机构性质不一，有的为行政单位，有的为事业单位；隶属关系不一，有的属政府组成部门，有的直属政府管理，有的挂靠政府办公厅（室），有的挂靠农业部门，有的挂靠民政部门；规格高低不一，市州扶贫办有的是正县级，有的是副县级，还有的是正科级；突出的是，扶贫系统编制没有设置到乡镇，使得实施精准扶贫关键的管理层出现了“空挡”。扶贫工作者能力不足还体现在监管不力上，相当一些人员还没有从项目管理的固定范式中解脱出来，习惯于将项目分出去，不知道项目应当监管什么、如何监管，对乡村实施项目处于放任状态，这样一来，项目资金出问题就难以避免。

三、农民增收障碍较多

近年来，一部分农产品国内价格出现了明显下跌的趋势，依靠增产、依靠比较好的价格来获得增收，面临着很大的挑战。另外，这几年农民来自外出工资性收入增长比较快，2015 年农民人均可支配收入中，来自工资性的收入已经超过了来自家庭经营的收入，大概要占到人均可支配收入的40.3%。相反，来自家庭经营的收入只有39.4%，这是第一次出现工资性收入的绝对额超过了家庭经营的收入。

在整个经济增长速度下滑的背景下，非农业能给农民提供的就业机会相对来说也不像以前增长得那么快，在一定程度上大家也能看到，2016年全国外出农民工数量增长方面进入了21世纪以来最慢的一年，增长只有0.4%，也就是说外出农民工的数量只增长了六十几万人，和世纪之交时每年增长一千多万人的态势相比，也发生了比较明显的变化。所以，面对农民增收这两个主要的动因都在减弱的背景下，湖北农民增收面临着以下六大难题。

1.农民缺信息和技术。农业产业结构调整各级喊得响、步伐慢、成效不明显，千家万户的农民进行产业结构调整往往是根据上年市场效益，决定种什么、种多少。但他们缺少正规渠道提供综合的、系统的市场需求信息，如主要价格预测、市场发展的潜力和空间预测及实用技术、优良品种、气象、病害防治、产品销售政策等信息。而农民已认识到科学技术能带来增产增收，但他们普遍缺乏科学技术，又缺少获得技术知识的渠道，盼望着农技人员深入农户、深入田间直接传授农业科技知识，但全省农业技术力量有限，远远满足不了农民的需求。

2.特困群众缺乏生产资金。特困群众在秋播生产中缺少资金，一是农村信用社发放小额贷款，采取担保贷款办法，特困群众贷款难度大，越穷越难贷；二是贷款利息高，加大了生产成本，特困群众宁愿少投入，不愿依靠信贷。

3.农资价格上涨，农产品价格下降，农业效益减少。农户农业税的免缴给农民增收带来的收益，被以种子、化肥为主的农资价格上涨所冲销，农民种粮效益低，有的甚至亏本。虽然粮食价格有不同幅度的上涨，但是，化肥、农药、种子等农业生产资料价格逐年上涨，幅度更快。2017年，玉米种子16.61

元/千克，同比上涨了20.0%；杂交水稻种子29.69元/千克，同比上涨17.0%；化肥综合价格1.49元/千克，同比上涨了26.3%；农用薄膜价格11.32元/千克，同比上涨28.6%；农药价格12.1元/千克，同比上涨了13.3%；毛猪、仔猪价格在二季度已跌至低谷，三季度价格上涨幅度较大，但与上年同期相比仍下跌5%；小麦、水稻、玉米、油料等价格与同期相比有所下跌。农业收益差甚至不赚钱。

4. 农民大量外出务工，制约着农村经济的发展。农村劳动力大量外出务工，是农民增收的一大亮点。但还存在着问题：一是文化程度低，缺乏非农职业技能，工作难找，待遇低，不适应劳动力市场的需要，只能从事脏、累、重的体力活，近半的人在外打工月工资不足两千元，甚至还存在整月找不到事做的务工者；二是农村缺少青壮劳动力现象较为突出，有的农村70%以上的青壮劳力外出，有的村庄举家外迁打工、经商的也不少，在家靠留守的妇女、儿童和老人维持着小规模的简单再生产，制约了农业产业化的步伐和二、三产业的发展；三是在建设社会主义新农村中，先富带后富，能人示范作用发挥得不够，有知识、有理想、能创业的能人也都外出发展了，他们致富后返乡创业、当致富带头人的并不多。

5. 农村缺少农民专业合作经济组织。现在农村一家一户的小生产与社会化大市场的矛盾日益突出。农民没有自己的各类经济合作组织，长期以来靠家庭经营小生产，农业生产不成规模，农业产品不优、不强、不大，没有市场竞争力，仅有的专业合作经济组织又往往与农户的生产经营活动难以形成合力。农民作为农村经济活动的主体，单家单户在生产经营中又缺乏资金、项目、技术、信息、市场、交通等方面的配合与扶持，势单力薄闯市场，往往陷入市场虚假信号的陷阱，或是产品销售受阻，或是卖不出预期的价钱，导致出现丰产不增收或是丰产减收的情况。

6. 农村基础设施落后。一是农产品交易市场普遍落后，难以承担大规模、集中性的农产品交易；二是乡村级道路建设滞后，农民需要的农资运不进，农副产品又运不出，多次倒运又增加成本，水产品、水果、蔬菜变不了商品，甚至烂掉了；三是农田水利设施严重失修，由于农业投入不足，塘、库、渠等农田水利基础设施陈旧老化，靠天吃饭，基本受制于自然的农业生产特征没有得到明显改善，农业结构优化缺乏应有的基础。

四、产业发展困难重重

（一）“互联网+农业”的四大难点

“互联网+农业”不是想加就能加的，观念转变、商业模式的构建、物流配送、人才与资金短缺是摆在“互联网+农业”面前的四只“拦路虎”。

1. 观念和意识的转变。农业拥抱“互联网+”，首先需要各个参与主体意识和观念的逐步转变。包括企业拥抱互联网的意识以及市场环境中农民对于互联网的整体接受和适应的意识等，都需要转变。

2. 商业模式的构建。农业是典型的传统行业，具有地域性强、季节性强、产品标准化程度低和生产者分散等特点。农业拥抱“互联网+”，要充分利用互联网的优势来改造农业，同时也要符合农业行业本身发展的特征，在农业与互联网的碰撞与融合中找到互联网时代的商业逻辑。

3. 物流配送问题。尽管湖北省正在推进农村现代流通网络建设，农村物流体系也在逐步完善，并初具规模，物流主体向着多元化发展，开展了“万村千乡”等物流基础设施建设工程。但是湖北省农村流通产业发展仍然滞后，主要表现是：首先，缺乏统一规划，各地区物流基础建设发展不平衡，有保障的农村物流覆盖范围有限，农村需求分散的特点导致“最后一公里”配送难题尤其突出，社会化物流目前仍不能有效服务村镇。其次，基础设施落后，设施装备科技含量低。再次，在企业层面，农村物流市场准入门槛低，多数企业经营粗放。最后，除农业生产生活资料流通外，农产品的流通难题更加凸显，因为农产品通常具有生鲜特性，易损、易腐，对时效和运输过程的控制要求更高。

4. 人才与资金短缺。既懂传统农业，又懂互联网的人才缺乏，愿意到农村服务的人更加少。同时，农业电商平台建设，农业物联网的技术研发、设备购置，都需要较高投入。

（二）农业农村信息化的四大问题

信息化是农业现代化的制高点。“十三五”时期，大力发展农业农村信息化，是加快推进农业现代化、全面建成小康社会的迫切需要。《“十三五”全国农业农村信息化发展规划》是“十三五”时期指导农业各行业、各领域和各地方农业农村信息化工作的依据。农业部市场与经济信息司提出了信息化要为农业和农村经济服务的四大目标，也就是要解决的四个实际问题。一是生产智能化。二是经营网络化。三是管理高效透明。四是服务便捷灵活。

（三）农业产业化经营主体面临三大痛点

一是如何实现农业经营主体的产业化。农业经营主体不产业化，农业产业将无从谈起。这两年国家在农业产业化融合的力度相当给力，包括休闲农业、农产品加工等方面都制定优惠的政策。农业产业化要实现高水平发展，要么是一二产业结合，重点发展农产品加工等行业，要么三产融合，发展观光、旅游、生态农业。二是农业投入产权没保障，投入容易变成“死资产”。三是融资难、融资贵的问题尚未得到有效缓解。这些难题需要通过进一步深化配套改革逐步破解。

五、精神贫困普遍存在

打赢扶贫攻坚战，实现可持续性的脱贫致富，扶贫对象的努力奋斗是根本。习近平总书记曾谈到，一个地方贫困，主要是两个方面的贫困：一个是物质上的贫困，一个是精神上的贫困。表象上分析鄂西圈深度贫困地区贫困户村致贫的主因似乎是客观条件的限制和因病致贫。然而，调查数据显示致贫的主因是“因病”和“精神贫困”。

在一个贫困县的普通农家调研时发现一家五口人吃饭只有两双完整的筷子，另外三人用的是半头筷子，便问主人“为什么会这样？”得到的回答是：“因为家里穷，没钱买筷子。”随后，调研组成员却观察到其房前屋后长满了竹子……

某贫困村基础设施落后，对口帮扶单位想尽办法“化缘”找资金，准备帮村里硬化三千米的道路，原本就资金有限，帮扶单位为了节约资金，希望村里每户出劳力，没想到一些村民说法让人心寒：“要帮我们就给我们完全弄好，还让我们去干活……”

这些事件说明，精神贫困要比物质贫困、智力贫困更深重、更可怕、更难以摆脱。物质与精神的双重贫困，会形成物质贫困—精神贫困—物质贫困的恶性循环。从一些深山区有的已经脱贫致富跨入小康，而有的却驻足贫困一贫如洗，诸多事实的对比分析中，可以清楚看到，后者之所以持贫不脱，固然与其自然环境有关，更重要的是因为那里的干部群众中存在着浓厚的贫困文化，从某种意义上说，贫困文化是他们贫困的主要因素，是贫困中的贫困。

缺乏自信、因循守旧、安于现状、年龄大、面子等多种原因，导致贫困者不愿参加各种技能培训，更无自学动力，从而使其知识贫乏、技能低下，无法有效地解决生计问题。

第三节　生活富裕的思路与对策

要坚定不移将党中央和省委决策部署落实到位，把建设现代化经济体系作为战略目标，凝神聚力抓好发展第一要务，矢志不渝践行以人民为中心的发展思想，突出抓重点、补短板、强弱项，确保湖北省如期全面建成小康社会。

一、基本思路

“十三五”时期是全面建成小康社会的决胜时期，需要农民收入持续增长，到2020年，全省农村常住居民人均可支配收入达到16500元以上。实现上述目标，必须以“五大理念”为指导，在广开门路与深挖潜力的结合上下功夫，在内部转型与外部转化的结合上出实招，在内涵发展与外延拓展上多努力，积极扩宽增收渠道，大力开发增收空间。抓住根本，践行国家战略，应从三个层次来实现湖北农民的生活富裕：一是使农民收入增加，实现物质生活富裕；二是展开精神扶贫，实现精神生活的富裕；三是提升农民素质，确保生活富裕的可持续。

（一）“三产融合”培育增收龙头

促进农民增收，需要形成种养加一体，一二三产业融合发展。一二三产业要“融合”，首先是“并连”，而且要连紧，才能融合。“三业”并连、融合发展，必须大力探索推进农工融合、农商融合、农旅融合和全产业链融合等多种融合模式，使农业与产品加工、流通、服务有机结合，形成“接二连三”的全产业链，培育农民增收新模式。必须大力发展农产品加工业，深入实施农产品加工“四个一批”工程，促进农产品加工业转型升级，提质增效，使农产品初加工、精深加工及综合利用加工协调发展，提高农产品加工转化率和附加值，增强对农民增收的带动能力。必须加快农村现代物流体系建设，健全统一开放、布局合理、竞争有序的现代农产品市场体系，降低农产品流通成本，提高农产品流通效率，有效解决农民“贱卖”市民“贵买”的问题，在搞活农产品流通中促进农民增收。必须充分发挥农业资源的丰富性、乡村文化的独特性、绿水青山的生态性，大力发展休闲农业和乡村旅游，为农民创业就业开辟新空间。

推进一二三产业并连融合，必须注意解决以下问题。一是要完善农业产业链与农民的利益联结机制，让农民共享三业并连并举融合发展的增值效益。对农业产业化龙头企业的支持，要把是否带动农民就业增收作为一个重要标准。二是工商资本到农村介入土地流转和三产融合，决不能搞非农建设，影响耕地保护和粮食生产。省有关部门要尽快制定工商企业进入农业领域具体的监管实施办法。三是一二三产业融合，更需要一二三产业主管部门形成合力，有关资源要共享，有关扶持资金要真正整合。

（二）“三优并举”夯实增收基础

优化模式。农业转方式、调结构，最终要增效益。近些年，湖北省各地瞄准市场，因地制宜，发展优势产业，开发特色经济，探索出了很多现代农业发展模式。其中稻田综合种养增效增收新模式值得大力推广。现在单纯种植水稻的效益不高，而稻田综合种养模式效益是单一种植水稻的 3 ～ 4 倍。据测算，全省适宜开展综合种养的稻田有 600 万亩，目前已发展到 480 多万亩，还有很大的空间和潜力。

优质产品。围绕人的要求进行生产，为消费者提供品种多样、质量优良的产品供给，既是推进农业供给侧结构性改革的核心要求，也是提高农产品竞争力和效益的本质要求。同样500克大米，一般约2元，而特色生态种养的有机稻米20元左右。要树立大农业、大食物观，多方位、多途径开发食物资源，大力生产和发展个性化、有品牌、优质安全的农产品，使农业增效、农民增收的原动力更强。湖北省各级政府要高度重视，打好组合拳，大力实施标准化，严格产地准出、市场准入制度和监测监管，使“三品一标”（无公害农产品、绿色食品、有机食品和地理标志农产品的统称）持续稳健发展。

优良农艺。农业要高效，就必须降耗；农民要增收，就必须节本，节本也是增收。良种必须有良法配套，优化模式、优质产品必须有优良农艺支撑。优良农艺的基础和关键是节地、节水、节肥、节药、节种、节工，降低农业生产成本。降本增效的主要方向：一是提升劳动力、土地、资本等生产要素质量，降低相对成本；二是合理优化土地、劳动力、机械、化肥、农药等投入要素结构，探索不同作物品种、不同区域农业生产的投入要素最优组合，重点是大力推进农业机械化和信息化，以机械和智能装备替换人工，降低人工成本；三是改善资源利用方式，大力推广节水、节地、节肥、节种等新技术、新方式、新装备，加快发展精准农业、智慧农业，实现配方施肥和精准施肥施药用水，把传统式、经验化、盲目性的农业资源利用方式转向现代化、科学化、精准化，降低资源利用成本；四是创新农业经营方式，大力发展适度规模经营，建立健全农业社会化服务体系，通过规模化生产、专业化经营、社会化服务，把生产经营成本摊薄；五是推动农业技术进步，有效提高产出水平，冲减部分成本上涨。同时，各级政府要在推进农业降本增效中制定相应的保障措施。

（三）“三中同兴”优化增收格局

中部群区要“中部开花”。中部群区主要是指荆州、荆门、随州、孝感、天门、仙桃、潜江，襄阳的襄州、枣阳、宜城，宜昌的枝江、当阳、宜都，咸宁的嘉鱼，黄冈的沿江县市区。对这一地区要综合施策，使之“中部开花”。特别是在政策上，要考虑如何提高种粮生产效益，增加农民种粮收入，实现农民生产粮食和增加收入齐头并进，不让种粮农民在经济上吃亏，不让种粮大县在财政上吃亏。

中间群落要“中间凸起”。中间群落既不在贫困山区，也不在城郊，既不沿路、沿水，也不靠镇靠厂，生产生活条件较差，农业结构单一，收入门路狭窄，有些地方“三体”缺乏（没有新型农业经营主体，没有集体经济实体，没有青壮年农民生力军群体），“三基”不强（基本增收门路的再生力不强，基础设施支撑力不强，基层组织凝聚力、战斗力不强），“三荒”突出（农业荒芜，农村荒凉，留守儿童学业、教育荒废）。对这一群落农民增收，重点是培训新型农民，培养专业带头人，培育新型经营主体，大力促进适度规模经营；加强基础设施建设，加强农业科技推广和服务，加强基层组织建设，不断改善生产条件，转换农业发展方式，提高组织化程度，使这些比富不足、比穷有余、增收较难的中间群落凸起、奋起。

中等收入群体收入增长速度要“中等偏上”。中等收入群体不断扩大，全省农民整体收入水平将大大提高。各级领导干部要把扩大中等收入群体作为重大薄弱环节来抓，形成橄榄型收入格局，使农民持续增收有稳固的基础。

二、增加农民收入实现物质生活富裕

实现生活富裕的基础是农民收入增加。目前靠大量农民工外出打工来增加农民收入的难度越来越大，在这样的背景下怎么让农民增收，必须要有新的思维、新的思路、新的举措。

以“市民下乡、能人回乡、企业兴乡”为抓手，以农业供给侧结构性改革为主线，大力发展高效生态现代农业，打造一批布局合理、特色鲜明、链条完整、生态环保、功能集成的都市田园综合体，促进一二三产融合发展。

从湖北省总体上看，近些年外出的农民工、一些大中专毕业生和企业主返乡创业的热潮正在悄然兴起。农村的电商、休闲农业和乡村旅游等农村的新产业、新业态发展非常迅猛，正在为农业增效、农民增收、农村繁荣注入前所未有的新的动能。下乡的创业者们，带回了资金、资本、现代化的眼界、管理经验和市场等，他们更注重品质、品位、品牌管理、控制方面，更注重新技术的应用和挖掘农业的多种功能，更注重农业经营模式的创新和农业产业链的延伸。可以说，下乡创业者、返乡创业者是农业转型升级的一个重要的带动力量。总之，现在外出打工的机会少了，怎么办？农民们还得自力更生，农民们只要把农村的新产业、新业态发展和返乡创业、就业这两篇大文章做好了，就完全可以开辟一番新天地，可以为农民的增收注入新的动能。

要着力打造生态宜居的胜地，鼓励引导能人、企业投资建设农村污水治理设施，推进农业、林业与旅游、文化、康养等深度融合。要着力打造生活富裕的宝地，通过盘活资源，让村民变股民、资源变资本、资金变股金，增加农民财产性收入；通过提高效益，增加农民经营性收入；通过合作共赢，引导企业与农民广泛开展合作，增加农民工资性收入。同时，充分发挥村级党组织书记“领头雁”作用，带领群众创业共富。

大力推进农村合作经济组织发展，解决好小生产与大市场的矛盾，实现制度创新。围绕主导产业和优势产品，按照“民办、民管、民受益”的原则，积极稳妥地发展不同行业、不同类型的专业协会及其他中介组织，鼓励和支持龙头企业、农业技术推广部门和农村能人创办、领办农村专业合作经济组织。要全面落实扶持合作经济组织的各项优惠政策，引导和帮助建立健全规范管理、利益分配、监督约束和风险防范机制，使其在农户、市场、龙头企业与政府之间发挥好桥梁和纽带作用，为农民提供科技、信息、生产资料、产品流通等产前、产中、产后服务，提高农民的生产经营水平和市场组织化程度，降低农民各自分散经营的成本，提高农产品标准化生产能力和抗御市场风险的能力，带动农民增加收入。

大力推进农村劳动力转移，努力拓展外部增收空间。要着重加强职业技能培训，提高农民素质，增强农民进城务工的竞争能力。大力发展劳务中介组织，搞好协调服务，促进农村劳动力有序转移，确保农民收入持续快速增长。加快建立农村劳务输出的协调服务机构，健全农村劳务输出信息网络，切实加强对农村劳动力转移的组织领导和协调服务，有组织地开展农村劳务输出，提高组织水平，扩大输出规模，促进湖北省农村劳动力向更发达地区、更高的生产技术领域转移。

加大对农业的支持和投入力度，为农民增收创造条件。农业是一个天然脆弱性产业，抗拒自然灾害、参与市场竞争的能力不强，必须从政策上、资金上加大对农业的支持和投入，加强农田水利、农村道路、供电、供水和通信等基础设施的建设，改善农业生产条件，增强农业的发展能力，为农民增收创造良好的环境。进一步健全农村社会化服务体系。着力建立和完善农村市场体系、农业信息服务体系、农业技术推广体系、农村金融服务体系等建设，为农业农村经济发展提供资金、项目、技术、信息、市场等方面的配合与扶持，促进农民增收。

大力推进土地的合理有序流转，为农民增收提供有力保障。在稳定和完善土地承包30年不变政策的前提下，按照明确所有权、稳定承包权、搞活经营权、保障收益权的原则，积极引导和促进土地的合理有序流转，并把土地流转与农业产业结构调整有机结合起来，促进资源的合理配置，推动农业适度规模经营和产业化发展。在具体实施中，坚持四点：一是注重条件，因地制宜；二是依法流转，规范有序；三是自愿选择，互利有偿；四是市场导向，优化配置。

三、加强文化建设实现精神生活富裕

（一）大力发展农村文化事业

发展农村文化事业是加强农民素质教育，提高农民素质的一条有效途径。通过生动的文化艺术和丰富多彩的群众文化活动，寓教于乐，使农民群众在娱乐中学到新的知识技能，在娱乐中确立正确的是非观念，在娱乐中学会处理农村社会的矛盾，在娱乐中增长发展经济的才干。

从战略的高度深刻认识发展新时期农村文化事业的重要性。当前农村文化事业的发展，从表面上看是投入问题，但实际上主要是认识问题、组织和工作问题。处在农业和农村发展新阶段的农民群众，在解决温饱以后，对物质和精神文化的需求都在日益增长。不能增加收入，不能满足物质需求，农民生活会贫困；不能发展农村文化，不能满足精神需求，农民思想会贫困。农民思想这块阵地要靠丰富的物质和健康的文化去占领。缺乏文化如同减少收入一样，最终都将导致农民思想信念的动摇、道德的滑坡以及社会的不稳定。

把加强农村文化事业作为新阶段农业和农村工作的重大任务，作为造就社会主义新型农民队伍的重要举措。一要加强党对农村文化事业的领导。制定切实可行的新时期农村文化事业发展的方针政策，培养农村文化骨干队伍，支持农村民间艺人的创作和文化活动。二要加大农村文化建设的投入。在地方财力许可的情况下，尽可能地加大农村文化建设投入。农村文化建设投入应主要用于硬件建设上，如图书、表演器材、设备、场地建设等。三要坚持正确的农村文化事业的导向。要大力宣传社会主义的新思想、新观念、新风尚，宣传农村改革开放的新成就，弘扬健康向上的民族文化和传统美德，打击黄、赌、毒，净化农村文化市场，要贴近农民群众的生活，着眼于农民群众关心的主要问题，着眼于提高农民思想素质。

（二）全面展开精神扶贫

习近平总书记指出："精神文明建设是实施脱贫致富战略的重大内容之一。"扶贫先扶志，致富先治心。志不立，穷根难断。无论是一个人、一个家庭，还是一个村、一个县，如果一味畏难发愁、自暴自弃，缺乏脱贫致富的志气和勇气，没有奋发向上的精神状态，这样即便给再多金钱与物质帮扶，也只能解一时之困，不能除掉穷根。扶贫要"开花结果"，必须从精神扶贫开始，不喊口号，不走形式，真正扶到"根"上，才能从根本上帮助贫困人口摆脱贫困，走上勤劳致富的道路。针对普遍存在的"精神贫困"，展开有效的精准精神扶贫。"增智开愚、劝勤改懒、祛邪引正、送技扶能"是解决贫困人口可持续生计难题的关键所在，必须通过"扶心志、扶知识、扶技能"的不同层次工作，对症下药，分类指导。

针对由受教育程度低导致的文化知识贫乏，采用集中培训必要的文化科技知识、提升农家书屋利用效率、激发贫困人口学习热情的扶贫策略；针对由致富压力、婚嫁压力、亲情疏离压力、社会融入压力等导致的心理焦虑为主的心理疾病，采用消除病源+心理干预+培训的扶贫策略；针对"三留守"人员，采用强化日常生活服务、"一对一"地关心照顾、专门化定期心理干预策略；对在校少年儿童，构架"政府+学校+家庭"全方位合作的心理干预格局；针对普遍存在的"特殊公民"心态，通过"宣传教育+能力培训+心理干预+制度建设"，促使向"普通公民"心态转变；对游手好闲、沾染各种不良习惯的贫困户，组织党员干部同他们结对子，实行"一教、二帮、三管"，使其增强对家庭、对亲人、对自己的责任感，改掉不良习惯；针对那些思想惰、手脚懒、一味"等靠要"的农户，向他们宣传勤劳致富典型，帮助他们自立自强，勤劳致富；对科技水平低，劳动技能差的贫困户，充分利用县乡职业教育中心、农业科技培训中心、农民技校、村民活动中心三级教育阵地，分期进行技术培训，引导他们依靠科技致富。大力弘扬"自尊自信自强自立"的时代精神，引导困难贫困人口正确看待贫困，摈弃"等靠要"和消极绝望思想，树立战胜困难的信心和斗志，自力更生、奋发图强，学技术、找门路，用自己的双手摘掉贫困帽。

四、提高农民素质确保生活富裕可持续

（一）加强农村基础教育，提高农民文化素质

在收入结构变迁原因分析中了解到，各行业用工结构、投资结构和劳动力转移速度及效果在很大程度上取决于农民综合文化程度，农民的综合文化程度在农业现代化和自动化推进过程中起到了重要的作用。同时农民的文化素质对于农民收入结构也有重要的影响。从长远角度出发，要实现农民的持续增收，必须加强农村基础教育，提高农民文化教育程度，以增强其科技素质。对农民这一特殊学生群体的教育应与传统的学校教育有所调整，要因地制宜、因人而异，立足不同地域、不同素质以及不同知识体系的需要，采取灵活多样的方式，克服单一化、集中化等简单做法，讲求实效与高效，使更多的成年人能够参与到农业技术和经营管理知识的学习中去。

要进一步改善农村基础教育的办学条件，重新构建农村教育体系，开放式发展农村教育。解决教育经费不足问题，尤其是要加大对偏远山区、贫困地区的教育经费投入。政府要改变以往办学观念，农村学校要加强与农村社会、农业科研单位、农户联系，促进农村教育与现代农业生产劳动相结合，引导社会资源向农村教育领域流动，使农村教育形成完整的立体网状结构和良性的运行机制。

(二)加强农民工职业技能培训,提高农民工的市场竞争力

供给侧结构性改革应根据区域与产业发展的需要对农民开展培训,提供个性化培训教育服务,使其适应特色农业经营的技能需求。要不断优化人才培养模式,当地政府要秉承“服务人民”的理念,开通专门服务农民工的用工信息渠道,通过加强农民工职业技能培训,不断提高农民工的市场竞争力,帮助农民工根据自身情况选择最适合的工作。持续开展援企稳岗、助企增岗行动,强化农闲系统培训、“一技一训”、“一业一训”、农忙急用培训,加强对适岗农民的技能培训,提高农民工资收入水平、增强农民就业技能,解决生产中的实际问题。通过提升农民的文化技术、经营管理能力来促进农民适应供给侧结构性改革背景下新的农业经营模式。

(三)开展就业创业培训,提升农民的发展能力

建设科技培训室和远程教育站点,设置致富经“咨询台”,有计划地开展农村党员和群众学习培训,提供农产品供求信息和科技咨询等服务,提高农村党员群众的素质和致富本领。创造条件,让创业与再就业携手,筑牢农民致富的基础。一是大力发展现代农业和特色农业。因地制宜地调整农业内部结构,引导农民发展现代农业和设施农业,提高农业附加值。二是利用帮扶资金,大力支持农民自主创业,帮助农民选择恰当的创业模式。三是全面提升农民素质,帮助农民拓展收入来源。

五、完善农村社会保障体系

(一)逐步增加政府对农村社会保障的财政投入

资金问题一直是建设农村社会保障制度的核心问题,随着我国经济水平的提高,我国政府在承担农村社会保障制度建设财政投入上的能力逐步提升。各级政府应当从三个方面着手解决这一问题：一是依据各级在行政等级上的不同来承担相应的财政负担，拓宽融资渠道，从农业支持工业、农村支持城市转变为工业支持农业、城市支持农村的发展策略，从而增加对农村社会保障的资金投入力度。二是依据当地农村基本生活标准来制定出合理的财政支持与保障标准，提高农民收入能力，切实做好农民保障工作。由于很多农村地区较为贫困，农民自身现实条件有限，家庭储蓄率不高，所以单方面依靠农民的自身努力还很难迈入小康家庭，所以中央政府在农村社会保障工作中依然需要承担更多的财政投入责任，从而充分地满足当地农民的生产以及生活需求。三是要创建完善的农村地区的社会保障体系，同时这也需要各级政府尽快地创建出有效的监督以及管理机制，以此来让农村地区的居民保障按照一定的程序或者遵循相应的法律规范来正常运行。

（二）建立一支高素质、专业化的农村社会保障人才队伍

增强我国农村地区的社会保障队伍的建设是有效促进农村地区的工作顺利开展的主要措施，同时这也是我国各级地方建设服务模式政府的重要历史任务。伴随着我国对行政部门的不断深化改革，各级部门整体的工作效率与工作质量不断得到提升，但是针对农村地区的行政部门的改革却不是尽如人意，比如很多职能部门领导由于本身的专业水平比较低，其本身的素质水平也比较低，从而也就对农村地区的社会保障工作的顺利开展形成了严重的阻碍。

要改变这种状况：一是建立健全激励机制，吸引和鼓励优秀人才进入农村社会保障工作过程当中；二是创建职能干部培训机制，以此来不断提升部门领导的工作与服务能力；三是创建出完善的监管体系，从而增强对行政部门的内部与外部的监管，以此来促进农村地区的社会保障各个环节的顺利开展。

（三）加快制度建设，进一步完善政府制度供给

要将城市与农村地区居民的政治以及各项权益的平等权利进行积极确认，这样才能够实现城乡差距缩短。政府要想创建完善的农村社会保障体系，就应该建立一套农村最基本的生活保障法律体系、政策体系，构建相应的机制体系，进而制定相应的实施方案，明确责任和任务，强化监督落实。

第四节　生活富裕的湖北样板：保康县尧治河村的共同富裕之路

保康县马桥镇尧治河村在致富奔小康的路上，追求共同富裕，追求精神富有，追求绿色发展，提前8年实现全面小康，其经验可资借鉴。尧治河村村企一体、共建共享，带动农民共同富裕，助力乡村振兴。先后被授予全国文明村、湖北省新农村建设示范村、湖北省旅游名村、湖北省生态村、湖北省卫生村、湖北省绿色矿山、全国休闲农业和乡村旅游示范点、中国最美休闲乡村、国家4A景区、国家生态公园、国家生态旅游示范区、中国十大幸福村庄等荣誉称号。

一、背景与历程

尧治河村地处房县、神农架和保康三县（区）交界处。全村两个居民小区，160多户、640多人。版图面积33.4平方千米，耕地面积700亩。平均海拔1600多米，“山大梁子多，出门就爬坡”“四月雪、八月霜”是这里自然环境的真实写照。到1988年，全村仍然是“吃的供应粮，穿的烂衣裳，点的煤油灯，住的破草房”，人均粮食不足150千克，人均收入不足300元，既不通路，也不通电。从1988年起，村党委一班人带领全村群众向恶劣的生存环境挑战，凭着愚公移山的毅力，发扬“自力更生、团结奋斗、和谐创业、科学发展”的尧治河精神，劈山修路、炸石开矿、筑坝办电、改田建园、兴工办厂。经过20多年的艰苦创业和快速发展，终于甩掉了贫困的帽子，创造了贫困、边远、高寒山村的发展奇迹。尧治河村1998年跃居保康县“首富村”，跻身湖北省500强村。现已发展成为集磷矿开采、精细磷化工研发、水电、旅游、酒业、餐饮服务为一体的企业集团，拥有村级企业20多家。2016年，全村实现工农业总产值38亿元，实现税费3.2亿元，农民人均纯收入达到4万元，全村固定资产总值达到28亿元，村集体经济纯收入达到2亿元。100%的农户购买了小轿车，100%的农户住上了别墅，并且实行免费教育、免费医保，人人是股东、年年有分红。真正实现在致富路上不落一人。

二、做法与成效

尧治河村在全面建成小康社会的伟大实践中，村党委书记孙开林带领村党委一班人，依托资源奔富路，转型发展奔小康，奏响了一曲穷村变富村，富村变幸福村的时代颂歌。

（一）依托资源奔富路

尧治河村有丰富的磷矿资源，但交通基础设施很差，同样面临“要想富，先修路”的困境。面对修路资金短缺、设备匮乏、人力不足的情况，尧治河村党员干部和群众以“蚂蚁啃骨头”的精神，共计修通村级公路136千米，极大改善了交通出行环境。路通了，磷矿资源迅速得到开发，并依托磷矿资源发展各种村级企业22家。村党委成员和企业中层以上管理人员，除干好本职工作外，人人都有符合制度规范要求的产业项目，普通党员干部不是创业致富能手就是企业的先锋模范。

（二）转型发展奔小康

磷矿资源总有枯竭的时候，尧治河村党委一班人意识到这个问题，他们及时提出转型发展的思路，吹响了“二次创业”的号角。尧治河景美、人纯、尧文化源远流长，要实现转型发展，绿色发展，还是必须在这些自然和人文资源上做足文章。

1. 矿场变景点。尧治河的富，靠的是采矿。曾经，探矿、采矿，让这里的绿色山体遍体鳞伤。

2013 年，尧治河村开始着手矿区生态保护和修复工作。矿开到哪儿，环境治理到哪儿，景点建设到哪儿。同时，下决心关停不符合环保要求的矿区，戴家湾、老屋沟等 15 个露天开采矿点、8 家矿粉厂先后关闭，8 个勘探项目被叫停，3 家想入村投资的企业因环保问题被拒之门外。

石草坪矿区，投入 2000 多万元改造成梯田，种上了柴胡等中草药；老屋沟矿区，投入 1500 多万元改造成矿山公园，遍植红叶石楠、香樟、桂花等景观树；戴家湾矿区，经过回填治理，建起了磷矿公司办公楼。

尧治河村还把两座山体内 50 多千米的矿道改造成全国最大的矿洞景区，建设白酒博物馆、防空博物馆、地质博物馆、探洞运动体验区、主题休闲餐厅等观光体验项目。一期工程投资 2000 多万元。

如今的尧治河村，已经建成景点 30 多个，有峡谷、瀑布为代表的自然风光景点，有博物馆、别墅群为代表的民俗风情景点，有“红军路”、尧帝神峡为代表的文化景点，还有太极养生馆为代表的避暑胜地。

2. 单一变多元。2004 年以前，尧治河村一直以采矿为主业。孙开林一直都有一种危机感：磷矿挖完了，子孙吃什么？

要转型，可也不能拍脑袋瞎转。当孙开林得知湖北省打造三峡、神农架、武当山旅游带的消息时，他认为：尧治河正处在这个旅游带上，一定可以有所作为。并且村子20千米外，就有野人洞、野人谷两个景区。

尧治河村拿出320万元，买下两个景区50年经营权。请来北京一家公司规划设计，投入1亿多元建设景点、步道、停车场、游客中心。2009年，野人洞、野人谷成功升级为国家4A级景区。2016年，两个景点光门票收入就有3000多万元。

2012年，尧治河村在马桥镇建设的尧治河工业园竣工，一脚踏入精细化工行业。如今，尧治河工业园可生产赤磷、黄磷、次磷酸钠、次磷酸等10余种磷化工产品。其中，次磷酸钠、次磷酸等产品远销瑞典、美国、越南等地。

如今，尧治河集团已形成集磷矿开采、精细化工、水电、旅游、酒业、餐饮、服务于一体的多元化企业集团。2016年，集团实现产值10亿元，上缴税费1.5亿元。其中，旅游等非矿非化工产业占比达四成。尧治河不再是一矿独大。

3. 文化变产业。尧治河景区有一块高3.6米的百尧石，上面刻着从古至今100位皇帝和书法家关于尧字的写法。《房陵志》记载："昔尧子丹朱，避舜于房陵"。

尧文化、尧精神是尧治河的瑰宝。2013—2014年，孙开林多次赴尧山和临汾，与当地学者交流，并请尧文化学者到尧治河讲学。随后，尧治河村兴建了全国首座尧文化传播研究院。

2016年，尧治河村联合中央电视台和湖北电视台，举办了第二届尧文化与中国梦高峰论坛暨"尧帝杯"全国网络业余围棋大赛，聂卫平、常昊应邀作为比赛裁判。

尧治河村以尧文化为核心，着力将野人洞、野人谷与尧治河三个景区捆绑在一起，共同打造了4A级景区。景区内已有尧帝神峡、老龙宫、对弈园等12个与尧文化有关的景点。

（三）共同富裕谱新篇

1. 致富路上不落一人。只要村民愿意，都可以到村级企业打工。这是尧治河村的规矩。大多数村民富了，但村里30多名残障人成了村委会的心病。村干部们商议认为“让他们各尽所能、劳有所得好”。

于是，尧治河村成立了集福利、扶贫、服务于一体的三福公司，安排村干部陈龙万任公司经理，带领大家干活。三福公司的工作很简单，改造梯田、修路。以往无处打工挣钱的这些人，干劲十足。起初，三福公司靠村集体补贴维持经营，从2015年开始，发展中草药种植，2017年，该公司盈利30多万元。一些残障人通过劳动一个月也能挣五六千元。

2. 一村富不算富。尧治河村富起来了，周边一些年轻人纷纷来打工。一些有思想的年轻人后来又回到自己的家乡创业，或者担任村支部书记或者村委会主任。他们借鉴尧治河村的经验，带领大家发展集体经济，开发矿产，发展旅游，带领贫困户脱贫。30年来，从尧治河村走出的村支书至少有8名。

除了“智力输出”，尧治河村还拿出真金白银帮扶相邻的村子。白果村，与尧治河村山连山、界连界，也有磷矿资源，但就是富不起来，全村建档的贫困户有180多户。尧治河村决定，对白果村村民按美丽乡村规划建新房的，每户补贴1万元。

近年来，尧治河村先后投入1亿多元，帮助周边的白果村、笔架村等修通了50多千米公路；派技术人员帮助他们发展具有地方特色的“跑跑猪”“跑跑羊”等养殖产业。2017年，尧治河村将周边村庄统一纳入乡村旅游发展规划，斥巨资优化周边村生态旅游景点。

三、经验与启示

回望尧治河村的发展轨迹，从极度贫困走向共同富裕，历经激荡的尧治河村无疑会成为研究中国矿区绿色发展的典型标本。

曾经，有村党支部书记到尧治河村参观学习时说："尧治河富，是因为有矿啊，如果我们村有矿比尧治河搞得还好些。"

事实真的如此吗？其实，尧治河村富了，不仅仅是因为矿。在保康，像尧治河村一样有矿的村就有30多个，为什么只产生一个尧治河村？其成功的经验是：尧治河村有一个干事创业的好班子、有一个坚持发展集体经济的好机制、有一个坚定不移实现共同富裕的好目标、有先进文化的引领。

（一）有一个干事创业的好班子

尧治河人为什么会这么富？党委书记孙开林说："首先是靠党的领导。"由于尧治河村是集体企业，这决定了村属企业必须始终保证党的领导在其中发挥核心作用。尧治河村党委一班人创造性地提出"三三制"管理模式，就是以党组织为龙头，在组织构架上，实行村党组织、自治组织和集体经济组织"三位一体"；在重大村务上，实行党组织会议议事、村民（代表）大会定事、村民委员会理事的"三会治事"；在发展路径上，实行干群联动、工农联建、城乡联创，共建社会主义新农村的"三联共建"。

该村通过"三三制"制订了"村民自治章程""有困难有人帮"等方案，实行帮带责任制，书记帮一片、委员带一院、党员干部帮一户、干部带职工、职工带百姓、亲戚带亲戚、朋友带朋友、家门带家门，做细做实群众工作。同时，积极推进服务型党组织建设，叫响"一个支部一面旗、一名党员一盏灯"品牌，每月组织所在支部党员集中开展一次"亮身份做好事当先锋"活动，增进党群干群感情。

在群众对党员干部评议中，全村224名党员全部“合格”，98%的党员被评为“优秀”。

难能可贵的是尧治河村党委以敏锐的触角和世界的眼光，思辨一个地方变迁的动因所在，并且不断地解放思想。有好的想法，关键还得靠实干。要实干，首先得有好干部。孙开林是其中的杰出代表。近30年来，尧治河人不等、不靠、不要，实干当先，不争论，不折腾，蹚出了一条绿色发展之路，成为中国矿区的一面旗帜。

孙开林说，实干就是解放思想，干好就是科学发展。群众最现实，群众也最朴实，他们总是喜欢从身边的党员、干部身上，看党的形象，看政府的形象；你干好了，他们就对党和政府充满感激，充满希望。所以，干部要当好表率。

（二）有一个坚持发展集体经济的好机制

尧治河人为什么能够实现共同富裕？“是因为坚持走集体经济之路”，孙开林说。集体经济和私营经济都可以带领老百姓致富，但在为民谋福利方面，集体经济是最大的靠山。

20世纪90年代初，尧治河村赶上全国民营经济的大潮，不少大小国有企业都转为私有。上级领导也让尧治河村响应，将村里矿山实行民营。

但是，孙开林坚决不同意。他说：“集体经济没有了，我们拿什么为老百姓办实事办好事？当干部为老百姓解决不了困难，党组织哪来凝聚力和号召力？”

思虑再三，孙开林决定带领大家发展集体经济。几十年来，尧治河村的集体经济像滚雪球一样，越滚越大，如今已达38亿元。孙开林说，村集体经济是农村基层组织执政的物质基础。村集体有钱了，其他什么事情都好办。

为了打造“中国山区幸福村”，尧治河村按照“村在园中、水在绿中、房在花中、人在景中”的思路，对村民实行整体搬迁、集中建房，从企业积累中拿出6000多万元，规划新建了龙门社区和滴水岩社区，修建160多幢别墅。村“两委”成员和企业经理的别墅全部自己出钱，村民缴纳2万～6万元建房款，就拥有一栋漂亮的别墅，其中12户特困户免费住进别墅。

（三）有一个坚定不移实现共同富裕的好目标

壮大的集体经济是实现共同富裕的基础。“大河有水小河满。如果集体经济成为空壳，想为群众办实事，很难！如果老百姓得不到实惠，看不到希望，村干部在群众中就失去了公信力，群众也不会买村干部的账。”尧治河村党委和村委响亮地提出“实施三大战略，实现科学发展、转型发展、幸福发展，力争五年内实现工农业总产值100亿元、税费20亿元、利润5亿元”的目标，把尧治河村建设成为“中国山区幸福村”。孙开林说，“在尧治河，没有最富有的人，也没有最穷的人。”

（四）有先进文化的引领

尧文化、尧精神是尧治河村的瑰宝。无私、果敢、不屈、进取，是尧精神的精华。孙开林说，尧治河村最大的成功，不是企业的成功，而是文化的引领，是全村文明程度的提高，在文明生态的滋养下，尧治河村民才有了今天的幸福。

尧治河村重视教育是有传统的。“口袋满不能脑袋空，否则今天富明天穷。”学校是村里的重点，曾三次重建。2015年投资1000万元，按照景点式、花园式学校建设标准，建起了建筑面积达5000多平方米的学校，配套设施齐全，实行多媒体教学。

从1996年起，学生在校的学杂费、课本作业费及住宿生活费全部由村集体收入提供；考上大学的孩子，村里每年给予奖励0.4万～1万元。为了让村小学的老师留得住、安心工作，村里给老师每人每月额外补贴1500元。

过去靠精神，现在靠发展，未来靠文化。尧治河村不仅重视教育，同样注重村民的文化生活。2017年底举办了首届“打火炮·唱花鼓”大赛，旨在贯彻落实党的十九大精神，弘扬保康县及周边地区民间文艺，丰富老百姓的精神文化生活，保护和传承好湖北省非物质文化遗产。

尧治河村正是在现代优秀文化和新发展理念的指引下，与时俱进，大力弘扬传统文化之精髓，在传承中华民族传统文明的同时，建设现代生态文明，才能带领村民走上中国特色的富裕之路。

践 / 行 / 篇

第十章

乡村振兴的保障体系

实施乡村振兴战略，是党的十九大作出的重大决策部署，是决胜全面建成小康社会、全面建设社会主义现代化国家的重大历史任务，是新时代“三农”工作的总抓手。确保乡村振兴战略的顺利实施，一是要毫不动摇地坚持和加强党对农村工作的领导，健全党管农村工作领导体制、机制和党内法规，确保党在农村工作中始终总揽全局、协调各方；二是要坚决破除体制、机制弊端，使市场在资源配置中起决定性作用，更好发挥政府作用，推动城乡要素自由流动、平等交换，推动“四化同步”发展，加快形成工农互促、城乡互补、全面融合、共同繁荣的新型工农城乡关系；三是要健全投入保障制度，创新投融资机制，加快形成财政优先保障、金融重点倾斜、社会积极参与的多元投入格局，确保投入力度不断增强、总量持续增加；四是要建设一支有文化、懂技术、善经营、会管理的新型职业农民队伍；五是要注重规划先行、突出重点、分类实施、典型引路，加强各类规划的统筹管理和系统衔接，形成城乡融合、区域一体、多规合一的规划体系。

第一节 政治保障

“三农”工作在党和国家的各项工作中始终具有战略性、基础性地位和作用，党中央始终把农业农村和农民问题列为各项工作重中之重，始终坚持对“三农”工作的坚强领导。我国农业农村发展取得历史性成就、发生历史性变革的根本保证在于党的领导。

进入中国特色社会主义新时代，党中央提出实施乡村振兴战略，这是解决人民日益增长的美好生活需要和不平衡不充分的发展之间矛盾的必然要求，是实现“两个一百年”奋斗目标的必然要求，是实现全体人民共同富裕的必然要求。这也是一项系统工程、长期任务，工作千头万绪、异常繁重，既需要多方发力、分兵把口，更需要统筹协调、形成合力，需要各级党委强化组织领导和总体谋划，需要基层党组织发挥战斗堡垒作用，需要各级党员干部发挥先锋模范作用和示范带头作用。因此，加强党的领导是实施乡村振兴战略的政治保障，只有坚持党对农村工作的领导，才能凝聚全党、全国人民的智慧和力量，充分发挥社会主义制度的优越性，完成乡村振兴的伟大事业。

一、党管农村工作是我们党的优良传统

“洪范八政，食为政首。”“食为人天，农为正本。”“仓廪实而知礼节，衣食足而知荣辱。”农，天下之大本。从我国革命、建设和改革的历史经验来看，重视农业、农村、农民问题是我们党的一贯战略思想。我们党成立以后就一直把依靠农民、为亿万农民谋幸福作为重要使命。毛泽东同志在作党的七大

政治报告时，语重心长地告诫全党，“不要把农民这两个字忘记了，这两个字忘记了，就是读一百万册马克思主义的书也是没有用处的，因为你没有力量。”他强调，“吃饭是第一件大事。手中有粮，心中不慌。”邓小平同志指出，“中国经济能不能发展，首先要看农村能不能发展；中国有百分之八十的人口住在农村，中国稳定不稳定首先看这百分之八十稳定不稳定。”江泽民同志指出，“农业、农村和农民问题，始终是一个关系我们党和国家全局的根本性问题。新民主主义革命时期是这样，社会主义现代化建设时期也是这样。”胡锦涛同志指出，“基于我国的基本国情，‘三农’问题始终是关系党和人民事业发展的全局性和根本性问题，农业丰则基础强，农民富则国家盛，农村稳则社会安。在新世纪新阶段，我们必须始终不渝地高度重视并认真解决好‘三农’问题，不断开创‘三农’工作的新局面。”习近平总书记对“三农”工作非常重视，对“三农”地位有“三个三”的战略定位，就是“三个必须”，即“中国要强，农业必须强；中国要美，农村必须美；中国要富，农民必须富”；“三个不能”，即“任何时候不能忽视农业、不能忘记农民、不能淡漠农村”；“三个坚定不移”，即“坚定不移深化农村改革，坚定不移加快农村发展，坚定不移维护农村和谐稳定”。他曾谆谆告诫，“农业基础稳固，农村和谐稳定，农民安居乐业，整个大局就有保障，各项工作都会比较主动。我国是个人口众多的大国，解决好吃饭问题始终是治国理政的头等大事。只要粮食不出大问题，中国的事就稳得住。”

党管“三农”工作，重视“三农”工作，集中体现就是中央每年都要召开专题农村工作会议，并下发一号文件安排部署“三农”工作，借以彰显高度重视和着力解决“三农”问题的决心和态度。20 世纪 80 年代连发 5 个中央一号文件，2004 年以来连发 15 个中央一号文件，构建起中央强农重农的制度框架和政策体系。

二、坚持和完善党对“三农”工作的领导

新时代“三农”工作不仅仅关乎农业农村农民，而是一个关系国计民生以及社会主义现代化目标实现的全局性战略，是一项跟各行各业都联系密切的系统性工程，是事关全体人民幸福感、获得感和安全感的导向性标杆。

党的十九大提出，农业农村农民问题是关系国计民生的根本性问题，必须始终把解决好“三农”问题作为全党工作重中之重。而当前党领导“三农”工作的体制、机制、干部队伍还不能很好适应新时代的要求，主要表现在四个方面：第一，体制不适应。党委总揽全局、协调各方的体制尚不完善，涉农工作力量、资金项目分散，存在各自为战、撒胡椒面的问题。乡村干部面向上级的任务多，服务群众的时间少。第二，思想不适应。在一些地方，对党管农村工作重要性的认识淡漠了，党管农村工作的原则放松了、力度削弱了，工作中说起来重要、干起来次要、忙起来不要，“三农”工作存在弱化、虚化、边缘化的问题。在一些地方，由于粮食多年丰收，产生了轻粮的思想。第三，情感不适应。一些干部生长在城市，出了校门直接进机关门，缺乏基层锻炼，对农民的感情不深，不知农时，五谷不分，讲农业农村内行话的不多，听得懂农民语言的不多，愿意做农村工作的少了，会做农村工作的更少了，不少干部对农业农村情况不够了解。第四，能力不适应。一些领导干部不钻研、不熟悉“三农”政策，有的缺乏“三农”工作经验，工作上被动应付，开拓创新不足。一些农村基层党组织软弱涣散，村干部队伍青黄不接、后继乏人。少数干部作风不实，农村“微腐败”也不同程度存在。为此，习近平总书记强调，办好农村的事情，实现乡村振兴，关键在党，必须提高党把方向、谋大局、定政策、促改革的能力和定力，确保党始终总揽全局、协调各方，提高新时代党领导农村

工作的能力和水平。这为坚持和完善党对“三农”工作的领导指明了方向，提出了新的要求。2018年的中央一号文件也要求，研究制定中国共产党农村工作条例，把党领导农村工作的传统、要求、政策等以党内法规的形式确定下来。

三、完善党的农村工作领导体制、机制

2018年中央一号文件对完善党的农村工作领导体制、机制提出了新要求，可概括为两个“一起抓”、四个“优先”、横向纵向两大领导机制、一支“一懂两爱”干部队伍。两个“一起抓”：要求各级党委和政府坚持工业农业一起抓、城市农村一起抓。四个“优先”：就是把农业农村优先发展原则体现到各个方面，在干部配备上优先考虑，在要素配置上优先满足，在资金投入上优先保障，在公共服务上优先安排。横向完善统筹协调机制：健全党委统一领导、政府负责、党委农村工作部门统筹协调的农村工作领导体制；切实加强各级党委农村工作部门建设，按照《中国共产党工作机关条例（试行）》有关规定，做好党的农村工作机构设置和人员配置工作，充分发挥决策参谋、统筹协调、政策指导、推动落实、督导检查等职能；各部门要按照职责，加强工作指导，强化资源要素支持和制度供给，做好协同配合，形成乡村振兴工作合力。纵向建立实施乡村振兴战略领导责任制：实行中央统筹省负总责市县抓落实的工作机制，各省（自治区、直辖市）党委和政府每年要向党中央、国务院报告推进实施乡村振兴战略进展情况；党政一把手是第一责任人，五级书记抓乡村振兴；县委书记要下大气力抓好“三农”工作，当好乡村振兴“一线总指挥”；建立市县党政领导班子和领导干部推进乡村振兴战略的实绩考核制度，将考核结果作为选拔任用领导干部的重要依据。“一懂两爱”干部队伍：把懂农

业、爱农村、爱农民作为基本要求，加强“三农”工作干部队伍培养、配备、管理、使用；各级党委和政府主要领导干部要懂“三农”工作、会抓“三农”工作，分管领导要真正成为“三农”工作行家里手；制订并实施培训计划，全面提升“三农”干部队伍能力和水平；拓宽县级“三农”工作部门和乡镇干部来源渠道；把到农村一线工作锻炼作为培养干部的重要途径，注重提拔使用实绩优秀的干部，形成人才向农村基层一线流动的用人导向。

四、切实承担省负总责的责任

湖北是农业大省，省委省政府历来高度重视“三农”工作，特别是党的十八大以来，以习近平总书记关于“三农”工作的重要论述为根本遵循，按照习近平总书记 2013 年 7 月视察湖北时提出的“着力在推进农业现代化上不断取得新成果”的指示精神，不断强化政策举措，加快推进农业强省建设。在实施乡村振兴战略中，湖北省委省政府将进一步加强党对农村工作的领导，把重中之重、优先发展的要求落实到政策制定、工作部署、财力投放、干部配备等各个方面，为乡村振兴提供坚强政治保障。

第一，切实加强顶层设计和系统谋划。召开高规格的全省经济工作暨全省农村工作会议，对全省落实中央农村工作会议精神、推进乡村振兴战略的湖北实施进行全面安排部署，提出实现“五个新突破”的目标，即“在深化农业供给侧结构性改革上取得新突破、在深化农村改革上取得新突破、在推进城乡融合发展上取得新突破、在乡风文明建设上取得新突破、在创新乡村治理上取得新突破”，部署了“八大工程”，统筹力量、整合资源，推动实施“‘三乡’工程、荆楚农优品工程、荆楚富美乡村建设工程、精准脱贫工程、农村电商工程、农业科技工程、文化传承工程、‘红色头雁’工程”，开启了湖北乡村振兴的新征程。制定出台省委一号文件，对全省乡村振兴战略的各项任务进行细化实化，把“八大工程”分解到相关省直部门，实行项目化、清单化、工程化推进。分类推进江汉平原乡村振兴示范区、都市城郊乡村振兴先行区、扶贫片区乡村振兴试验区“三大片区”建设，通过试点示范、典型引路，带动不同类型乡村振兴，努力打造乡村振兴“湖北样板”。

第二，切实加强统筹协调和高位推动。研究建立实施乡村振兴战略领导责任制和五级书记共抓责任制，明确各级责任和任务，省委根据发展形势需要调整充实农村工作领导小组力量。加强党委农村工作部门建设，发挥牵头抓总作用，相关部门做好协同配合，形成乡村振兴工作合力。

第三，切实加强检查督办和考核激励。各市、州、直管市、神农架林区党委和政府每年向省委省政府报告推进实施乡村振兴战略进展情况。每年对省直有关部门和市县落实中央和省委一号文件精神情况进行专项检查督办，随机开展重点工作部署和重大改革政策检查督办。适应乡村振兴要求，完善县市区“三农”发展综合考评机制，将考评结果作为领导干部提拔使用的重要依据，强化县级党委抓“三农”工作的责任。

第四，切实加强“一懂两爱”干部队伍培养。建强市县“三农”工作领导干部。大力开展乡村振兴大调研活动，让市县“三农”工作领导干部深入基层、调查农情、掌握民情，倾听了解农民群众的诉求和期盼，增进与群众的感情，增强工作的主动性、针对性。大力培训市县“三农”工作领导干部，举办乡村振兴专题培训班，促进他们学好用好“三农”政策，创新“三农”实践。将熟悉“三农”工作、有基层工作经验、组织协调能力强的干部选拔到领导岗位。建强乡镇干部队伍。推动乡镇政府职能转变，重点面向基层、服务群众，落实乡镇干部“岗位在村、阵地在村、责任在村”工作机制。建强基层党组织。村看村户看户，百姓看干部，党员干部看支部。火车跑得快，全靠车头带。推进乡村振兴战略，基层党支部是一线冲锋队，是组织者和带动者，务必筑强支部战斗堡垒，打造千千万万个坚强的农村基层党组织，发挥突击尖刀作用。村支书是冲锋队队长，是乡村振兴的带头人，要抓好这个少数的关键人建设，培养千千万万名优秀的农村基层党组织书记。大力实施“红色头雁”工程，在村“两委”换届中选优配强村党组织书记，对村党组织书记进行全员轮训，全面向贫困村、软弱涣散村和集体经济薄弱村党组织派出第一书记。注重把回乡能人、新乡贤培育成村党组织书记。

第二节　制度保障

实施乡村振兴战略，需要强化制度性供给，必须把制度建设贯穿其中，关键是加快推进以产权制度和要素市场化配置机制为重点的改革，建立健全资源要素城乡平等交换机制，充分盘活农村资源资产，全面激活主体、激活要素、激活市场，增强农村发展内生动力。

一、巩固和完善农村基本经营制度

农村基本经营制度是党的农村政策的基石。坚持党的农村政策，首要的就是坚持农村基本经营制度。当前形势下，巩固和完善农村基本经营制度包括两层含义，既要做到三个坚持，又要创新完善，就是坚持农村土地农民集体所有，坚持家庭经营基础性地位，坚持稳定土地承包关系，创新完善以家庭承包经营为基础、统分结合的双层经营体制。坚持农村土地农民集体所有是坚持农村基本经营制度的基础。农村土地属于农民集体所有，这是农村最大的制度。农村土地集体所有权是土地承包经营权的基础和本位。坚持家庭经营基础地位是坚持农村基本经营制度的根本。

现在社会上有的人认为，一家一户规模太小，可以搞大公司大规模来替代。这是一种偏颇的想法。从法理上讲，家庭经营在农业生产经营中居于主体地位，集中体现在农民家庭是集体土地承包经营的法定主体。农村集体土地应该由作为集体经济组织成员的农民家庭承包，其他任何主体都不能取代农民家庭的土地承包地位。农民家庭承包的土地，可以由农民家庭经营，也可以通过流转经营权由其他经营主体经营，但不论经营权如何流转，集体土地承包权都属于农民家庭。从实践规律看，以家庭为经营单位是世界农业生产的基本规律。在发达国家，美国家庭农场占86%，法国占88%，欧盟平均占88%，再大的农业规模仍然是以家庭为主要经营单位，这是由农业的生产规律决定的。农产品生产相对于工业品生产有自身六大特点和规律：不可间断、不可倒序、不可搬移、是活的生命体、遵循自然再生产与经济再生产两个规律、结果只能最终一次性显现。所有农业生产是生命活动过程，什么时候施肥、打药、除草，既需要根据劳动对象自身变化做判断，又需要根据风雨等自然环境变化做调整，必须要经营者随时关注变化，随时管理。只有家庭这种责任单位才能达到这种要求，它不用外部监督，自己对自己负责，把很多工业化过程中复杂的管理问题化解掉了。农业生产的自然规律决定了农业必须以家庭经营为单位。这是古今中外农业发展的基本经验。公司、企业在现代农业建设中可以发挥积极作用，像一些设施农业、规模牧场、规模养殖场，程序简单、容易管理的领域可以做得很好，但经营大田农业有很大的局限性，长远来看是难以做好的。

坚持稳定土地承包关系是坚持农村基本经营制度的关键。1982—1986年，中央5个一号文件相继确立了家庭承包责任制，期限15年。1998年二轮延包，期限30年。2008年党的十七届三中全会提出现有农村土地承包关系保持稳定并长久不变。2017年党的十九大提出，承包期再延长30年。这样三轮加在一起，农村土地承包关系将保持稳定长达75年，体现了政策的稳定性、连续性，让农民吃上了长效“定心丸”。巩固完善农村基本经营制度，关键是要落实农村土地承包关系稳定并长久不变的政策，衔接落实好第二轮土地承包到期后再延长30年的政策。承包地确权登记颁证是落实好这一重大政策的基础，各地要继续扎实推进，确保按时保质完成。至2017年底，湖北省农村承包地确权登记颁证进入成果检查验收阶段，全省完成调查农户888.8万户，实测承包耕地7200.2万亩，分别占总数的98.6%和95.1%，承包合同完善率95%，承包经营权证发放到户率93.1%，进度位居全国前列。

（一）完善农村承包地“三权分置”制度

创新完善双层经营体制，就是要推进农村承包地“三权分置”，发展多种形式的适度规模经营。“三权分置”是继家庭联产承包责任制后农村改革又一重大制度创新。人民公社时期，农村集体土地是所有权和经营权合一，土地集体所有、集体统一经营。家庭联产承包时期，把土地所有权和承包经营权分开，所有权归集体，承包经营权归农户，99%以上的农业经营主体都是承包户，土地承包者就是经营者，承包权与经营权基本系于承包户一体。现在，随着农村分工分业发展和大量农民进城务工，相当一部分承包土地的农户不种地了，土地承包权主体同经营权主体发生分离。顺应这一趋势，中央提出并推进了农村承包地“三权分置”改革，实现了所有权、承包权和经营权的分置并行，要求坚持农村土地集体所有权、稳定土地家庭承包权、放活土地经营权，进一步解放和发展了农村生产力，这是我国农村改革的又一次重大创新。

2018年的中央一号文件指出，在依法保护集体土地所有权和农户承包权前提下，平等保护土地经营权；农村承包土地经营权可以依法向金融机构融资担保、入股从事农业产业化经营。土地经营权作为一种权能，可以参与市场经营，受到法律平等保护。

（二）发展多种形式的适度规模经营

推进承包地“三权分置”，放活土地经营权，目的就是为了发展多种形式的适度规模经营，提高农业生产效益。适度规模经营是在一定的适合环境和适合社会经济条件下，各生产要素（土地、劳动力、资金、设备、经营管理、信息等）的最优组合和有效运行，取得最佳的经济效益。

从境外现代农业发展的规律看，发展农业规模经营是发达国家和地区推进农业现代化进程的普遍经验。世界农业现代化模式主要有三种，第一种是以美国、澳大利亚、阿根廷、巴西等为代表的大农场模式，美国农场平均 2800 亩；第二种是以法国为代表的欧盟模式，农户农业规模在 300 ～ 750 亩；第三种是以日本、韩国和我国台湾地区为代表的东亚模式，规模一般有十几亩，日本 30 亩以上的农户也仅占 15%左右。在人少地多的欧美等西方经济发达国家，通过家庭大农场发展规模经营，而人多地少的日本、韩国及我国台湾地区，通过鼓励引导农民发展多种形式的合作和土地流转，也较好地解决了农业规模经营问题，实现了农业现代化。

立足我国实际，中央提出，要走有中国特色的农业现代化道路，发展多种形式的农业适度规模经营。

第一，我国国情决定了只能走适度规模经营的路子。我国的基本国情就是人多地少，人均 1.5 亩耕地，只有世界平均水平的一半；1.8 亿农户，户均 11.3 亩地，比日本户均 18 亩耕地还要少。美国跟我国耕地面积差不多，但美国只有 210 万户农民，户均 800 多亩地。按我国目前的耕地与人口对比计算，如果户均经营 100 亩地，只需要 1820 万农户，按每户 3.5 个人计算，只需要 6370 万农民，也就是只需要全国总人口的 4.7%的人从事农业，在目前转移出的2.7亿人的基础上还要转移5亿多的农村人口;如果户均经营1000亩地,就只需要180多万农户了。显而易见,户均经营100亩地对我国来说已是难以实现,更不可能达到美国那种户均几千亩的规模。从技术水平上讲,使用机械,把土地平整好,一家一户种几千亩根本不是问题。但剩余的那么多农民怎么办,我们不能仅为了提高农业的规模化水平,而忽视农民、农村问题。并且据有关专家测算,到2030年我国人口将达到15亿,城镇化率如果能达到70%,仍然有4.5亿人在农村,要从事农业。我国土地的合理分配在很大程度上事关社会公平,土地规模经营必须效率和公平兼顾,中央一贯提倡适度规模经营。

第二,从规模报酬效益看,土地规模化经营超过一定程度,效益就会下降。微观经济学的规模报酬理论显示,一般在生产规模较小时扩大规模,产量增加的比例要大于生产要素增加的比例,产生规模报酬递增的效益;规模达到一定程度后,产量增加的比例等于生产要素增加的比例,这时就产生规模报酬不变的效益;但如果规模很大时再继续扩大,产量增加的比例会小于生产要素增加的比例,导致规模报酬递减。以1970年的日本和美国为例,美国农民1人1台拖拉机,日本45人一台,美国劳均生产粮食是日本的10倍,而单位土地产量仅为日本的1/10。按照这一理论,据有关专家测算,我国一年两熟地区小麦、水稻、玉米规模报酬变化的转折区间大体在30～60亩,一般少于30亩时扩大规模后规模报酬递增,大于60亩时再扩大规模后规模报酬会递减。当然,农户追求的是总收入的增加,即使到了规模报酬递减阶段,在耕地边际回报降到零之前,仍有扩大种植规模的动机。但我国人多地少,农民多,粮食需求多,不应提倡发展千亩以上的大规模,既要改变土地经营规模超小的现状,又要防止“规模不经济”的问题,要统筹考虑增产和增收的平衡、劳动生产率和土地产出率的平衡,以及效率与公平的平衡。

第三，农业适度规模经营可以通过多种形式实现。既可以通过流转土地经营权形成土地集中型规模经营，也可以通过发展农业生产性服务业形成服务带动型规模经营，还可以发展土地入股的股份合作型规模经营。家庭农场、种养大户、农民合作社、龙头企业等新型主体经营是规模经营的形式，订单农业、土地股份合作、土地托管、代耕代种、合作社组织下的农户联合也是规模经营的形式。土地股份合作制是“三权分置”、农业适度规模经营的有效实现形式，可使农民获得“租金+股金+薪金”等多项收入，实践中受到农民群众普遍欢迎，应大力推广。推进农业适度规模经营，不能单纯理解成土地经营规模的扩张，更不能简单等同于土地兼并。因此，我国必须走有中国特色的农业现代化道路，农业规模一定要实事求是向前推进，要把握好土地经营权流转、集中、规模经营的度，要与城镇化进程和农村劳动力转移规模相适应，与农业科技进步和生产手段改进程度相适应，与农业社会化服务水平提高相适应，不能片面追求快和大，不能单纯为了追求土地经营规模强制农民流转土地，更不能人为垒大户，要走适度规模化与精细化相结合的路子，提倡集约用地、高效种养、生态发展，重点发展精细农业、高效农业、立体农业、生态农业，在适度规模经营的深度或质的方面做文章求效益。农业部调查表明，从我国资源禀赋和当前城乡居民收入差距看，一年两熟地区户均耕种 50 ～ 60 亩、一年一熟地区户均耕种 100 ～ 120 亩，就有规模效益。

（三）促进小农户与现代农业发展有机衔接

目前小农户经营仍是我国农业经营主体的多数，必须建立健全小农户与新型农业经营主体的紧密利益联结机制，防止出现挤占农民利益、挤出小农户的问题。2018 年中央一号文件指出，要统筹兼顾培育新型农业经营主体和扶持小农户，研究创设支持小农户发展的政策；把对新型经营主体的政策扶持力度与其带动小农户数量挂钩，鼓励将政府补贴量化到小农户、折股到合作社，支持合作社通过统一服务带动小农户应用先进品种技术，引导推动龙头企业等与合作社、小农户建立紧密利益联结关系，通过保底分红、股份合作、利润返还等方式，实现农民分享农业全产业链增值收益，大力提升生产性服务业对小农户的服务覆盖率；发展多样化的联合与合作，提升小农户组织化程度，扶持小农户发展生态农业、设施农业、体验农业、定制农业，改善小农户生产设施条件，提升小农户抗风险能力。

二、探索宅基地“三权分置”改革

农民住房财产是农民最主要的家庭财产，附着在住房之下的宅基地是农村最有市场价值的资源。宅基地制度是我国农村社会的一项重要基础性制度，承载着稳定社会、安定农民的特殊功能。党的十八届三中全会提出，赋予农民更多的财产权利，保障农户宅基地用益物权，改革完善农村宅基地制度，慎重稳妥推进农民住房财产权抵押、担保、转让，探索农民增加财产性收入渠道。农村宅基地“三权分置”改革是对这一要求的深化，是继承包地“三权分置”改革后推出的又一重大农村改革创新，具有重大意义。长期以来，对推进农民住房转让、租赁不够，农村宅基地“三权分置”改革就是为了激活农村住房、宅基地这两大资产，使沉睡的“死资产”变成农民增收致富的“活资产”。2018年中央一号文件明确提出，完善农民闲置宅基地和闲置农房政策，探索宅基地所有权、资格权、使用权“三权分置”，落实宅基地集体所有权，保障宅基地农户资格权和农民房屋财产权，适度放活宅基地和农民房屋使用权。

（一）适度放活宅基地和农民房屋使用权

宅基地“三权分置”改革政策的主要出发点和落脚点是放活宅基地和农民

房屋使用权，顺应了农村实践要求和农民愿望，有利于盘活农村大量的闲置住房和空闲宅基地，将为增加村级集体收入和农民收入拓展新的空间，为美丽乡村建设注入新动力，也将大力促进农村创新创业等新产业新业态的发展。

当前，每年有大量农民离开农村、离开土地，人口大量迁移，农村出现大量农房、宅基地常年闲置。并且近5年很多农民利用在外务工赚到的钱回家整修了房子，很多农户的房子建得漂亮阔气，但长期无人居住，造成极大的浪费。2017年初，武汉市农村有空闲农房11.6万套，占农房总数的15.8%，如果加上半空闲房（主要是老人居住）和季节性空闲房（主要是春节使用），农房总空闲率达30%以上。而近年来，休闲农业、乡村旅游等农村新产业新业态蓬勃发展，城市市民有到农村休闲体验、旅游度假、养老康养的旺盛需求，市民到农村租用空闲农房搞农家乐、体验田园生活成为时尚追求。一边是农户闲置的房屋，一边是市民的休闲需求，如何实现两者的有效对接？

在实践中，湖北武汉市创造了很好的经验。2017年3月，武汉在全市实施“市民下乡”计划，鼓励支持工商企业家、新知识阶层、在外成功人士和城市居民，通过利用农村空闲农房等闲置资源，带动农业农村发展，促进农民增收。后提升为“三乡”工程，即“市民下乡”“能人回乡”“企业兴乡”工程。通过实施“三乡”工程，武汉市2017年空闲农房签订出租协议10078户，实现年租金1.58亿元，带动农民增加收入22.12亿元，全市农村居民人均增收864元；全市271个贫困村农民增收2.82亿元，贫困户农村居民人均增收812元。武汉市通过实施“三乡”工程，推动城市资金、技术、人才和城市文明流向农村，为农村带来了新消费、新投资、新业态、新风尚，创造了乡村旅游、生态农业、文化创意、农事体验、养生休闲、网红直播等发展模式，拓展了农村创业创新空间。如蔡甸区天星村，“回乡能人”许江租用闲置农房178栋，流转土地1800亩，一期投入4亿元，建设“花博汇”，将农房改造成欧式风情街，打造集创意、创业、休闲、体验于一体的综合性创业平台，带动企业积聚、产业积聚，吸引创业人员达到150人，带动周边近500名村民就业，特别是引进网络直播，创建“网红小镇”，仅2017年十一期间就接待游客15万人次，实现旅游综合收入2000万元。武汉木兰草原旅游发展股份有限公司在黄陂区4个自然村庄投资4亿元发展乡村旅游，利用当地农村1.1万平方米空闲农房发展农家乐，2017年接待游客达到80万人次，实现旅游综合收入2.5亿元，农民人均可支配收入突破4万元，村集体年收入达到50万元，助推了美丽乡村的持续发展。华中师范大学副教授许刚，到江夏区小朱湾租赁农房开办书院，举办国学讲堂，传播中华传统优秀文化，既为下乡市民提供了休闲体验，又提升了村民文化素养。黄陂区杜堂村“回乡能人”葛天才，在丘陵岗地打造“木兰花乡”景区，组织全村113户村民以空闲房屋入股成立合作社，2017年年底入社空闲农房利用率达68%，农民户平增收近3万元。

（二）打牢基础、积极探索

推进宅基地“三权分置”改革，仅仅破了题、开了局，还有大量工作需要推进，也需要各地积极探索、先行先试。要扎实推进房地一体的农村集体建设用地和宅基地使用权确权登记颁证，建立数据库，依托大数据实行系统化的信息管理，这是实现宅基地“三权分置”的基础。农村宅基地和农房纳入不动产统一登记以后，农民拿到不动产证，农房就可以更好地流转或抵押贷款。深化利用农村集体经营性建设用地建设租赁住房试点，中央在京、沪、杭等13个城市开展利用集体建设用地建设租赁住房试点，在试点城市村集体经济组织可以自行开发运营，也可以通过联营、入股等方式建设运营集体租赁住房。在一些城市近郊区位比较好的地方，可以引导市民下乡租赁农房过田园生活和养生养老、租赁农房开展创业创新。在偏远地区，做好空闲宅基地整治，把宅基地整理利用和新型农村社区建设结合起来，通过土地增减挂钩政策，腾出的多余土地指标可以跨省交易，拓宽美丽乡村建设的融资渠道。要总结农民住房财产权抵押贷款试点经验，进一步扩面推广。

当然，适度放活宅基地和农民房屋使用权，不是让城里人到农村买房置地，而是吸引资金、技术、人才等要素流向农村，使农民闲置住房成为发展乡村旅游、养老、文化、教育等产业的有效载体。2018 年中央一号文件也对改革提出了底线要求，明确提出一个“不得”和“两个严”，即不得违规违法买卖宅基地，严格实行土地的用途管制，严格禁止下乡利用农村宅基地建设别墅大院和私人会馆。

（三）学习借鉴义乌经验

2015 年 3 月义乌市被列为全国农村土地制度改革试点地区以来，探索建立农村宅基地“三权分置”制度体系，从农村宅基地“取得置换、抵押担保、产权明晰、入市转让、有偿使用、自愿退出及民主管理”七个方面进行制度创新，在改革中坚持维护农村宅基地集体所有权，固化宅基地资格权，完善宅基地使用权，既保障农民基本居住权利，又最大限度促进宅基地价值增值，赋予农民更多财产权利，农民有了更多获得感。

义乌市通过盘活宅基地实现了村集体自主实施美丽乡村建设，2017 年全市启动农村更新改造 47 个村，累计拆除旧房 1744 户、建筑占地 17. 95 万平方米，30 个村已开工改造。为鼓励农村节约集约用地，节余的村庄建设用地可以以集体经营性建设用地入市。2017 年义乌市入市成交 19 宗，其中 18 宗是村节余的建设用地，总用地 107. 71 亩，成交价款 8723. 87 万元。该市佛堂镇新建的“蟠龙花园”城乡新社区集聚项目，入住农户每家可新增不动产价值 300 万元左右，在村集体还有按股分红的财产性收入和产业用房收入等。义乌农村旅游“明星村”——城西街道何斯路村，将节余的 6. 2 亩村庄用地入市用于宾馆建设，进一步带动村旅游业发展；村集体宅基地所有权在经济上也得到了实现，通过改革，村集体共获利51.26亿元，其中宅基地退出复垦为“集地券”收益7.81亿元，有偿选位费32亿元，有偿使用费9.5亿元，入市获利0.70亿元，留地安置货币补偿1.25亿元。为了让农民住房财产变成“活资本”，义乌探索建立全国首个农村宅基地基准地价体系，正式公布《义乌市宅基地基准地价》，金融机构可以依据宅基地基准地价给予贷款。截至2017年底，全市已颁发农房不动产证2万多本；当地金融机构累计发放农民住房抵押贷款6763笔，贷款金额32亿多元。

三、深入推进农村集体产权制度改革

农村集体资产包括农民集体所有的土地、森林、山岭、草原、荒地、滩涂等资源性资产，用于经营的房屋、建筑物、机器设备、工具器具、农业基础设施、集体投资兴办的企业及其所持有的其他经济组织的资产份额、无形资产等经营性资产，用于公共服务的教育、科技、文化、卫生、体育等方面的非经营性资产。这三类资产是农村集体经济组织成员的主要财产，是农业农村发展的重要物质基础。

农村集体产权制度改革就是对这三类资产分类施策，对资源性资产的改革，要继续抓好土地承包经营权确权登记颁证工作，完善“三权分置”办法；对非经营性资产的改革，主要是探索建立集体统一经营的运行管护机制，更好地为集体成员和社区居民提供公益性服务；对经营性资产的改革是集体产权制度改革的重点，是增加村级集体和农民收入的重要渠道，要清产核资、确认成员身份、开展折股量化，将集体经营性资产确权到户，发展多种形式的股份合作制，构建集体资产运行新机制和收益分配制度，落脚点是落实好农民的集体收益分配权和民主监督权，赋予农民对集体资产股份占有、收益、有偿退出以及抵押、担保和继承的权利。

（一）推进农村集体产权制度改革意义重大

农村集体产权制度改革，是涉及农村基本经营制度和我国基本经济制度的一件大事，是新形势下完善农村生产关系的重大举措，是全面深化农村改革的重大任务，是巩固社会主义公有制、完善农村基本经营制度的必然要求，是维护农民合法权益、增加农民财产性收入的重大举措。推进农村集体产权制度改革，主要有三点重大意义。

第一，有利于增强农村集体经济发展活力。农村集体经济是社会主义公有制经济的重要组成部分。经过长期的发展积累，目前农村集体经济组织积累了大量资产，全国农村集体经济组织拥有土地等资源性资产66.9亿亩，各类账面资产2.86万亿元，大体上全国平均每个村有500万元，东部地区的村有近千万元的。这些资产是农业农村发展的重要物质基础。但集体资产管理面临“两个适应”问题，要适应健全社会主义市场经济体制新要求，通过深化改革，盘活集体资产，增添发展新活力；要适应城乡一体化发展新趋势，推进改革，防止农村集体资产流失，切实维护农民合法权益，让广大农民分享改革发展成果。大量的集体资产，如果不明晰归属、完善权能、盘活整合、创新机制，这些资产难以在市场经济体制下发挥应有的作用；如果不尽早确权到户，就存在流失或者被侵占的危险。

第二，有利于增加农民财产性收入。集体资产归农民集体成员所有。现在一方面维护农民的财产权利显得越来越紧迫，另一方面农民持续较快增收越来越困难。改革集体产权制度，把集体的经营性资产确权到户，实现农民对集体资产的占有使用和收益分配的权利，有利于拓宽农民增收新渠道，让农民共享农村改革发展成果。到2015年底，全国已经有5.8万个村，4.7万个村民小组实行这项改革，已经累计向农民股金分红近2600亿元，2015年当年就分红了411亿元。

第三，有利于增添农业农村发展新动能。改革农村集体产权制度，发展农民股份合作等多种形式的联合和合作，有利于激活农村各类要素的潜力，完善现代农业经营体系，增添农业农村发展新动能。上海市闵行区梅陇镇华二村通过改革，集体年收入从2005年改革时的3300万元增加到2015年的8100万元，广东省佛山市的南海区，2015年村组78万名社员股东人均分红5172元，占人均可支配收入的20%。

（二）明确农村集体产权制度改革的目标任务

党中央、国务院高度重视农村集体产权制度改革。党的十八届三中全会提出，赋予农民更多财产权利。2015年部署在全国29个县（市、区）开展积极发展农民股份合作、赋予农民对集体资产股份权能改革试点。2016年4月，习近平总书记在小岗村农村改革座谈会上强调，着力推进农村集体资产确权到户和股份合作制改革。2016年12月，中共中央、国务院印发了《关于稳步推进农村集体产权制度改革的意见》（以下简称《意见》），对农村集体产权制度改革作了总体部署，这是今后一个时期指导农村集体产权制度改革的总纲领。

改革的目标方向是，逐步构建归属清晰、权能完整、流转顺畅、保护严格的中国特色社会主义农村集体产权制度；建立符合市场经济要求的农村集体经济运行新机制，形成有效维护农村集体经济组织成员权利的治理体系。改革的重点任务是，对集体所有的各类资产进行全面清产核资，乡、村、组农民集体所有的资源性、经营性、非经营性资产都要进行清产核资，健全台账管理制度，从2017年开始，力争用3年左右时间基本完成；在此基础上，将经营性资产以股份或份额形式量化到集体成员，有序推进经营性资产股份合作制改革，力争用5年左右时间基本完成改革。改革的推进原则是，尊重农民意愿，积极稳妥有序推进，坚持试点先行、先易后难，不搞齐步走、不搞一刀切。改革的实施要求是，建立省级全面负责、县级组织实施的领导体制和工作机制，特别是地方各级党委的书记尤其是县乡党委书记要亲自挂帅，承担领导责任，加大对农村集体产权制度改革的政策支持和法治保障，营造有利于推进改革的法律政策环境。

2018年中央一号文件对深入推进农村集体产权制度改革提出新要求，全面开展农村集体资产清产核资、集体成员身份确认，加快推进集体经营性资产股份合作制改革，推动资源变资产、资金变股金、农民变股东，探索农村集体经济新的实现形式和运行机制。农业部《关于大力实施乡村振兴战略加快推进农业转型升级的意见》对深化农村集体产权制度改革进行了具体部署，要求全面实施农村集体资产清产核资，摸清资源性资产和经营性资产家底；建立健全集体资产登记、保管、使用、处置等制度，加快农村集体资产监督管理平台建设；将农村集体产权制度改革试点扩到300个，选择50个地市开展整市试点，条件成熟的开展整省试点；加快推进集体经营性资产股份合作制改革，确认集体成员身份，在资产折股量化、股权设置管理、收益合理分配，以及股份有偿退出、抵押担保、继承等方面进行积极探索；发展壮大集体经济，开展农村集体经济组织登记，启动集体经济组织登记赋码工作。

（三）探索农村集体经济新的实现形式和运行机制

推进农村集体产权制度改革的目的就是为了盘活集体资源资产，是为了更好地发展农村集体经济，增加集体和农民收入。农村集体经济组织可以利用未承包到户的集体“四荒”地（荒山、荒沟、荒丘、荒滩）、果园、养殖水面等资源，集中开发或者通过公开招投标等方式发展现代农业项目；可以利用生态环境和人文历史等资源发展休闲农业和乡村旅游；可以在符合规划前提下，探索利用闲置的各类房产设施、集体建设用地等，以自主开发、合资合作等方式发展相应产业。支持农村集体经济组织为农户和各类农业经营主体提供产前、产中、产后农业生产性服务。鼓励整合利用集体积累资金、政府帮扶资金等，通过入股或者参股农业产业化龙头企业、村与村合作、村企联手共建、扶贫开发等多种形式发展集体经济。2018年湖北省委一号文件提出，探索将财政支农资金形成的资产折股量化为村级集体持有或参与经营分红。

（四）推进农村集体产权制度改革要坚守法律政策底线

要坚持农民集体所有不动摇，不能把集体经济改弱了、改小了、改垮了，防止集体资产流失；坚持农民权利不受损，不能把农民的财产权利改虚了、改少了、改没了，防止内部少数人控制和外部资本侵占。要坚持农村基层党组织的领导核心地位不动摇，围绕巩固党在农村的执政基础来谋划和实施农村集体产权制度改革，确保集体经济组织依法依规运行，逐步实现共同富裕。改革的范围严格限定在集体经济组织内部，股权的流转不得突破集体经济组织的范围。改革要保护农民的民主权利，要保障农民的选择权，尊重农民的意愿，发挥农民主体作用，把选择权交给农民，涉及成员身份确认、资产股权的设置等成员权利的重大事项都要实行民主决策，由农村群众民主讨论决定；要保障农民的知情权、参与权、表达权和监督权，不论是改革方案的制订还是具体组织实施，以及改革之后建立管理制度，都要维护农民集体成员的监督管理权利。

（五）推广京山县试点经验

湖北京山县作为全国首批29个农村集体资产股份权能改革试点县之一，改革试点取得阶段性成果。2016年该县25个试点村村集体收入达到921.37万元，比改革前增长28.6%，村民股份分红达3393.6万元，人均996元，该县探索出的“3342”工作法值得在各地推广。

第一，“三清”明晰底数。清地确权，完成了全县农村承包土地确权登记颁证，从根本上解决了农户承包地面积不准、四至不清、登记簿不健全等问题。清产核资，对承包土地以外的集体山、水、林、地等资源进行全面调查、登记，经公示后全部录入县农经信息化综合服务平台，实行动态管理。清人分类，按照尊重历史、照顾现实、程序规范、群众认可的原则，综合考虑合作化时期是否入社、是否取得一二轮土地承包权、是否缴纳农业税费等情况，结合《婚姻法》、《收养法》和移民政策，制定出集体经济组织成员认定标准，对照标准认定集体经济组织成员身份。

第二，“三步”固化股权。分类量化股权，对集体经营性资产存量大的村直接量化资产，对集体经营性资源多的村直接量化资源，对集体既无资产又无资源的“空壳村”设立量化系数。民主配置股权，充分尊重群众意愿，由群众投票选择“基本股+农龄股”“一人一股”和“农龄股”方式配置股权。静态管理股权，按照“生不增、死不减，进不增、出不减”的原则，管理成员股权。

第三，“四规范”赋予权能。规范股权占有，将股权“量化到人、固化到户”，由农村集体经济股份合作社发放到户，作为成员占有股份的凭证，进行登记和备案管理。规范收益分配，严格按照村集体经济组织会计制度和组织章程，分配集体经济收益。规范有偿退出，制定《全县农村集体资产股份有偿退出办法》，对有偿退出的原则、方式、程序及重大事项进行规范。规范股份继承，制定《全县农村集体资产股份继承实施办法》，对股份继承的三种情形、股份分割要求和非成员继承股份进行了明确和界定。

第四，“两合作”激活要素。把激活农村资产资源要素作为改革的出发点和落脚点，在集体经营性资产存量大的村，积极推动建立集体经济股份合作社；在无集体经营性资产的传统农区，推动建立土地股份合作社，实现农民变股民、资源变资本。

四、加大农村新产业新业态用地支持

为加快破解农村建设用地自己用不了用不好、农村新产业新业态用地难的困局，2018 年中央一号文件指出，在符合土地利用总体规划前提下，允许县级政府通过村土地利用规划，调整优化村庄用地布局，有效利用农村零星分散的存量建设用地；预留部分规划建设用地指标用于单独选址的农业设施和休闲旅游设施等建设；对利用收储农村闲置建设用地发展农村新产业新业态的，给予新增建设用地指标奖励。

第三节 投入保障

实施乡村振兴战略，必须解决钱从哪里来的问题。虽然目前各级对“三农”的投入总量已经很大，但由于“三农”领域广、投入历史欠账多，“三农”的投入仍然很不足，农业农村基础设施仍然薄弱，农村公共服务仍然与城市差距很大。同时与国外发达国家农业政策相比，我国的支持力度还不够大。美国、欧盟、日本这三大现代农业地区，他们的农业制度比较健全，采取了一系列政策和制度来保护农民的利益，来保证农民的收入不低于其他劳动者，不让农民因为是农业生产者而吃亏，很好地保护了农民的积极性。美国、欧盟规定多大规模的农场一年应该达到多少收入，达不到政府就给补贴，美国农场收入的一半是政府补贴，欧盟财政支出的 40%用于农业补贴。据经合组织调查，2000 年日本农业的补贴占 GDP 总额的 1.4%，而当年的农业总产值才占 1.1%，农业补贴超过农业总产值；从农户年收入来看，日本农户年收入的 60%

来自政府的各种补贴。日本实施了一个居民收入10年倍增计划，规定农民收入要高过城市居民收入，这个指标在20世纪80年代就已经实现了，这么多年来他们的农民收入一直超过城市居民收入。为此，习近平总书记强调，乡村振兴是党和国家的大战略，要加大真金白银的投入。2018年中央一号文件提出，要健全投入保障制度，创新投融资机制，加快形成财政优先保障、金融重点倾斜、社会积极参与的多元投入格局，确保投入力度不断增强、总量持续增加。

一、确保财政投入持续增长

财政投入要做好“增长+整合+撬动”三篇文章，继续做好“加法”，优先保障财政对农业农村的投入，确保力度不减弱、总量有增加，继续做好“乘法”，切实提高财政资金统筹使用效益，充分发挥财政政策导向功能和财政资金“四两拨千斤”的杠杆作用，鼓励和引导金融资本、工商资本更多投向农业农村。

在增长方面，要建立健全实施乡村振兴战略财政投入保障制度，公共财政更大力度向“三农”倾斜，确保财政投入与乡村振兴目标任务相适应。要拓宽资金筹集渠道，调整完善土地出让收入使用范围，进一步提高农业农村投入比例；改进耕地占补平衡管理办法，建立高标准农田建设等新增耕地指标和城乡建设用地增减挂钩节余指标跨省域调剂机制，将所得收益通过支出预算全部用于巩固脱贫攻坚成果和支持实施乡村振兴战略；支持地方政府发行一般债券用于支持乡村振兴、脱贫攻坚领域的公益性项目；鼓励地方政府试点发行项目融资和收益自平衡的专项债券，支持符合条件、有一定收益的乡村公益性项目建设。

在整合方面，要优化财政供给结构，推进行业内资金整合与行业间资金统筹相互衔接配合，增加地方自主统筹空间，加快建立涉农资金统筹整合长效机制。

在撬动方面，要充分发挥财政资金的引导作用，撬动金融和社会资本更多投向乡村振兴。完善农业农村信贷担保和保险体系，农业部提出“健全全国农业信贷担保体系，2018年底覆盖主要农业县，通过财政担保费率补助和以奖代补等，加大对新型农业经营主体的支持力度”；加快设立国家融资担保基金，强化担保融资增信功能，引导更多金融资源支持乡村振兴；深入实施农业大灾保险试点，探索开展稻谷、小麦、玉米三大粮食作物和天然橡胶完全成本保险和收入保险试点，启动制种保险试点，推动出台优势特色农产品农业保险财政奖补政策。湖北省将健全农业农村财政支出优先保障和稳定增长机制，探索将财政支农资金采取市场化运作方式，实行滚动、有偿使用；鼓励和引导县市政府结合实际开办特色农业保险品种，积极推进农业大灾保险试点，探索农业巨灾保险。

二、提高金融服务水平

农村金融是农村经济发展的血脉。目前农村贷款难、贷款贵的问题仍然比较突出。为此，2018年中央一号文件指出，要坚持农村金融改革发展的正确方向，健全适合农业农村特点的农村金融体系，推动农村金融机构回归本源，把更多金融资源配置到农村经济社会发展的重点领域和薄弱环节，更好满足乡村振兴多样化金融需求。各地要通过货币信贷引导、财政撬动、差别监管等政策措施，推动金融资源进一步向“三农”倾斜。要明确相关金融机构在农村的职责定位，制定金融机构服务乡村振兴考核评估办法，国有大型商业银行要把普惠金融的重点放在农村，农业银行、邮政储蓄银行要加大“三农”金融事业部对乡村振兴支持力度，国家开发银行、农业发展银行要加大对乡村振兴中长期信贷的支持，推动农村信用社省联社改革，保持农村信用社县域法人地位和数量总体稳定，完善村镇银行准入条件，地方法人金融机构要服务好乡村振兴。要强化金融服务方式创新，鼓励金融机构开发适合农业农村特点的金融产品；支持符合条件的涉农企业发行上市、新三板挂牌和融资、并购重组，深入推进农产品期货期权市场建设，稳步扩大“保险+期货”试点，探索“订单农业+保险+期货（权）”试点。

三、引导社会投入和农民投工投劳

工商资本下乡，乡村有需求，资本有动力。要引导工商资本下乡，发挥好工商资本推动乡村振兴的积极作用，落实和完善融资贷款、配套设施建设补助、税费减免、用地等扶持政策，同时明确政策边界，保护好农民利益。农民是乡村振兴的主体，发挥作用的潜力无限。要充分尊重广大农民意愿，调动广大农民积极性、主动性、创造性，把广大农民对美好生活的向往转化为推动乡村振兴的动力。要推广一事一议、以奖代补等方式，鼓励农民对直接受益的乡村基础设施建设投工投劳，让农民更多参与建设管护，通过多种方式宣传发动农民自己动手建设美丽乡村、美丽家园。

第四节　人才保障

乡村振兴，关键靠人才。乡村有没有人气，能不能留得住人才，农村人口结构能否优化，也是乡村是否振兴的一个重要标志。而目前农村青壮年劳动力大量外出务工，农村人才短缺。实施乡村振兴战略，必须破解人才瓶颈制约。要在“引”字上下功夫，重视吸引外来人才，打破阻碍城乡人才资源双向流动的制度藩篱，畅通智力、技术、管理下乡通道，建立有效激励机制，把有志于推动农业农村发展的各类人才引回来，让城里想为乡村振兴出钱出力的人在农村有为有位、成就事业，让那些想为家乡做贡献的各界人士能够找到参与乡村振兴的渠道和平台，在乡村振兴中大展身手；要在“育”字上下功夫，进一步整合资金资源，完善培训机制和内容，大力培育新型职业农民，造就更多乡村本土人才；要在“用”字上下功夫，注重从高校毕业生、返乡农民工、退伍军人中择优选拔人才，充实乡村后备干部队伍。

一、大力培养本土人才

培育新型职业农民，全面建立职业农民制度，实施新型职业农民培育工程，支持新型职业农民通过弹性学制参加中高等农业职业教育，鼓励各地开展职业农民职称评定试点。实施新型经营主体培育工程，培育发展示范家庭农场、合作社、龙头企业、社会化服务组织和农业产业化联合体，加快建设知识型、技能型、创新型农业经营者队伍。加强农村专业人才队伍建设，建立县域专业人才统筹使用制度；对边远贫困地区、边疆民族地区和革命老区继续实施“三支一扶”、特岗教师计划等，组织实施高校毕业生基层成长计划；支持地方高等学校、职业院校综合利用教育培训资源，灵活设置专业（方向），创新人才培养模式，为乡村振兴培养专业化人才；扶持培养一批农业职业经理人、经纪人、乡村工匠、文化能人、非遗传承人等；加大农村实用人才带头人示范培训力度。

二、充分发挥科技人才支撑作用

全面建立高等院校、科研院所等事业单位专业技术人员到乡村和企业挂职、兼职和离岗创新创业制度，保障其在职称评定、工资福利、社会保障等方面的权益。深入实施农业科研杰出人才计划和杰出青年农业科学家项目。健全种业等领域科研人员以知识产权明晰为基础、以知识价值为导向的分配政策。探索公益性和经营性农技推广融合发展机制，允许农技人员通过提供增值服务合理取酬。全面实施农技推广服务特聘计划。

三、着力吸引社会人才投身乡村建设

现在的城里人往上数三代，大都来自农村，只要有机会，很多人都有回报家乡的愿望。要抓好招才引智，促进各路人才“上山下乡”投身乡村振兴，要想方设法创造条件，让农村的机会吸引人、让农村的环境留住人。建立有效激励机制，以乡情乡愁为纽带，吸引支持企业家、党政干部、专家学者、医生教师、规划师、建筑师、律师、技能人才等，通过下乡担任志愿者、投资兴业、包村包项目、行医办学、捐资捐物、法律服务等方式服务乡村振兴事业。研究制定管理办法，允许符合要求的公职人员回乡任职。发挥工会、共青团、妇联、科协、残联等群团组织的优势和力量，发挥各民主党派、工商联、无党派人士等的积极作用，支持农村产业发展、生态环境保护、乡风文明建设、农村弱势群体关爱等。全面建立城市医生、教师、科技文化人员等定期服务乡村机制。加强对下乡组织和人员的管理服务，使之成为乡村振兴的建设性力量。

第五节 规划保障

实施乡村振兴战略是一篇大文章，要统筹谋划，科学推进。规划是龙头，是第一道工序。科学管用的规划是乡村振兴的路线图、施工图和时间表。编制乡村振兴规划应注重七个方面的要求。

一、科学论证、精准施策

制定乡村振兴规划，要立足实际认真研究，要有指导性、操作性，不能为规划而规划。现阶段，我国农村形态格局正在快速演变分化，处于大调整、大变动的时期。随着经济社会发展，一些村落会集聚更多人口，一些自然村落会逐步消亡。要科学把握乡村的差异性和发展走势分化特征，对于哪些村保留、哪些村整治、哪些村缩减、哪些村做大，都要经过科学论证，在论证的基础上编制规划，做到分类指导、精准施策。

二、高点定位、全面推进

乡村振兴是大决策大战略，是全方位的振兴，总体规划的起点要高、内容要完整。要高目标定位。乡村振兴战略“二十字”总要求，是新时代“三农”发展的新目标，是与全面建成小康社会、全面建设社会主义现代化国家相匹配的更高的要求。因此，应适应新时代发展的新要求、农民朋友的新期待，高起点高标准制定乡村振兴的规划目标。已经制定的目标，要在新的规划中对照新要求提速提质。要全方位推进。乡村振兴涉及农村经济、政治、文化、社会、生态各个方面，规划要注重农村“五位一体”全面发展，按照乡村振兴战略总要求全面部署、全面推进。

三、统筹衔接、多规合一

通盘考虑上下、总分、城乡等发展规划编制，加强各类规划的统筹管理和系统衔接，形成上下贯通、城乡融合、区域一体、多规合一的规划体系。要上下衔接，制定各级乡村振兴规划，下级规划要与上级规划衔接、落实上级规划。国家制定乡村振兴战略规划（2018—2022年），分别明确至2020年全面建成小康社会和2022年召开党的二十大时的目标任务，细化实化工作重点和政策措施，部署若干重大工程、重大计划、重大行动，各地区各部门要编制与之呼应的乡村振兴地方规划和专项规划或方案。编制规划还要注意总分对接，各地总规划与其他专项规划要有机对接，专项规划服从总体规划，保证一盘棋；要注意城乡融合，按照城乡一体、融合发展的要求，统筹布局城乡规划，使城乡建设互联互促；要注意新旧结合，已经有完善的美丽乡村建设规划的可以根据新要求适当完善，避免另起炉灶、浪费精力财力。

四、因地制宜、分类推进

根据发展现状和需要分类有序推进乡村振兴，对具备条件的村庄，要加快推进城镇基础设施和公共服务向农村延伸；对自然历史文化资源丰富的村庄，要统筹兼顾保护与发展；对生存条件恶劣、生态环境脆弱的村庄，要加大力度实施生态移民搬迁。

按照乡村的人口规模、发展基础、区位条件和资源禀赋的不同，可分为五类村推进：对于经济比较发达、区位优势明显的城乡便利村，可发展休闲农业、乡村旅游、养老康养、民宿经济、创意创业等产业，这类村缺少的是建设用地，可通过实施土地整治、迁村腾地等途径，让本县其他有富余土地的村通过置换、变现，满足城乡便利村的土地需求；对于历史文化资源比较丰富的民俗文化村，可大力挖掘民俗文化，发展民俗旅游，用足用活传统文化资源保护、乡村旅游的相关政策，大力发展乡村旅游、网红小镇、文化创意等特色产业；对于生态良好的生态自然村，这类村生态优势明显、林果茶菌等特色经济有优势，但多是偏远山村，交通、物流、信息、人才比较欠缺，更多的要从基础设施“最后一公里”等方面发力，发展农村电商新经济，让养在深山中的生态资源、特色产品造福群众；对于以粮食生产为主的传统农耕村，这类村最大的资源就是耕地多，要在“农”字上做足文章，大力发展生态农业、优质农业，打造成优质粮仓、绿色菜园；对老少边穷村，要根据村庄发展实际，需要迁建的做好搬迁重建工作，不能迁建的村要出台特殊的支持政策，从基础设施建设、公共事业发展、人才队伍建设等方面给予特殊的关照，可以开展对口帮扶，一对一对进行扶持。

五、各美其美、体现特色

乡村振兴不能千篇一律、一个模式、一种格调。要注重地域特色、民族特色，体现各地乡土风情，不能去农村化、照搬城镇模式，要彰显地方特色和乡村特点。要建设类型多样、特征鲜明、风貌各异、多姿多彩的美丽农村，要保护好传统村落、民族村寨、传统建筑，要让乡村“看得见山，望得见水，记得住乡愁”。

六、试点先行、循序渐进

农村地域范围广，各地发展差异大，要从实际出发，针对不同类型的村庄采取不同的对策。可按照整治村、创建村、示范村三种类型三个阶段分类推进，基础差的村先进行环境整治，基础好的村进行提升创建，达到创建标准后再提质示范。要注意当前与长远相结合，合理设定阶段性目标任务，既要积极作为、尽力而为，又要量力而行、久久为功，不能急于求成、一哄而上。各地要选择不同类型的村分别开展试点，以点带面，逐步推进。

七、尊重民意、务实管用

制定乡村振兴规划要充分听取群众意见，充分依靠乡村干部，要把设计专家的理念与群众的意见有机结合，不能一味地弃土求洋、求全求新，更不能闭门造车、生搬硬套。县以下规划要力求务实管用，要好懂好用好看。

03

借鉴篇

借/鉴/篇

第十一章

国内乡村振兴的探索与启示

实施乡村振兴战略，是党的十九大作出的重大决策部署，是决胜全面建成小康社会、全面建设社会主义现代化国家的重大历史任务，是新时代“三农”工作的总抓手。乡村振兴战略作为党中央的重要战略任务，虽然是最近刚提出来的，但在此之前，部分省份对于新农村建设都进行了有益的探索与尝试，也取得了大量的成功经验。

第一节　浙江美丽乡村建设

一、发展背景

美丽乡村，是中国共产党第十六届五中全会提出的建设社会主义新农村的新方案。2014 年前后，为深入贯彻党的十八大、十八届三中全会和习近平总书记系列重要讲话以及中央一号文件精神，大力推进生态文明和美丽中国建设，农业部开展了“中国最美休闲乡村”和“中国美丽田园”推介活动，美丽乡村建设进入高潮时期。

二、主要措施

在全国的美丽乡村建设中，浙江省作为美丽乡村的首创地，走在美丽乡村建设的最前端。2003 年，针对农村人居环境与农民群众改善生活质量的要求的实际情况，习近平同志亲自调研、亲自部署，推动了事关千万农民民生的农村人居环境建设的“千村示范、万村整治”工程，开启了浙江美丽乡村建设的新篇章。

（一）政策举措

2003 年至 2007 年，浙江省 1 万多个建制村率先展开村内道路硬化、垃圾收集、卫生改厕、河沟清淤、村庄绿化工作，并带动城市基础设施、公共服务向农村延伸覆盖。五年内，浙江省共投入 600 多亿元，建成 1181 个全面小康示范村和 10303 个环境整治村，浙江省美丽乡村建设初见成效。

2008 年到 2010 年，浙江省政府大刀阔斧开展“整体推进”工作，把整治内容拓展到生活污水、畜禽粪便、化肥农药等面源污染整治和农舍改造等多个方面，实现农村人居条件和生态环境同步建设。三年中，浙江省共对 17283 个村庄实施环境综合整治，基本完成浙江全省第一轮村庄整治。

2012 年，浙江省第十三次党代会召开，省委、省政府又与时俱进地提出打造美丽乡村升级版的新要求。全省各地坚持“绿水青山就是金山银山”的重要思想，奋力开拓，不断丰富内涵，不断提升美丽乡村建设整体水平，促进美丽经济发展。

2015年前后，浙江省委、省政府在贯彻“绿水青山就是金山银山”的重要思想上对浙江省美丽乡村建设“深化提升”，把乡村建设贯穿到新农村的各个方面，全面实施美丽乡村建设行动计划，并启动历史文化村落保护利用工作。2012—2015年，浙江省共建成58个美丽乡村先进县(市)。

2016年，浙江省委、省政府开始推行“转型升级”策略，重点推进“物的新农村与人的新农村”齐头并进，满足以“产村人”融合、“内外魂”并重、“居业游”共进为基本要求，打造美丽乡村建设升级版。2016年，浙江全省共创建6个美丽乡村示范县。

2018年4月，浙江省委、省政府印发了《全面实施乡村振兴战略高水平推进农业农村现代化行动计划(2018—2022)》，提出要高举乡村振兴大旗，全面开启新时代“三农”发展新征程。

(二)具体方法

1. 产业融合发展。浙江省依托美丽乡村建设，大力推进农村一二三产业融合发展，拓展农业新功能，积极发展农村新兴美丽产业。因地制宜推进休闲观光农业、创意农业、养生农业等新型业态，实现一大批农家乐、民宿等乡村休闲旅游业蓬勃发展。另外，浙江省借助互联网大省的优势，推动互联网与农业农村深度渗透融合，农村电子商务迅猛发展。与此同时，浙江省的美丽乡村建设也十分重视与乡村合作经济的发展，科学推进农村集体“三资”经营管理，探索资产经营、资源开发、服务创收等项目。

2. 环境治理，绿色发展。浙江省把改善农村生态环境和人居环境作为打造美丽乡村升级版的突破口和主攻点，从以下四个方面具体进行美丽乡村建设。第一，以“五水共治”“四边三化”“三改一拆”为抓手，大力改善农村生态环境。第二，大力开展美丽乡村示范县、示范乡镇、特色精品村创建和美丽乡村风景线打造，实行全域规划、全域提升、全域建设、全域管理，推进美丽庭院、精品村、风景线、示范县四级联创，初步形成了“一户一处景、一村一幅画、一线一风景、一县一品牌”的大美格局。第三，村容村貌是门面，乡风乡俗是内涵。浙江省在美丽乡村建设中，大力弘扬农村文明乡风，建设文化为魂的人文乡村，积极推进历史文化村落保护。第四，注重村民道德素质的提高，培育好淳朴文明的乡风。浙江省先后深入实施优秀文化传承等“六大行动”，将核心价值观融入道路、公园、河岸的建设之中，让农民在赏心悦目中受到文化教育。

3. 推进农业现代化。浙江省在美丽乡村建设的基础上进一步提出农业现代化的建设要求。2018 年的《全面实施乡村振兴战略高水平推进农业农村现代化行动计划（2018—2022）》在美丽乡村建设的基础上以实施乡村振兴战略为主题，以高水平推进农业农村现代化为总目标，按照“654”的结构推进乡村振兴。“6”，即坚持农业农村优先发展、坚持乡村高质量发展、坚持乡村全面振兴、坚持城乡融合发展、坚持因地制宜特质发展、坚持底线思维和红线意识等六大原则。“5”，即以实施万家新型农业主体提升、万个景区村庄创建、万家文化礼堂引领、万村善治示范、万元农民收入新增“五万工程”为基础，全面推动乡村产业振兴、新时代美丽乡村建设、乡村文化兴盛、自治法治德治“三治结合”提升、富民惠民等“五大行动”。“4”，即全面加强农村改革、科技创新与人才培育、农村党建引领、组织领导等四大保障支撑措施，体系化、系统化推进全省乡村振兴①。

三、发展成效

浙江省美丽乡村建设自 2003 年启动以来已经有 15 个年头，在浙江省

① 《全面实施乡村振兴战略高水平推进农业农村现代化行动计划(2018—2022)》。

委、省政府的坚强领导和积极推动下，全省美丽乡村建设取得了显著成效，在农民收入、农村产业、乡风文明、基础设施、乡村治理等多个方面成效显著，成为全国美丽乡村建设和实施乡村振兴战略的典范。

（一）经济增长，农民增收

浙江省的美丽乡村建设，通过一二三产业的融合发展，互联网和乡村合作经济的优势，推动浙江农民人均收入持续快速增长。浙江省统计局 2016 年的数据显示，浙江全省 GDP 同比增长 8.3%，农村居民人均可支配收入增长 8.3%，农村居民收入增速与浙江省 GDP 增速持平。而在美丽乡村的经济建设上，2016 年浙江全省共建成农家乐特色村（点）3484 个，从业人员 16.6 万人，实现年营业收入 291 亿元。2016 年全省农产品网上销售额 304 亿元，共建成“淘宝村”506 个、村级电商服务站 1.1 万个，农村电商走在全国前列。

（二）村容整洁，乡风文明

浙江省通过全面推行“河长制”，完成“清三河”治理任务，大力开展农村生活污水治理。2014 年以来各级财政投入 300 多亿元，500 万户农户生活污水实现截污纳管，2.1 万个村完成治理，全省村庄覆盖率、农户受益率分别为 90%、74%。全省全面推行农村生活垃圾集中收集处理，建制村覆盖率达到 100%。与此同时大力推行生活垃圾减量化、资源化、无害化分类处理，推动垃圾“扔进桶”向“分好类”转变。而在美丽乡村的宜居建设中，截至 2016 年底浙江省共创建美丽庭院 43 万户，培育特色精品村 2000 多个，打造美丽乡村风景线 300 多条，已培育美丽乡村先进县 58 个、示范县 6 个、示范乡镇 100 个、特色精品村 300 个。美丽宜居示范村国家级试点和全国美丽宜居示范村庄总量居全国首位。

除此之外，在美丽乡村的文化建设中，从 2013 年起农村文化礼堂的建设工作连续被纳入浙江省政府为民办实事项目，礼堂活动内容越来越丰富，滋养了一批“最美”典型，弘扬了农村好家风，文化礼堂已经成为村民的精神家园。截至2016年底已建成农村文化礼堂6424个。浙江省自2012年起全面开展历史文化村落保护利用工作，先后启动172个历史文化村落重点村和868个历史文化村落一般村的保护利用工作，修复古建筑3000余幢、古道212千米，并在全国率先实施《千村故事》“五个一”行动计划，弘扬具有浙江时代印记和地域特色的文化遗产。1237个历史文化村落逐步成为浙江美丽乡村建设的文化窗口。

（三）深化改革，善治当家

浙江省在召开第十三次党代会以来，全面推进城乡综合配套改革，以深化改革来激发美丽乡村建设的活力。

深入推进“新土改”。深化以产权制度为核心的农村改革，通过确权、赋权、活权、保权，将农村死产变活权、活权变活钱，切实实现农民增收、改变生产生活。对农民而言，土地无疑是最珍贵的。浙江省新的土改办法使得农民的土地拥有土地流转、抵押的保障。

积极开展“新金改”。在农村产权全面确权的基础上，通过推动金融下乡、发展普惠金融等途径，为农民致富、农村发展提供强有力的信贷保障和高水平的金融服务。

持续深化“新户改”。2015年底，浙江省政府出台《关于进一步推进户籍制度改革的实施意见》，全面放开县（市）落户限制，建立了城乡统一的户口登记制度，逐步消除了依附于户口的城乡差别待遇，加快了农业转移人口市民化的进程。

同时，浙江省积极推进平安社区和基层党建，建设服务至美的善治乡村。坚持以基层党建促进美丽乡村建设，以乡村治理促进平安社区建设，全力构建法治、德治、自治“三位一体”新型农村社会治理模式，努力打造社会活力最强、社会秩序最优、社会风气最正、社会服务最美、社会治理最善、干群关系最好的善治乡村；扎实推进党的基层组织建设，高标准落实农村基层党建“浙江二十条”。进一步探索完善法治、德治、自治“三位一体”的基层社会治理现代化体系。坚持以法治为纲，不断提高依法治乡、依法治村水平。以德治为基，不断激发群众道德自觉，大力推进公民道德建设，把公民道德建设融入经济社会发展各个领域，真正实现美丽乡村美在心灵。以自治为要，突出发挥村规民约的自治作用，把重大决策、规划蓝图交给群众民主决策[①]。

（四）完善设施，服务保障

截至 2016 年底，浙江全省农村实现等级公路通村率 100%，路面硬化率 100%，城乡客运一体化率 50%以上，有线电视覆盖率 97.9%，宽带入网率 96%以上。同时，全省基本形成以中心村为主要平台的 30 分钟公共服务圈，建成农村社区服务中心 19647 个、居家养老服务照料中心（站）2.4 万个。

美丽乡村建设扎实推进“新社保”，提升城乡基本公共服务均等化水平。2014 年浙江省 11 个设区市都已制定出台全市统一的城乡居民基本医疗保险制度，率先在全国完成城乡居民医疗保险职能、制度、经办并轨。2015 年全省在城乡居民医疗保险并轨的基础上，率先实现大病保险制度全省全覆盖。与此同时，浙江省加大社会救助兜底力度，2016 年城乡最低生活保障标准分别提高至每人每月 678 元和 631 元。

四、经验与启示

浙江省的美丽乡村建设的成功经验总结起来有以下四个方面。

① 潘伟光等：《美丽乡村建设的浙江经验》，《浙江日报》2017 年 5 月 8 日。

第一，必须给予政策的大力支持。农业的发展对政策依赖性强，农村建设也同样如此。浙江省自实施美丽乡村建设开始起，便根据建设进度出台相应的鼓励支持性文件和政策，积极推动浙江省的美丽乡村建设进程。同样如此，在我国推进乡村振兴战略的发展中必须高度重视政策作为支持性因素对于乡村振兴战略实施的重要意义，在建设期间要不断出台相应的鼓励支持政策，不断完善发展的机制，推动乡村振兴战略的实施。

第二，必须坚持产业发展第一原则。浙江省大力发展农业产业，增强农民实施乡村振兴的内在动力和活力。积极探索农业供给侧结构性改革，大力发展美丽农业，努力拓展农业多功能，催生民宿、农家乐、休闲农业、乡村旅游业、农业健康养生等农业新型业态发展。

第三，乡村振兴必须坚持绿色发展。浙江省的美丽乡村把“绿水青山就是金山银山”的重要思想贯穿于乡村建设始终，充分发挥目标区域乡村山水资源丰富的自然禀赋优势，实现生态农业建设与乡村振兴的紧密结合，形成生态环境建设与乡村振兴建设互促共进的机制，形成既有现代文明又有田园风光的美丽乡村的新境界。

第四，乡村振兴不能落下乡村文化。浙江省把文化为魂的理念贯穿于美丽乡村建设的始终，既注重传承和弘扬传统农耕文化和优秀民俗文化，又注重推进社会主义先进文化建设，以农村精神文明建设来提升美丽乡村的内涵美。在村居建设、农业发展、经济发展和新型职业农民培育中都注入文化基因要素，形成文化建设与乡村振兴建设的互促共进、相得益彰的新格局。

第二节 福建特色现代农业建设

一、发展背景

（一）政策背景

福建在发展特色现代农业的过程中优势明显，引起了国务院和有关部委的重视，相应出台了支持福建发展特色现代农业的政策。2008年，农业部与福建省人民政府签署《关于共同推进海峡西岸现代农业建设的若干意见》。2009年，国务院下发的《关于支持福建加快建设海峡西岸经济区的若干意见》明确要求福建省要按照高产、优质、高效、生态、安全的标准，加快转变农业发展方式，促进农业结构优化升级，构建农业产业体系，发展特色现代农业。在国家的大力支持下，2017年福建省委、省政府依据特色现代农业的发展成果发布了《关于全面推进农村改革加快特色现代农业发展的若干意见》。该《意见》指出，要全面落实党的十八大和十八届三中、四中全会精神，深入贯彻习近平总书记系列重要讲话和来闽考察重要讲话精神，认真落实省委九届十一次、十二次全会重要部署，积极适应经济新常态，提高粮食质量和效率。

（二）资源背景

福建省位于东南沿海地区，具有依山傍海的地理特点，海岸线曲折绵长，陆地海岸线长达3751.5千米，近海岛屿众多，大小共有岛屿1500多个，海产资源丰富；在福建省境内也拥有丰富的水资源，河流中以闽江、晋江、九龙江、汀江、交溪五大河流最具代表性。福建省靠近北回归线，属于亚热带湿润季风气候，年降水量丰富，年平均气温在17℃以上，光照充足，雨热同期。福建省境内九成陆地面积为山地丘陵地带，被称为“八山一水一分田”。同时，起伏的丘陵地形造就了福建省气候的区域差异，各气候区内的水热条件垂直分化十分明显。此外，福建省森林覆盖率位居全国前列，享有“绿色名片”称号，森林覆盖率达65.95%，居全国第一位。

福建省得天独厚的地理优势和丰沛的自然资源使其具备了发展特色农业产业的优势基础，培育了一大批具有福建省特色的农产品，如水果、茶叶、蔬菜、食用菌、畜禽、花卉、苗木等。充分的水热条件和丘陵地形有利于林木和竹子的生长，使福建省成为林业大省，木材产量居全国第三位，竹材产量居全国第二位，竹材和木材深加工十分发达。福建省借助于独一无二的自然条件，因地制宜，发挥农业优势，重点发展药材、畜禽、蔬菜、水果、茶叶、食用菌、水产、林木、花卉苗木等特色农业产业及休闲农业。

（三）位置条件

福建和台湾仅一水之隔，两地纬度相同，气候相似，农业环境相仿，农作物、水果品种等大同小异。两地农业交流合作历史悠久，地缘优势明显。福建与台湾的合作领域、规模和成效居于领先地位，是国内第一个建立海峡两岸农业合作试验区和拥有最多台湾农民创业园的省份，是最先颁布推进两岸农业交流与合作的地方性法规的省份。此外，福建率先启动零关税进口台湾农产品，并颁布出台了一系列关于促进两地合作的政策，积极推动台湾农民创业园建设，深化与台湾的农业、科技合作，为福建特色现代农业的发展奠定了良好基础。

二、主要措施

福建省的特色农业发展起来得益于得天独厚的自然优势，其发展模式也是影响特色农业发展的重要因素。福建省特色农业发展中，产业融合和产业集聚是最常见的两种方式。

(一)实现产业融合发展

特色现代农业与农业产业链的融合。福建省因其独特的地理、气候、环境等特点，其农业产业发展的特色也十分鲜明，出现了许多特色优势农产品。其中以绿色蔬菜、花卉园艺、烟叶、名优果茶、食用菌以及水产为代表的现代农业产业化的特色产业链也已初步形成。福建省的安溪县大力发展茶产业链，全县有80万人从事茶产业，茶产业的产值达到40亿元；古田县大力发展食用菌产业，积极推动食用菌种植技术的继承、创新和发展，形成了区域分工、生产分工，食用菌产业链的生产规模位居全国前列，成为国家菌草工程技术研究中心示范推广基地。福建特色现代农业发展，成为农民增收的新增长点。特色现代农业与农业产业链的融合，适应了当地优势产业特色，延长了产业链，增加了附加值，提高了农民收入，将本地特色转化为产业优势，成为推动福建现代特色农业发展的重要力量和提高福建现代特色农业产业化水平的重要因素。

特色现代农业与农家乐融合。以福建省永泰县千江月休闲农场为例，作为福州农家乐休闲旅游代表之一，其位于永福公路，在福州市区与永泰县之间，距福州市区约30千米，市民自驾车30分钟即可到达农场，交通十分便利。永泰县千江月休闲农场植被覆盖好，空气湿润，年平均气温均在13℃以上，降雨丰富，雨热条件优良，非常适合种植各类蔬菜与水果等作物。农场有八大特色区域：农场服务区、草坪区、蔬菜种植区、休闲区、亲子区、果蔬区、民宿区和花卉种植区，其农家乐餐饮光顾人数多、效益好。特色现代农业与农家乐的融合，拓宽了特色现代农业的内涵，使农村的自然风景、农家乐餐饮成为有经济价值的吸引物，带动当地蔬菜水果种植业的发展，提高其产品附加值。

（二）发挥产业集群效应

农业产业集群作为以一组在地理上相互临近、产业上具有共性或互补性的企业及机构作支撑，由农户、企业及市场形成专业化的有机体。区域自然资源禀赋是农业产业集群形成的基础因素。农业产业集群最显著的特征是地理临近性和产业关联性，不同地区不同的自然资源、历史文化、区域优势等，决定了农业产业集群具有地域根植性。农业产业集群形成过程中，农民和企业是产业集群建设的主体，农民合作组织是产业集群发展的关键力量，完善的农业基础设施、便捷的交通网络、发达的专业市场和相关产业的支撑是集群发展的必要条件。

（三）推动现代农作物种业发展

2018 年 4 月，福建省政府审议通过了《关于加快推进现代农作物种业发展的实施意见》。该意见指出，加快推进现代农作物种业发展，有利于促进特色现代农业发展、服务乡村振兴战略的实施。要实施种业创新与产业化工程，加强种业基础设施建设，扶持种子企业做大做强，培育壮大“育繁推一体化”种业集团，全面提升福建省农作物品种创新能力、企业竞争能力、市场监管能力和供种保障能力。

三、发展成效

（一）特色现代农业发展再上新台阶

截至 2017 年底，福建省在特色现代农业发展中，培育壮大茶叶、水果、蔬菜、食用菌、畜禽等特色产业，百香果、富硒农业成为特色现代农业新亮点，七大优势特色产业全产业链总产值突破万亿元大关，其中蔬菜、水果、畜禽等产业全产业链产值均跨越千亿元大关。创建了武夷岩茶国家级农产品优势区、安溪国家级现代农业产业园，组织创建省级以上现代农业产业园 59 个，全省实施现代农业重点项目 761 个，新增投资超过 120 亿元，特色产业向适宜区域集聚发展的态势进一步形成。

品牌农业加快发展，初选 10 个福建区域公用品牌、26 个福建名牌农产品，安溪铁观音、武夷岩茶荣获中国十大茶叶区域公用品牌，福建百香果等 6 个农产品获第十五届国际农交会金奖，永春芦柑等 4 个农产品被评为中国百强农产品区域公用品牌。支持一批重点龙头企业加强品牌宣传推介，组织拍摄播放特色产业电视专题片，“清新福建 绿色农业”品牌效应初步形成。

深入实施农产品质量保证的“1213”行动计划，新建标准化规模生产基地 3163 个，“三品一标”农产品达 3724 个，主要农产品质量抽检总体合格率达 98.6%，居全国前列。数字农业稳步发展，启动建设 14 个现代农业智慧园和 180 个物联网应用示范基地。大力发展农业产业化经营，规模以上农产品加工企业发展到 4428 家，农产品加工转化率提高到 68%，成立了福建百香果、葡萄、蜜柚等产销联盟，推动了福建省农村电商、休闲农业等新产业的快速发展①。

（二）农民收入大幅增长

特色现代农业的发展为广大农民提供了增收渠道。2017 年，福建省深入学习贯彻习近平总书记关于“三农”工作的重要论述，扎实推进农业供给侧结构性改革，加快发展特色现代农业，深入实施精准扶贫精准脱贫方略，持续深化农村改革创新，较好完成了各项目标任务。全省农林牧渔业增加值增长 3.5%，农民人均可支配收入增长 8.2%，粮食等主要农产品实现增产增效，农业农村经济保持稳中向好态势。

① 《2018 年福建省农业厅工作报告》2018-03-02。

（三）农业对外合作取得新进展

依据自身特色农业优势，福建省积极组织重点企业参加国际展会，持续推进“闽茶海丝行”等推介活动，农业“走出去”步伐加快，一批重大农业项目在“一带一路”沿线国家和地区落地建设。农产品国际市场不断开拓，农产品市场多元化特征更加明显，2017 年全年农产品出口额超过 91 亿美元，居全国第三位。持续深化闽台农业合作，国家级“台创园”建设水平不断提高，漳平、漳浦等 5 个“台创园”建设成效评估包揽全国前五名；闽台农业合作推广成效日益显现，福建百香果、莲雾等新产业加快发展；闽台农业交流力度不断加大、领域持续拓展，“海峡论坛”农业专场活动成功举办，农业利用台资规模继续保持全国第一。

（四）脱贫攻坚实现新成就

在发展特色农业的基础上，福建省全面推进精准扶贫精准脱贫，2017 年度脱贫 20 万人、造福工程易地扶贫搬迁 10 万人。贫困人口动态管理制度不断完善，对象识别更加精准。通过建立《扶贫手册》《挂钩帮扶工作手册》制度，“一户一策”“一户一挂钩”帮扶要求更加落实。在产业扶贫上不断强化政策支持，扶贫小额信贷覆盖面达 39. 2%，“雨露计划”培训贫困户 6. 9 万人次，贫困户发展生产奖补政策实现全覆盖；并在扶贫机制持续创新，精准扶贫医疗、资产收益扶贫试点等方面有序展开。

四、经验与启示

福建省的特色农业发展是推动福建省乡村脱贫攻坚，实现乡村振兴的主要贡献力量。从福建省的特色农业发展来看，主要集中在以下几方面。

第一，特色农业，必须依据当地的特有环境和资源禀赋。福建省自然条件独特，因此借助特色农业来发展农村。我国国土面积广阔，村镇分布从南至北、从东到西各不相同，各地区村镇的资源禀赋也各不相同，因此在推进乡村振兴的进程中必须要重视这些差别，因地制宜发展，一村一个模式，一地一个特色，把各地区的资源优势转化为经济优势。

第二，产业融合，主要作用在产业集聚，具体体现在农业产业园的建设。福建省依据本地农业特色，融合一二三产业及公用基础设施，发挥产业的集聚优势，提升本地的农业产业竞争力，为实施乡村振兴战略提供了坚实的经济基础。

第三，推行良种化，农业发展中除了资本、土地、技术、劳动力等因素外，优良品种也是农业发展的重要因素。福建省立足于特色现代农业的基础，推行种植业、渔业和畜牧业的良种化，对提升农产品品质、产量和竞争力有着重要的作用。我国的乡村振兴，重在农业产业的可持续发展，因此需要大力推行农业的良种化。

第三节 河南农业强省建设

一、发展背景

河南地处我国中部，是华夏文明的发源地，农耕历史悠久。河南省是全国重要的农业大省。2014 年，习近平总书记视察河南时说“河南农业，特别是粮食生产，是一大优势、一张王牌，这个优势、这张王牌任何时候都不能丢”。

“十二五”以来，为了贯彻习近平总书记关于“三农”工作的重要论述，响应国家号召，转变河南省农业大省地位，打造河南农业强省的优势，河南全省加快推进农业发展。河南省围绕建成全国重要的高产稳产粮食生产和加工基地、全国重要的优质畜产品生产和加工基地、全国重要的油料和果蔬花卉生产基地的目标，大力推进农业结构优化调整，着力培育现代农业产业体系，使城乡居民的“米袋子”更厚实、“菜篮子”更丰实、“油瓶子”更扎实、“果盘子”更殷实、“餐桌子”更安全和农民的“钱袋子”更鼓。

二、主要措施

2016 年 12 月，河南省委、省政府印发了《河南省“十三五”农业和农村经济发展规划的通知》，提出了建设河南农业强省的相关思路和措施。

（一）推进农业现代化

农业的根本出路在于现代化，没有农业现代化，国家现代化就不完整、不牢固。河南是农业大省，推进农业现代化是建设农业强省的基础。

现代农业，是通过使用现代经营方式、科学技术、管理手段、物质装备武装农业，集市场化、科学化、机械化、信息化等为一体的农业发展模式。以河南省的农业产业化龙头企业中鹤集团为例，中鹤集团的万亩示范田通过使用大型智能喷灌设备，根据气候墒情随时调整水肥参数，3 个农业工人几十分钟就能喷灌 1000 亩农田。

河南省委省政府提出了未来五年要实现“农业现代化全国领先”“建设现代农业强省”的目标。大力推进农业供给侧结构性改革，提高农业发展的质量效益和产业竞争力，促进农民增收。完备农业产业体系、生产体系、经营体系。推动农业产业链、价值链建设，优化调整农业产业结构。推动一二三产业融合发展，加快形成产业集群。夯实农业物质技术基础，提高机械化、科技化、信息化、标准化水平，实现绿色生态种田。培育新型经营主体，发展适度规模经营，加强农业社会化服务。这些均将是河南实现农业现代化，建设农业强省的必由之路。

（二）推进供给侧结构性改革

建设农业强省，就要对农业提质增效。大而不优，多而不强，优质高端农产品供给不足，这是河南省农业的深层次矛盾。建设农业强省，必须推进农业供给侧结构性改革。实现整个农业发展方式的转型升级，是当前农业供给侧结构性改革的重点，农业供给侧结构性改革要注重解决体制、机制问题，要以市场需求为导向，从根本上矫正供需结构错配和要素配置扭曲，为农业强省的建设扫除障碍。

对于农业供给侧结构性改革，河南省已开始谋篇布局。一方面，统筹推进，努力破除制约农业发展的种种瓶颈，推动农业布局区域化、经营规模化、生产标准化、发展产业化。另一方面，调整结构，契合市场需求。结合河南具体情况，在适当调减粮食作物种植面积的同时，大力发展“四优”，即优质小麦、花生、草畜和瓜果。补齐短板，夯实农业基础。

（三）实施科技创新

建设农业强省需要科技创新。一项技术可以带来一场革命，一粒种子可以改变一个世界。河南省继续强化农业科技创新能力建设，大力提高机械化、科技化水平，提高科技对农业的贡献率。推进标准化生产，提升农产品品质、品相、品牌。积极推广节本增效技术，实现化肥、农药施用量零增长，提高农业投入品综合利用效率。

（四）实施高标准粮田建设

河南用全国1/6的耕地，生产了全国1/4的小麦、1/10的粮食，创造了十二连增的奇迹，成为名副其实的国家粮食生产核心区。而这一切，离不开多年持续建设高标准粮田的强基固本努力。

未来五年，河南省将继续推进粮食生产核心区建设“落实藏粮于地、藏粮于技”战略，大力实施高标准粮田“百千万”建设提升工程，加强农田水利建设，提高机械化、科技化水平，突出发展优质小麦，促进粮食绿色高产高效，承担好保障国家粮食安全的政治责任，打造成为名副其实的农业强省。

三、发展成就

在农业产量和产值方面，2015 和 2016 年全省粮食总产分别跨越 550 亿千克和 600 亿千克两大台阶，实现历史性的“十二连增”。2016 年全省农业总产值为 7799.67 亿元，较 2015 年的 7641.27 亿元增加 2.1%。

农民收入稳步提高。2016 年农村居民人均可支配收入为 11696.74 元，增长 7.8%，连续 7 年增速超过城镇居民，城乡居民收入比从 2010 年的 2.65∶1 缩小至 2016 年的 2.32∶1。2016 年，实现 110 万人稳定脱贫。

在农业科技创新方面，“十二五”期间，全省共建设国家级和省部级农业科研平台 282 个，拥有农林领域院士 3 人，省级科技创新杰出人才 166 人，在农业领域获得国家科学技术奖励 37 项（其中国家科技进步一等奖 2 项）。2016 年底全省农业科技进步贡献率达到 57.8%，稳居全国第一方阵。河南省培育了矮抗 58、浚单 20、郑麦 366 等一大批优良品种，先后分别成为我国第一大小麦、玉米种植品种，有力推进了粮食品种升级换代，主要农作物良种基本实现全覆盖，有力支撑河南粮食生产跨越发展。

规模经营初见成效。“十二五”期间农村土地流转面积 3897 万亩，占家庭承包面积的 38.9%，粮食生产经营面积在 100 亩以上的经营主体 6.9 万个;同时,完成新型职业农民教育培训11.5万人。2016年底,河南全省在工商部门登记注册的农民合作社达到13.9万家,家庭农场3.54万家。

农业机械化水平显著提高。“十二五”期间,河南全省新增农机总动力9254.26万千瓦,耕、种、收的综合机械化水平达到77.5%,小麦生产基本实现全程机械化,玉米机收率达到73%,水稻机收率达到85.7%。2016年,全省农机总动力近1亿千瓦,居全国前三位。

农业产业化集群发展成效显著。龙头企业规模逐步扩大,农业产业化龙头企业近6800家,农业产业化集群517个,分布全省农业领域11个产业、50多个子产业,基本覆盖全省优势农产品产业和区域性特色产业[①]。全省规模以上农产品加工业年实现主营业务收入占到全国1/10,居全国第二位。

农业发展新模式方兴未艾。“互联网+”广泛应用,农村电商异军突起,阿里“农村淘宝”项目在22个县落地,1100多个村级服务站投入运营。河南省电商企业超过20万家,农村网店突破3万家。

产权制度改革不断深入。农村土地承包经营权确权登记颁证工作进展顺利,多地建立农村产权交易中心;农村金融加快创新,河南省中原银行成立“三农”金融事业部,积极服务农村经济发展。

在农田建设上,河南省“十二五”期间高标准粮田“百千万”建设工程顺利实施,河南省累计投入414亿元,建成“五网配套”的高标准粮田4602万亩,占全部规划任务的72%。重大水利工程建设加快推进,新增恢复改善灌溉面积1965.9万亩。

农产品质量安全保障能力稳步增强。在“十二五”期间,河南全省累计制定发布农业地方标准291项。创建国家级农业标准化示范区35个、省级标

① 《河南省“十三五”现代农业发展规划》2017-01-25。

准化示范区244个、省级标准化示范县4个。累计认定无公害农产品基地1973个，全省有效期内“三品一标”产品数2764个。农产品质量安全检测合格率保持在96%以上。21个农产品品牌被命名为“中国名牌”，43个农产品加工企业的产品商标被认定为“中国驰名商标”。

农业公共服务体系逐步完善，基层农技服务体系基本形成。“十二五”期间建成了1031个乡镇(区域)农技推广站、71个农业有害生物预警与控制区域站，发展植保专业化统防组织4423个，每年测土配方施肥面积6050万亩次，病虫害统防统治面积7000万亩次；建成省、市、县三级兽医实验室144个，设立动物卫生监督分所1080个、疫情监测网点6180个，动物防疫工作步入依法防控的新阶段，综合防控措施得到有效落实，全省未发生区域性重大动物疫情。

农业对外合作持续深入。“十二五”期间，全省农产品出口总额65.7亿美元，年均增长17.6%。农产品出口基地发展区域化、集群化、标准化，初步形成以郑州为中心的速冻食品及面制品加工出口基地。农业“走出去”步伐加快，双汇集团成功并购美国最大的生猪生产加工企业——史密斯菲尔德，河南进口肉类指定口岸和河南澳大利亚进口屠宰活牛指定口岸相继建成运行。

四、经验与启示

农业是农村发展的根本，是实施乡村振兴战略需要首要解决的问题。河南省的农业强省建设是符合河南省农业发展的重要举措。怎样在乡村振兴中将农业做大做强，河南省的发展提供了有益的借鉴。

第一，推进农业现代化。农业现代化是一个综合性的概念，不是单一的工具现代化，是涵盖农业科技、信息、技术、人才、产业等在内的多样化现代农业发展。我国的农业虽然历史悠久，但是现代化程度低，相比较发达的国家的农业较为落后，乡村振兴战略的提出就是要推动农业现代化的发展，发挥现代技术手段在推动我国农业发展中的作用。

第二，坚持科教兴农的发展战略。科技是第一生产力，对农业也同样适用，河南省的农业发展通过优良品种培育、绿色环保生产等科技手段逐步实现农业强省的目标，因此乡村振兴战略的实施也需要依靠科技手段，增加农业科技投入，提高农业科技贡献率。

第三，农业信息化是引领未来的农业新型发展模式。电子商务从工业品转向农业品，不单单是销售渠道和销售模式的拓宽，同样也是农业发展的新机遇，将信息与农业发展相结合，转变传统农业生产经营模式，实现农业新的发展。

第四节　四川幸福美丽新村建设

一、发展背景

四川的新农村建设最早可以追溯到“5·12”汶川特大地震灾后重建的对口援建时期，当时一共有18个省市对口援建18个极重灾县，不仅给予了巨大的人力、物力、财力的援助，还带来了各地先进的建设理念。灾后重建起的农村一改原有落后面貌，实现跨越发展，成为后来四川全省进行新农村建设的模板。

2008年前后，四川省委、省政府先后部署了两次大规模的重大课题调研，两次都列入了新农村建设。课题总结成都等地经验，强调统筹城乡发展，编制了全省新农村建设规划纲要，踏上了四川幸福美丽新村的建设之路。十八大召开之后，四川省在原有新农村建设的基础上进行升级，根据十八大精神，四川省注重新农村建设与新型城镇化结合，与全面建成小康社会的建设目标相衔接，重视农村生态文明建设，落实农耕文明的传承，先后作出了建设“业兴、家富、人和、村美”的幸福美丽新村的决策，实施了幸福美丽新村建设“五大行动”，实现了升级四川新农村建设的幸福美丽新村建设。

二、主要措施

2014年四川省委、省政府专门出台了《四川省幸福美丽新村建设行动方案(2014—2020年)》，方案指出：当前和今后一个时期，四川幸福美丽新村建设的重要抓手，是扶贫解困、产业提升、旧村改造、环境整治和文化传承“五大行动”。

(一)扶贫解困

扶贫解困行动，把扶贫解困作为首要任务，把解决贫困群众住房作为重大民生工程，全面推进连片特困地区新村建设，结合精准扶贫，分类推进彝家新寨、藏区新居、巴山新居和乌蒙新村建设，优先解决贫困群众的住房问题，全力以赴帮助贫困群众奔小康致富，确保不丢下一户一人。推进农村廉租房建设，分期分批解决农村无房户、危房户、住房困难户的基本住房问题。目前四川省的贫困人口主要集中在秦巴山、乌蒙山、高原藏区和大小凉山四个地区，扶贫解困是四川幸福美丽新村建设的首要任务。因此，四川的扶贫解困行动以上述四个贫困人口集中区为主战场，攻坚破难，分类推进彝家新寨、藏区新居、巴山新居、乌蒙新村“四大新村”建设，统筹实施农村危房改造，创新探索农村廉租房建设。

（二）产业提升

产业提升行动在于调整优化农村产业结构，创新农业经营体系，发展规模经营，推进农业专业化、集约化、社会化、信息化、品牌化、多功能化，延伸产业链、价值链，加快传统农业向现代农业跨越，不断夯实新村建设的产业支撑。四川省在成都平原和安宁河谷地区率先推进实施农业现代化，将建设“千斤粮万元钱”粮经复合型产业基地、推动现代农业基地景区化建设等作为重点。

（三）旧村改造

旧村改造作为幸福美丽新村建设的成败之举。四川省的旧村改造行动注重农村基础设施建设、公共服务体系配套、农房的内部改造及功能完善，同时注重整体把握新建、改造和保护的关系，从实际出发，宜建则建、宜改则改，整体提升村庄建设水平。幸福美丽新村建设以基础设施建设、公共服务设施完善、农房改造新建和传统村庄院落民居保护修复为重点，以行政村为单位，推进基础设施进村入户，加快推进“1+6”村级公共服务体系建设，坚持一户一宅和建新拆旧，实施旧院落“三建四改”，加快改造旧村落。

（四）环境整治

环境整治行动贯穿生态文明的理念，从治理脏乱差入手，与城市环境整治相结合，突出院落环境整治、农业面源污染治理和河渠沟塘治理，营造优美的乡村环境，改善农村生产生活条件。加强农村生态文明建设，加快改善农村人居环境。四川省创建一批“美丽乡村”示范村庄、国家级和省级生态文明乡村。幸福美丽新村建设中的环境整治行动就是要以绿化、净化、美化为追求，由治理脏乱差入手，加快改善农村人居环境，建设农村生态文明，提高农村居民生活质量。包括治理农业面源污染，梳理沟渠堰塘，搞好院落整治，建设“微田园”，搞好农村生态细胞创建①。

（五）文化传承

文化传承行动旨在挖掘传统文化底蕴，把耕读文明的元素、符号和故事融入幸福美丽新村建设的各个方面、各个环节，包括传统村落民居保护、文化院坝建设等，为新村注入灵魂，建设“记得住乡愁”的新农村。四川省的文化传承建设将开展传统村庄院落民居甄别鉴定，按“一村一策、一户一策”保护修缮，开展非遗传承活动，打造一批传统文化村落。

三、发展成就

2016 年，四川全省完成幸福美丽新村建设 6700 余个，超出目标任务的 11.67%，惠及农民群众 215.07 万户。四川全省累计建成幸福美丽新村 16282 个，占行政村总数的 35.13%，共惠及农民群众 460.29 万户，占农户总数的 22.12%。

产业发展上，幸福美丽新村以特色产业为支撑，截至 2016 年，省级新农村示范片产业化经营组织带动面达到 86%以上，示范新村的农民人均纯收入比全省平均高出 2000 多元，带动了全省农村居民人均可支配收入保持高于城镇居民 2 个百分点。

增加基础设施建设，交通、能源、通信、环保等基础设施同步推进，普遍建起了集便民服务、农民培训、文化体育、卫生计生、综治调解、农家购物于一体的“1+6”村级公共服务中心，上学、就医、出行等困难得到有效解决。不少新农村综合体、聚居点组团式发展，正逐渐发展为独具特色的小城镇，缩小

① 戴璐岭：《四川幸福美丽新村建设五大行动详解　尊重农民意愿最关键》，四川新闻网 2015 年 5 月 28 日。

了城乡差距。

城乡环境综合整治收到了明显成效，四川省在新村普遍建立起“户分类、村收集、镇转运、县处理”的垃圾治理新模式，成为全国首个接受国家农村生活垃圾治理验收合格的省份。农村面源污染治理全面加强，开展病虫害统防统治和绿色防控，大力发展循环农业、休闲农业。加强农村污水处理，不少新村还建立起了几十万元一个的污水处理站，新村厕所全部实现了改建。全省幸福美丽新村就是一个个生态家园，一个个“生态细胞”，全省森林覆盖率已经达到36%，长江上游生态屏障更加牢固，四川正从绿色资源大省向绿色经济强省转变。

2017年5月，立足于幸福美丽新村建设的现状，四川省委、省政府印发了《四川省幸福美丽新村建设总体规划（2017—2020年）》。规划指出，到2020年，全面完成现有存量农村危房改造任务，改造、新建、保护等形式的新村建设覆盖全省所有行政村，贫困村全部退出，全省普遍建成市级或县级“四好村”，60%以上行政村建成省级“四好村”，建成幸福美丽新村3万个，力争突破3.5万个，占全省行政村的80%左右，全省农村基本实现“业兴、家富、人和、村美”建设目标，形成以“小规模、组团式、微田园、生态化”为代表的四川美丽乡村建设模式，树立全国美丽新村建设的成功典范。

四、经验与启示

四川省的美丽新村建设是乡村振兴的典范之一。

第一，坚持乡村振兴建设与新型城镇化融合发展。把统筹城乡兴“三农”的理念贯穿于乡村振兴的建设中，推进城市基础设施建设向乡村延伸，城市基本公共服务向乡村覆盖，城市现代文明向乡村辐射，全面提升城乡发展一体化水平。通过县、镇、村三级联动创建，形成打造美丽县城、美丽小镇、美丽乡村的城乡一体的乡村振兴新体系。积极引导城市的消费、投资、创业转向美丽乡村，开创城乡互联互通、互促共进的乡村振兴建设的新局面。

第二，乡村振兴建设要同社会的发展相协调。坚持经济建设与社会建设协调推进的理念，把和谐社会建设贯彻到乡村振兴的建设中去。把提升农村基本公共服务水平、推进农村社会和谐与公平正义、加强扶贫济困作为乡村振兴建设不可或缺的重要内容，把实现社会和美、乡风醇美作为乡村振兴建设的重要标志，充分发挥新乡贤的作用，培育美丽乡村共建共治共享新机制，扭转农村社会建设长期滞后于经济建设的状况，形成农村社会建设与乡村振兴互促共进的新氛围。

第三，注重文化对于乡村振兴的促进作用。乡村振兴需要内外兼修，要重新认识农业现代化与农民农村的关系，重新认识乡村的价值。同时，完善产业发展机制，把厚重的传统文化资源开发好、配置好、利用好，促进资源优势转变为产业优势。

借/鉴/篇

第十二章

国外乡村振兴的经验与借鉴

农村发展建设问题不是中国特有的问题，它普遍存在于世界各国的发展过程中。我国农村发展建设与其他发达国家有所不同。第一，背景时间不同。发达国家的农村发展建设多起步于20世纪60—70年代，而我国农村进入新时期建设始于2005年十六届五中全会中提出的“社会主义新农村”，两者存在时间差。第二，面临的环境不同。国外农村建设多是弊病积累、百废待兴，而我国则是在新时期的振兴。因此我国乡村振兴战略实施既需学习国外农村建设的经验，又不能简单跟风模仿国外的乡村建设，而应该结合自身特色与国情走具有中国特色的乡村振兴之路。

在对国外乡村发展的建设经验借鉴中，我们选取了欧洲具有代表性的德国、法国、荷兰以及亚洲的韩国和日本两个不同区位的国家，了解国外农村发展的背景，并从产业、农民、金融、政策、环境等多个方面分析不同国家农村发展的侧重和成效，为我国的乡村振兴战略实施提供相应的经验借鉴。

第一节　德国“村庄更新”

德国的乡村拥有优美的自然和文化景观，但在服务设施和经济动力方面，相较城市处于弱势。为了给乡村地区提供充分的公共服务及交通基础设施，保证地方竞争力，德国的州及地区政府通过区域规划来保证城乡间的平衡。

德国的区域规划多遵从地理学家瓦尔特·克里斯塔勒的中心地理论模型。这种空间模型关心的是塑造一种整体性的区域网络，注重低级别城镇和乡村地区的配套和发展。城市周边的乡镇通过良好的区域交通联系，能共享中心城市的经济动力和区域服务设施。

一、发展背景

在德国的发展史上，乡村一直扮演着重要的角色。在19世纪60年代，德国处于工业化早期，一些如煤炭、钢铁、化工、汽车等新型工业在乡村出现，德国乡村以农业为主的原始状态受到冲击。二战结束后，德国百业待兴，德国乡村拥有廉价的劳动力、土地资源，加之国家建设政策和财政补贴政策的支持，大量工业建设在乡村如雨后春笋般涌现，使乡村地区承受了更多的工业生产开发，原有的风貌受到更大程度的破坏。

20世纪70年代初，德国工业化给城市带来严重的环境问题，城市居民环保意识觉醒，受乡村地区优质空气和优美环境吸引，开始迁往乡村生活。这一时期乡村地区建筑密度增大、交通杂乱拥挤、土地开发过度，乡村失去原有的特色和魅力。1976年德国政府重新修改《农地整理法》，重点保护和塑造乡村特色形象。

20 世纪 80 年代，世界可持续发展理念的提出，使德国乡村更新实践中更多考虑到更有利于乡村可持续发展的生态环境、文化传统、旅游风貌等资源的价值，被提到与经济开发同等高度。联邦政府提出村庄发展要与整个乡村地区发展相结合，倡导乡村居民积极参与乡村的可持续建设。

20 世纪 90 年代之后，欧盟提出欧洲区域整体发展政策及其相关农业政策，为了与之相适应，德国政府综合考虑，将乡村更新规划与欧洲区域整体发展相适应，构建乡村地区在区域内部的新角色，德国的乡村发展进入崭新的篇章。

二、主要措施

（一）坚持城乡平衡发展

德国在编制城乡空间发展规划体系构建构成中，秉持城乡平衡发展理念，倡导居民无论在城市还是在农村居住，都应当享有同等的生活交通条件、就业机会，和保护环境的责任。规划编制注重缩小城乡社会经济发展和生态基础设施方面的差距，并在正确认识城市与乡村差异性基础上，提出城乡等值化规划理念，即城乡生活质量等值，但空间发展与建设模式存在差异，却又各方面高度关联。在城乡平衡发展中，重视连接城市和乡村的道路设施建设。20 世纪 90 年代之后将村落社区内的基础设施建设与整个乡村地区相连接，逐步建设村庄内部的供水、排水、供暖、雨水处理、垃圾处理等设施，真正做到了城乡平衡。

（二）构筑完善法律法规体系

德国十分重视法律法规的统一性和完整性，尤其重视不同层级系统的衔接。首先联邦政府制定全国乡村更新的法律法规，形成全国性的引导；其次联邦各州在此基础上制定相关的州域规划及其他法规；再次州内区域政府在州规划的基础上完成各个区域的相关规划法规的制定；最后，地方乡村政府对联邦政府和州政府的相关法律应执行遵守和配合，同时地方乡村政府有制定符合本地方的详细相关法规的权利。各州地方政府在实施村庄更新的过程中，依照联邦政府颁布的相关法律体系，制定有利乡村发展的地方乡村规划，修订出州内乡村更新的秩序，如调整地块分布、改善基础设施、调整产业结构、保护传统文明、整修传统民俗、保护和维修古旧村落等。之后州内各个村庄在进行更新过程中基本按照此秩序来统筹规划。

（三）实行平行管理制度

德国有效的平行管理制度主要体现在规划体制和行政体制两方面。规划体制方面，乡村地区的建设规划有着与城市平行的建设管理系统，乡村地区的建设问题作为独立存在的个体，不受城市地区建设的管制；在行政体制方面，德国不存在类似于中国地级市（县）管辖乡（村）的行政管理层级，其乡村政府与城市政府之间是平行关系而非上下级的垂直关系，行使职权相互独立。基于这种相对平等的规划体制和行政体制，使德国乡村规划可有效实施。

（四）强调全程公众参与

公众参与在乡村更新项目过程中占有重要地位。根据联邦建筑法典，公民在乡村规划实践过程中有权参与整个过程，并提出自己的建议和利益要求。在这个过程中，乡村政府通过举办议会投票、设计讲座、公众集会、媒体宣传、建立网站等方式，将有关信息及时传递给村民，征求村民意见。村镇的更新建设中，规划方案要反复与居民讨论多次，吸收居民的建议反馈，最后由专职人员对意见进行归类和评判，融入建设方案。

（五）坚持传统和现代并重

20世纪70年代中期起，村镇的更新建设开始注重生活质量和景观风貌，经历了战后的大拆大建后，德国开始把历史核心区作为一个城市或村镇的重要文化财富，尽力保留，并对保留下来的文化财富进行现代化更新，尽量融入现代的技术和生活方式。村镇建设倾向于内向式发展，尽量减少不必要的扩张，在现有建设范围内寻找发展更新的潜力，同时也更注重生态和历史风貌的保护。通过有机更新的方式发展，进行一种局部持续的改良，辅以适当的扩张，村镇的历史风貌得到了延续。

三、主要成效

德国的乡村更新战略，使得德国最有魅力之处不是城市，而是兼有古朴宁静、安乡守土的田园风光和完善便利的基础设施与公共服务的乡村地区。德国的乡村更是回归自然的一个过程，一系列的乡村更新办法保护了德国农村优良的自然环境；平行等价的城乡发展观有效地缩小了城乡差距；供暖、集水、排水等生态环保的资源充分利用提高了农民生活水平；基础设施的完善不仅方便了农民的生活，也推动了农村的发展；对传统文化的保留和发展形成了各具特色的德国农村面貌；产业的优化升级增加了农民收入，推动了经济发展。

四、经验与启示

德国的“村庄更新”是城乡融合发展，农村宜居、宜业的典范，对我国乡村振兴的实施有着重要的借鉴意义。

第一，坚持融合城乡发展，推动城乡一体化建设。城市应作为推动乡村发展的重要力量，通过建立城乡之间互利合作模式，开拓农村市场，形成城市带动效应，实现促进和繁荣农村的目的。德国的乡村建设实践中，城乡的一体化发展不仅为农村带来公共基础设施的建设，而且实现了工业、农业、商业三大产业的真正联合，极大地推动了农业发展和农村建设；与此同时，城乡的融合发展为农村创造更多的就业岗位，防止人口流失，推动农村的现代化发展；在推动乡村发展过程中，城乡一体化建设是乡村振兴的必由之路。

第二，坚持保护性发展，彰显当地文化特色。“一方水土养一方人”，体现当地历史、风俗、宗教特点的文化是其他文化不能代替的。德国实践告诉我们，乡村振兴不能“千村一面”，保护村庄传统文化才能塑造村庄特色。要注重明确需要保护的乡村文化载体，保持部分原生态聚落，必要时候可对有重要历史价值的村庄制定特殊的规划政策，并围绕村落传统布局模式的保留来推进村庄的改建和拆建工作，杜绝大拆大建。在新的建设和扩张中融合当地建筑特色文化及理念，以保持特色文化和风貌的整体性和延续性，把村庄建设成自然环境优美、建筑形态别致和历史文化犹存的特色村庄。

第三，坚持广泛征求意见，提升民众的获得感。结合德国的乡村建设经验，我国乡村振兴过程中应广开言路，村庄布点和建设方案应多次征求基层镇村的意见，尽量保证规划方案与细节能符合大多数村民的意愿，提升当地民众对自己“家”的幸福感和归属感。

第二节　法国“农村改革”

法国的农村改革，是符合发展型模式的典型。该模式指以满足农村现代化需求为核心，通过农村建设的集中化、专业化及大型化方式推动乡村综合发展。法国发展中，政治、经济、文化、社会生活等诸多方面与中国有着极为相似的特征，其乡村发展的过程对中国建设社会主义新农村，推动乡村振兴有着重要的参考意义。

一、发展背景

二战结束前，法国农业人口接近国家总人口半数，主要农产品不能自给。二战后法国城市化进程加快，工业很快跻身发达国家之列；但与此同时，大量农村居民外迁，农村“空心化”、人口“老龄化”、城乡人口失衡等问题显现，乡村呈现严重危机，法国尝试通过各种政策干预来破解乡村发展瓶颈。20世纪50年代法国农业开始迅猛发展，20世纪70年代法国乡村逐步摆脱了贫困，走向了复兴。

二、主要措施

二战后，法国推行的以工补农政策，帮助法国实现了农业现代化，其主要的措施和政策主张如下。

（一）推动一体化农业

一体化农业就是在生产专业化基础上，通过市场和政府，利用现代科学技术和现代企业方式，把农业与同农业相关的工业、商业、运输、信贷等部门结合起来，组成利益共同体，使各项产业之间相互依存，协调发展。法国发展一体化农业可概括为三种类型：第一种是互相控股型，指由工业、商业、金融和农业企业互相控制股份组成企业，使每一个参与个体通过科学劳动分工获取经济利益，使生产更加合理化与现代化；第二种是垂直合同型，这是一种通过合同把与农业有关的行业组织起来形成综合体的形式，也称为垂直的不完全一体化。这种类型在法国的比例最大，多是专业化大农场与上述控股公司签订相关项目合同，把生产、交换和分配过程联成一体，能有效提高社会性劳动生产率，促进农业生产的专业化，加快农业技术现代化进程；第三种是合作社型，以形式多样的合作社形式体现，如购销合作社、农产品加工合作社、服务合作社、农业生产合作社，以及制造生产资料的农业合作企业等，该类型能够为法国农业的发展提供资金、技术和销售方面的服务和支持。

（二）开展“领土整治”

20世纪50年代中期，法国政府以“均衡化”为目标，强化对经济状况不利的落后地区的经济干预，开展了大规模的“领土整治”，达到推进装备落后农业地区经济发展的目的。一是成立了领土整治的领导和管理专门机构。二是将全国省份重新整合为若干个领土整治规划行动区，并制定《国土整治令》《领土整治与发展指导法》《领土整治与可持续发展指导法》等系列法律。三是成立了多项专项基金用于农村发展，如在农村开辟“新工业区”，设立“地区发展奖金”和“农村特别救济金”，鼓励企业到农村地区建厂；从富裕地区抽调资金成立地区“平衡基金”，用于落后地区经济发展的资金支持；设立“手工业企业装备奖金”，用于鼓励在农村、乡镇级新兴城市附近发展手工业；对农民购买畜牧现代机械、资金、技术等也给予奖励和补助。

（三）发展生态农业

20世纪80年代，法国将“生态农业”写入法国法律；出台专项生态农业法律和长期发展规划，还制订完善了20余个生态农业技术指标。另外法国设立了生态农业未来发展基金，并完善免费汽车露营地等配套设施，发展参与式、体验式旅游，法国生态农业和生态旅游都得到蓬勃发展。

三、主要成就

法国经过一系列农村改革，农村各方面呈现蓬勃发展势头。

农村人口方面，根据法国国家统计局INSEE的数据，法国乡村人口总量在经历了半个多世纪的衰退和停滞后，于1990年出现了回升。1990—1999年，乡村地区居民年均增量达到7900人；1999—2007年，这一数量达到75100人，是1990—1999年年均增量的十倍左右。人口的持续增长意味着乡村吸引力的提高，是乡村复兴的重要标志之一。人口的回流很大程度上是基于乡村功能与文化的双重复兴，两者相辅相成，共同构成了与城市互补互利的法国现代化乡村的基本特征。

乡村就业方面，目前法国乡村的产业结构呈现出农业、对环境压力小的工业以及服务业相结合的特点。1990年以来，法国郊区就业岗位数量增加了16%，高于3.5%的全国水平。即便在远郊乡村，就业岗位数量也增加了接近1%，如果除去农业就业岗位数量的萎缩，这一增长率为8%。换言之，乡村其他就业岗位的增加抵消了农业就业岗位的削减。

生态农业迅速发展。法国自然条件优越，可耕地面积约占国土面积的一半，构成乡村典型的地理风貌。依托酿酒、水果、奶制品等高附加值农产品的生产和开发，法国农业增加值居欧洲之首。但从就业人数来看，农业已不再是乡村地区的支柱性产业。1995年开始，生态农业迅速崛起，成为法国农业发展的新方向。2007—2013年，法国生态农业面积增长了90%，占全国农业耕作面积的4%。这一转变对乡村经济发展起到了多方面的积极影响。首先，生态农业的从业人员相对于传统农业呈现出年轻化的特点，有效地缓解了部分乡村地区老龄化的趋势。其次，生态农业的高附加值改善了部分乡村的经济水平和农民收入。生态农业衍生出的一系列体验式的乡村休闲活动，如农场采摘、生态牧场参观、农产品就地销售等，有效地推动了乡村产业多元化发展。最后，生态农业和传统农业相比，遵循生态学规律，减少化肥和农药使用量，有利于土地的可持续利用。

四、经验与启示

一是明确政府在乡村振兴中的主导地位。法国的乡村改革经济告诉我们，政府在乡村建设中应发挥主导作用，尤其我国乡村处于弱势地位，乡村振兴中更需要各级政府加大行政推动力，做好宏观引导和综合保障，全面推动农业农村现代化建设。一方面要制定法律法规，对乡村振兴进行顶层设计和宏观把控；另一方面加大财政支持，加大转移支付力度，成立专项基金，发展农业产业，均衡部门和地区发展，推动农业有序健康发展。

二是鼓励工业反哺农业，促进部门协同合作。法国的乡村改革体现的是在国家整体法律和规划政策引导下，加强各部门协同合作，整合各部门优势资源，共同推动、反哺乡村和农业的发展。我国乡村振兴实施中可借鉴法国经验，建立各部门完善的合作机制，构筑互惠互利的利益共同体，积极借助其他部门和机构提供资金和技术指导带动农业建设，推动农业现代化发展。

三是加大产业融合力度。法国经验告诉我们，产业发展是乡村振兴的重点和难点，产业融合是促进农业产业发展的重要手段和必由之路；要进一步强化农业的基础地位，并在发展特色产业和特色品牌的基础上，效仿法国做法，发展一体化农业，扩大农业产业群，加快一二三产业融合，延长农业全产业链，有效支撑乡村振兴发展。

第三节 日本“农村振兴运动”

日本的“农村振兴运动”始于20世纪70年代末，在日本也被称作“造村运动”。“造村运动”的出发点，是以振兴产业为手段，促进地方经济的发展，振兴逐渐衰败的农村。随着“造村运动”的不断发展，其范围扩展到整个生活层面，包括景观与环境的改善、历史建筑的保存、基础设施的建设、健康与福利事业的发展等领域。

一、发展背景

农村人口流失严重。二战后，日本经济遭受沉重打击，城市受损严重，日本政府重视城市建设，把主要的资本集中在东京、大阪、神户等大都市，导致城乡差距日趋加大。从20世纪50年代开始日本农村青壮人口大量外流到城市，农村人口大大减少，农业劳动力大幅下降，农村就业人口中老年人和妇女的比例越来越大。为了防止农村劳动力的进一步减少和城乡人口密度差距的进一步加剧，日本农村自发开展“造村运动”。

经济增长乏力。20世纪70年代的石油危机所引发的世界性经济衰退，也给日本造成了沉痛的打击，工业生产下降，经济增长明显放慢。石油严重影响了经济发展，以往兴建城市的模式开始备受质疑，如何实现经济社会的可持续发展成为政府必须考虑的问题。在当时经济发展乏力的背景下，农村自发展开的“造村运动”却可以在不消耗大量能源和财政支持的前提下实现农村的发展，这成为该项运动兴起后就迅速受到各界推崇和助推的重要原因。

二、主要措施

（一）以"一村一品"为载体，开发农特产品

在日本的振兴运动中最具知名度且影响力扩及全日本乃至亚洲各国的，是由平松守彦于1979年提倡的"一村一品"运动。以大分县为例，大分县地处日本九州岛东部，地形复杂，林地占总面积70%，平原少，这样的自然条件，使大分县具有种类繁多但产量不大的农特产品，具有独特的比较优势。"一村一品"以开发、振兴农特产品为基本目标，狠抓产地建设、名牌培育两大重点环节，因地制宜建立牛、香菇、草莓、水产品等产业基地，形成了特有的农特产品品牌。

（二）以创设合理的融资制度为途径，提供农业低息贷款

农村产业的振兴需要完善的金融体系的支撑，日本的农村金融体系由政策性金融与农协金融组成。农林渔业金融公库是日本农业政策性金融机构，由政府依据《农林渔业金融公库法》于1953年全资设立，负责对土壤改良、造林、林间道路、渔港等生产性基础设施建设提供贷款，以及对维持和稳定农林渔业的经营、改善农林渔业的条件所需资金提供贷款。20世纪70年代中期，日本粮食生产过剩，扶持农产品加工和流通成为农业政策新重点。20世纪90年代初期，日本农产品市场对外开放，公库设立"特定农产品加工资金"，投入资金支持增强本国农产品的竞争能力。

日本农村金融的另一支主力军是农协金融。农协设有信用部，其业务以分散农户为单位，业务范围包括会员的存款、贷款、票据贴现、债务担保和国内汇兑交易等信用业务，农户能以较低利率进行相互融资。日本农协系统的金融机构按行政区域设置分为基层的协同组合、都道府县的信用联合会、中

央的农林中央金库和全国信联协会几个层次。根据《临时利率调整法》规定，基层农协的存款利率可以高于普通银行。另外，农协金融机构遍布农村，因此，农协储蓄吸收了大量农村闲散资金，能够以优惠条件向农户发放贷款，而且一般不需要担保。

（三）以产业融合为契机，推动产业化和城镇化同步发展

20世纪60年代的日本“农村振兴运动”由于照搬西方农村发展模式，成效甚微，20世纪80年代起，日本开始探索适合本国农村的发展模式。日本特别重视传统农业的经营方法和经验，提出了“1.5次产业”融合一二产业，延长产业链，增加附加值的理念。在政府引导和扶持下，县、乡或村根据自身的条件和优势，发展有特色的拳头产品。同时，在农业协同组织的引导下，农民通过联合销售和购买农产品，形成批量买卖，从而在农产品生产资料市场和农产品销售市场取得有利价格，避免中间商的不当价格。由于大量农村劳动力的聚集，农村工厂的所在地便发展成新的城镇，农村城镇化进程也得到了发展，为日本缩小城乡差距起到了重要作用。

（四）以政府调控为手段，提升农业竞争力

日本政府在“造村运动”中对现代农业发展实施较大干预和调控是重要特点，表现在以下两点。一是完善相关法律法规。在农村改革初期，政府制定农业灾害补偿制度、农业协同组合制度以及《农业基本法》等政策和法律，明确农业发展的基本目标，大大提高农业生产力和农民的生活水平。二是加大财政支持。1970—1981年，日本实施第二次农业结构改善事业，农村受惠地区达到1968个，每个地区平均户数是275户，每个地区平均获得6750亿日元。另外政府给予日本农业协同组合大量财力和物力支持，对日本农业和农村发展发挥了不可忽视的作用。

三、主要成效

从总体上看，日本经过20多年的“农村振兴运动”，农村发生了巨大的变化。一是大大消除了城乡差距，由于日本政府注重对农村基础设施的投资，农村拥有的生产生活基础设施完善度与城市没有任何差别。二是有力增加了农民收入，根据日本统计部门的数据，2002年日本农户的收入已经超过城市家庭，户均收入为550万日元，相当于4.4万美元，其中非农收入在农户收入中的比例高达80%。三是为非农产业开拓了农村市场，既实现了农业剩余劳动力的转移，也刺激了农村多样化的消费，推动了日本经济的发展。

四、经验与启示

日本“一村一品”的地域资源再生的“农村振兴运动”带给我们两点启示。

第一，充分发挥合作经济的作用。日本农协由3574个基层农协、47个县经济联合会和1个中央联合会构成。下级农协组成了完备的流通服务网络，覆盖了整个日本农村。他们利用联合的力量，为农民提供及时、周到、高效的服务，成为集农业、农村、农户三类组织三位一体的综合社区组织，99%以上的农户都参加了农协组织。农协组织能够为农户提供农业生产资料，农业新技术的培训和推广，收购产品后统一包装、储存、运销等服务。在其他发达国家农民协会也普遍存在，如市场主导型的法国农协、网络协作型的德国农协、综合多元型的美国农协、集约经营型的荷兰农协以及互助合作型的韩国农协。尽管类型不同，但是农协对于维护农民权益、提高农民收入、促进农业现代化、实现国家与社会的稳定具有重要的作用。在乡村振兴的路上，农协在推动乡村治理中扮演着关键的角色，我国也应该因地制宜组建有我国特色的农村协会，发展合作经济。

第二，完善农村金融机构助推乡村振兴。从日本的乡村建设经验可以发现，健全、完善的农村金融机构在国家乡村治理中扮演着重要的角色，对于吸引农民存款、加大基层公共产品投入、帮助降低农民生产风险、提供村民信贷资金支持等方面都发挥着重要的作用。我国在乡村振兴的建设中要不断完善金融服务和借贷，对农民生产性基础设施建设、维持和稳定农林渔业的经营、改善农林渔业的条件所需资金提供贷款，以增强农产品的竞争能力。与此同时，为规模经营的农户提供农业保险，帮助农民承担风险，不断提升我国农业发展水平。

第四节　韩国“新村运动”

韩国政府于20世纪70年代开始在全国开展“新村运动”，目标是广泛动员广大农民主动创造美好家园，共同建设“安乐窝”。该运动在很短时间里就有了显著成效，“新村运动”也因此逐步演变为自发运动。

一、发展背景

一方面是城乡二元结构明显。20世纪70年代初，韩国城市得益于工业化进程，发展迅速；乡村状况仍然非常落后，生存、生产条件极差，韩国乡村中“住茅草房、点油灯、吃两餐”，是当时韩国农民生活的真实写照。城乡居民的差距明显加大，工农业之间、城乡之间的发展严重失衡。这种状况急需韩国政府大力改善农村落后状况，缩小城乡差距，实现城乡统筹发展、协调发展。在这种情况下，韩国探索实践了“新村运动”，以此破题，以试图在全力发展工业以带动国民经济发展的同时解决农村问题。

另一方面是国民自助意识低下。20 世纪 70 年代恰逢朝鲜战争结束不久，加之连年旱灾和水灾，农作物歉收，当时的韩国国民不仅解决不了温饱问题，国民意识也因此变得颓废、消极和懒散，没有秩序、缺乏信心和动力，陷入绝望的宿命论之中。在这种情况下，韩国以开展“新村运动”为契机，加大政府扶持，鼓励农民“勤勉、自助、合作”，引导农民参加建设项目，在乡村建设中树立和培养爱国敬业精神和自力更生习惯，激发农民的原动力，从而提升国民素质、增强爱国情怀。

二、主要措施

韩国的“新村运动”主要内容是改善环境，增加收入，消除城乡差距，繁荣农村发展，通过在不同时期采取不同的政策，循序渐进，实现逐步提高发展层次的目的。总体来看韩国的 “新村运动”，大体分五个阶段实施。

（一）改善居住环境

第一阶段主要通过推动农村基础设施建设，开展农民的居住环境的整治。1970 年 11 月至 1971 年 7 月，韩国政府在全国 3.5 万个村庄投入资金，用于改善乡村居住环境，主要是拓宽村庄的马路、改良屋顶围墙、改善饮水条件、建设公用洗衣场、架设桥梁和整治溪流等，并坚持每项工程因地制宜，按村民的意愿进行，每项事业尽可能符合全体村民受益和潜力大、投资小、效果好的特点。

（二）加大基础建设和公共服务建设

这一阶段主要是以增加收入为主的全面发展阶段。政府推出增加农、渔民收入计划，支持农村调整农业结构，推广种植业、养殖业良种和先进技术，普及高产水稻新品种“统一稻”，1974 年达到大米自给。与此同时，政府支持乡村动员村民开展较大规模的乡村基本建设事业，像整理耕地、开辟道路、整理河川、开发农业用水等开发项目。这些项目有的是乡村独立完成，有的则是与附近乡村联合进行，以提高投资效果。根据韩国政府部门数据显示，1971—1975 年，全国共架设桥梁 65000 座，每村都修了宽 3.5 米，长 2～4 千米的进村道路。新建自来水管 4440 千米，新建会馆 36000 座。这一阶段，农业连年丰收，农民收入大幅度提高，超过城市居民。

（三）加大特色产业和乡村文化建设

随着“新村运动”推进的深入，城乡差距逐步缩小，政府推进“新村运动”的工作重点转移到鼓励发展畜牧业、特色农业和兴办乡村工厂上，并积极推动农村保险业的发展。另外，为了加大乡村文化建设，政府还为广大农村提供各种建材，支援农村的文化住宅建设和农业开发区建设。1980 年韩国农村企业达 384 个，1986 年增加到 790 个，推动“新村运动”向纵深发展。

（四）营造国民自发行动氛围

这阶段韩国政府大幅度调整了有关“新村运动”的政策措施，助推运动从政府主导的“下乡式运动”转变为民间自发，并更加注重活动内涵、发展规律和社会实效的群众活动。政府建立和完善了全国性“新村运动”的民间组织，设立了“新乡村庄建设中央会”，下设“新乡村庄指导者（男性）、新乡村庄妇女会、新乡村庄读书委员会、工厂中央委员会、新乡村庄金库联合会”5 个会员团体。设立了中央新村运动研修院。培训和信息宣传工作改由民间组织来承担。政府通过制定规划、协调服务，以及提供财政、物质、技术支持和服务等手段，推动农业结构调整和多种经营的完善，进一步提升农民收入水平等。

（五）加强思想意识建设

随着韩国经济的快速发展，一派繁荣气象自城市开始逐步向农村地区扩散，“新村运动”也带有明显的社区文明建设与经济开发特征。政府倡导全体公民自觉抵制各种社会不良现象，并致力于开展国民伦理道德建设、共同体意识教育和民主法制教育。“新村运动”转为国民自我发展阶段以后，运动初期为推动运动开展，启动农村经济、文化活动而设立的政府机构、活动内容和形式逐步弱化，而具有客观生存与发展规律，有助于农村经济、文化发展的机构、活动内容和形式比较活跃，如农业科技推广培训组织，农村教育机构、农协、农村综合开发、农村经济研究等组织机构应运而生，并在不断优化其结构中传递着“新村运动”的精神和理念，推动“新村运动”迈向了“变化、挑战、创造”的更高发展阶段。

三、发展成就

韩国经过几十年的努力，实现了城乡的经济差距偏小，基本摆脱贫穷与落后，跨进中等发达国家的行列。而“新村运动”对韩国经济快速发展和推动社会和谐发展发挥了重要作用。

一是改善了农村生产生活环境。20 世纪 70 年代初，农民生产生活条件很艰苦。到 20 世纪 70 年代末，农民生活条件极大改善，全国基本实现了村村通车，全国所有的农民都住进了瓦片或铁皮屋顶的房子，饮水条件、卫生条件和农村环境得到明显改善。到 20 世纪 90 年代，全国实现了电气化，农村面貌焕然一新。

二是促进了农村经济发展。通过一系列项目建设和开发，带动了农产品加工业发展，健全了农村流通体系，也带动了农户收入增加。随着经济发展，农协银行等金融机构不断壮大，农业生产贷款也不断增多，农村金融信贷业不断活跃。

三是带动了农民收入增加。据统计，1970—1980年，农户的平均收入由26万韩元增加到270万韩元，增长了9.4倍。到1980年，农村居民的收入已达到城市居民的95.8%，保持了社会稳定。

四是改变了农民精神面貌。在运动开展过程中，鼓励农民自觉参加各类项目建设，参与规划、讨论和民主决策，在精神上得到启蒙，激发了自主建设家乡的积极性，培养了自立自强精神和开拓进取意识，为经济发展和社会进步积累深厚的动能。

四、经验与启示

韩国乡村建设带给我们两点启示。

第一，必须坚持自力更生不动摇，强化农民主体地位。韩国农业农村经济的跨越发展，与农民自发、自立、自强息息相关，正是这种力量促进了农村生产力发展，改变了命运。因此，推进我国的乡村振兴战略，首先必须依靠宣传、机制、政策的力量唤醒农民、启发农民、感召农民、激励农民，大力培育农民自力更生的精神，充分调动起广大农民自己动手、建设家园、美化家园的主观能动性，形成新农村建设的内在动力。要健全党组织领导的充满活力的村民自治机制，乡村重大建设项目要让农民自己议、自己定、自己干，实施过程和结果要接受村民监督，使农民真正享有知情权、参与权、管理权、监督权，使农民真正成为社会主义新农村的参与者、推动者，成为建设新农村、管理新农村的主人。

第二，必须坚持教育培训不动摇，着力提升农民素质。韩国“新村运动”改造农民精神面貌，追求“软利益”的做法非常值得学习。我国推进乡村振兴的同时，更应该重视软件建设。一是要加强农村思想道德文化建设，加大对农村教育、文化、卫生事业发展的投入，加强公共文化设施建设，加快农村文化事业发展，加强农村普法宣传教育，推进农村思想道德建设，为新农村建设提供不竭的精神动力。二是要合理调整教育结构，大力发展农村职业教育、成人教育和现代远程教育，着重抓好农民实用技术培训、农村劳动力转移培训和基层农技服务人员知识更新培训，进一步提高农民的科学文化素质和劳动就业本领，提高农民适应工业化、城镇化和农业现代化的能力。

第五节　荷兰“农地整理”

在农村发展中的农地整理，是指在一定区域内，按照土地利用总体规划的要求，结合土地利用现状，采取行政、经济、工程、技术、法律等手段，通过调整土地利用结构，重新分配土地资源，达到协调人地关系、提高土地利用率和产出率、改善和保护生态环境、促进土地资源可持续利用与实现社会经济可持续发展目标的过程。在此以荷兰的“农地整理”为例，介绍荷兰“农地整理”中乡村的发展。

一、发展背景

荷兰两面临海、人多地少的现实，使荷兰对土地的需求强烈而迫切。20世纪初，为更好地开展农业机械化生产，荷兰开始大规模进行“农地整理”。二战后“农地整理”被当作解决就业的手段。20世纪70年代后，“农地整理”开始更多地关注农业项目中农业、景观、资源保护及休闲娱乐间的关系。

二、主要措施

（一）构建完善的法律体系

在荷兰进行“农地整理”的过程中，“农地整理”的功能越来越多元化，为了保证“农地整理”的高效和规范，荷兰于 1924 年颁布首部《土地整理法》。伴随着“农地整理”的目的由单一的促进农业生产发展，逐渐演变为更深层次、复杂的综合“农地整理”，荷兰《土地整理法》也不断地修订。在修订过程中，不断丰富土地综合整理的内容，1954 年第三部《土地整理法》明确规定景观规划应是土地整理规划的一部分。从 20 世纪 80 年代农业与渔业部颁布《乡村发展的布局安排》开始，陆续颁发《户外娱乐法》《自然和景观保护法》《土地开发法》等，这些成为荷兰乡村发展的主要法律体系，政府在乡村治理中的各项职责和乡村发展的基本策略得以明确，农业发展不再是“农地整理”的唯一内容，土地景观和生态平衡等逐步上升为“农地整理”的重要内容。另外还制定了 “土地购买资源分配”方案，对一些土地资源先期有偿征用或购买，“农地整理”后再行分配。有了完善的法律作保证，荷兰进行“农地整理”过程更加顺畅，规划也更加科学，整理的结果更受公众认同。

（二）制订多目标的土地发展计划

为实现“农地整理”与景观美化的目标，荷兰将“农地整理”、复垦与水资源管理等进行统一规划和整治，以提高农地利用效率。荷兰的“农地整理”分为三个部分：土地、宅基地和生态建设。针对土地的整合，统筹制定了农业、自然、河流、历史文化、户外娱乐、公路机场、管道运输等的整理办法。针对房屋（宅基地）的“农地整理”，包括城市周边的休闲用地，通过专业的规划团队和园林景观设计团队提供规划和指导意见，绘制项目图，确保每块宅基地都能得到合理有效利用。生态建设过程中，制定保护生态多样性的土地景观规划，1991 年，荷兰进行了全国的生态区规划。共有 15 万公顷自然生态景观用地，占农地总量的 10%。这些景观都是模拟自然生态设计的，包括水量规划、动物迁徙通道、廊道、历史建筑的保存等。这些都需要依靠“农地整理”来完成。

（三）推行“农户参与式‘农地整理’”

荷兰制定推行了“快速重新分配法”，因为对一些小块土地的“小农”而言，他们对自己的区域非常了解，可以自行解决许多事情，“农地整理”中必须借助这个力量。荷兰政府只充当一个推进者角色，更多通过农户自己的智慧解决，让农户和社区自愿加入进来，允许参与者在“农地整理”中实现自己的目标。当项目实施和农户的目标利益一致时，就会加快项目进度，而且能够节约整理成本。

（四）风景园林设计师参与到“农地整理”过程中

“农地整理”中荷兰坚持乡村的自然价值和景观价值并重。参与“农地整理”的风景园林设计师不仅承担乡村景观布局、绿化设计等传统业务，也参与到基础设施的路线设计布局、区域种植规划、生态网络设计、当地历史纹理的延续中。设计师对基础设施的路线选址与沿途风景进行融合，并在生态网络的规划中，关注当地自然的发展进程，参考景观生态学的设计，兼顾农业发展、户外休闲、生态自然保护区等的利用进行整理布局。

（五）完善“农地整理”机构

荷兰政府在“农地整理”的过程中逐步完善“农地整理”的组织机构，保证机制顺利运行。在 1998 年以后，荷兰各级土地管理机构都成立了相应的“农地整理”中心，而且在具体实施“农地整理”项目的过程中，针对涉及范围广、工期长，须对农村田、水、路、林、村进行全面改造的“农地整理”项目，荷兰政府协调当地财政、农业、林业以及建设部门与“农地整理”机构的关系，进一步建立和完善组织机构，明确各个机构的职权和工作程序，防止相互推诿扯皮，确保各个部门之间有效协调，减少运作环节，提高“农地整理”运作的效率和成效，实现“农地整理”机制的平稳顺畅。

三、主要成就

荷兰的国土面积仅为4万多平方千米，却成为仅次于美国的世界第二大农业出口国，这样的成就和荷兰乡村实行的精简集约型的“农地整理”模式是密切相关的。荷兰政府通过一系列“农地整理”计划，改变了过去单方面只强调农业发展的单一路径，实现了荷兰农村的多目标体系，在推进可持续发展农业、提高自然环境景观质量、合法规划农地利用、推进乡村旅游和服务业发展、改变乡村生活质量、满足地方需求等方面效果十分显著。除此之外，通过更加科学合理地规划和管理，避免和减少了农地利用的碎片化现象，实现了农地经营的规模化和完整性。通过“农地整理”，荷兰实现了乡村环境良好、景观美丽、经济发达、农民生活优越的目标。

四、经验与启示

荷兰的“农地整理”带给我们三点启示。

首先，荷兰的“农地整理”，最具有借鉴意义的就是其相关“农地整理”法律的制定和完善。我国的乡村振兴战略的实施，必须完善法律法规和政策支持，通过法律手段针对土地利用、地区发展、农业发展分别制定一系列法律，有力保障农民的合法权益，促进城乡协调发展。

其次，可通过“农地整理”有效整合乡村资源。在各地乡村振兴建设中，在遇到国土面积不大、乡村资源相对匮乏的地区，可效仿荷兰，通过“农地整理”等手段整合现有农村资源，并在乡村建设与“农地整理”规划中，拓展乡村的发展目标，建设历史保护、自然和娱乐与农业生产并重的多目标体系，更好地发挥地区优势。

最后，要加快建立乡村建设组织、实施和协调机构。受荷兰“农地整理”的启发，要建立乡村振兴的组织和机构，已建立机构的地区应进一步加强和完善机构内部设置，以适应乡村振兴工作的不断深入；另一方面，加强乡村振兴中各相关部门的协调与合作，要明确各单位权责，并指定单位开展各部门利益协调，最终达到乡村振兴建设实施效益最大化的目标。

参考文献

[1] Gretchen C.D.，欧阳志云，郑华，等. 保障自然资本与人类福祉：中国的创新与影响［J］. 生态学报，2013，33 (3)：669-685.

[2] 安志蓉，余吉安. 基于多主体的环境保护长效机制的构建［J］. 江西社会科学，2012，32 (10)：60-64.

[3] 曹莉萍. 市场主体、绩效分配与环境污染第三方治理方式［J］. 改革，2017 (10)：95-104.

[4] 常江，朱冬冬，冯姗. 德国村庄更新及其对我国新农村建设的借鉴意义［J］. 建筑学报，2006 (11)：71-73.

[5] 陈锡文. 从农村改革四十年看乡村振兴战略的提出［J］. 行政管理改革，2018 (04)：4-10.

[6] 陈锡文. 实施乡村振兴战略，推进农业农村现代化［J］. 中国农业大学学报 (社会科学版)，2018，35 (01)：5-12.

[7] 陈锡文. 实现小农户和现代农业发展有机衔接［J］. 中国农村科技，2018 (02)：14.

[8] 陈锡文. 乡村振兴开启“三农”现代化路径［J］. 农村工作通讯，

2018 (03)：56.
[9] 陈锡文. 乡村振兴是关系中国全面发展，并最终建成现代化强国的大事 [J]. 中国农业文摘-农业工程，2018，30 (01)：5-7.
[10] 党浩. 统筹城乡发展视域下美丽乡村建设的浙江实践及启示 [J]. 浙江理工大学学报 (社会科学版)，2018 (2)：31-37.
[11] 丁亮. 湖北省农民收入增长的主要因素分析 [D]. 武汉：华中农业大学，2008.
[12] 费孝通. 乡土重建 [M]. 长沙：岳麓书社，2012.
[13] 冯亮，彭浩. 农村社会发展国际比较与中国借鉴 [J]. 河南社会科学，2018 (02)：14-20.
[14] 傅光明，付博文. 乡村振兴离不开产业兴旺 [N]. 经济日报，2017-11-01 (009).
[15] 葛新权，和龙. 促进我国农村产业融合发展的政策取向 [J]. 经济纵横，2017 (05)：80-85.
[16] 郭朝先，刘艳红，杨晓琰，等. 中国环保产业投融资问题与机制创新 [J]. 中国人口·资源与环境，2015，25 (8)：92-99.
[17] 郭艳军，朱佳佳，伍世代. 新农村建设要重视乡村规划与城市规划的区别 [J]. 乡镇经济，2009，25 (5)：57-61.
[18] 郭永田. 产业兴旺是乡村振兴的基础 [J]. 农村工作通讯，2018 (01)：34.
[19] 韩长赋. 围绕实施乡村振兴战略 深入推动农村创业创新 [J]. 农村工作通讯，2017 (24)：5-7.
[20] 韩俊. 实施乡村振兴战略将从根本上解决“三农”问题 [J]. 农村工作通讯，2018 (02)：50.
[21] 韩立明. 乡村，让生活真美好——对法国乡村形态的调查与思考 [EB/OL] .http: //www.idss.org.cn/page.aspx? id=394&node=29.
[22] 韩庆龄. 规则混乱、共识消解与村庄治理的困境研究 [J]. 南京农业大学学报 (社会科学版)，2016，16 (3)：47-54.

[23] 湖北省人民政府. 湖北省农业发展“十三五”规划纲要[EB/OL]. http://www.hubei.gov.cn/govfile/ezf/201611/t20161125_1032878.shtml.
[24] 黄万华，刘渝. 市场机制在环境保护中的运行机理、条件、发展趋势及评价[J]. 资源开发与市场，2014，30 (1)：70-72+109.
[25] 姜长云. 农业产业化龙头企业在促进农村产业融合中的作用[J]. 农业经济与管理，2017 (02)：5-10.
[26] 孔令刚. 实施乡村振兴战略，推进农业农村现代化[N]. 安徽日报，2017-10-30.
[27] 孔祥智. 产业兴旺是乡村振兴的基础[J]. 农村金融研究，2018 (02)：9-13.
[28] 李春燕. 湖北省文化产业联动的策略探析[J]. 理论月刊，2017 (11)：57-61.
[29] 李殿伟，文桂江. 自然资本、碳排放权与我国的碳交易能力建设[J]. 经济体制改革，2011 (3)：15-19.
[30] 李芬，朱夫静，翟永洪，等. 基于生态保护成本的三江源区生态补偿资金估算[J]. 环境科学研究，2017，30 (1)：91-100.
[31] 李广伟. 农村生态文明建设主体研究[D]. 成都：西华大学，2017.
[32] 李国祥. 实现乡村产业兴旺必须正确认识和处理的若干重大关系[J]. 中州学刊，2018 (01)：32-38.
[33] 李惠茹，刘永亮，杨丽慧. 构建京津冀生态环境一体化协同保护长效机制[J]. 宏观经济管理，2017 (1)：60-63.
[34] 李明烨，王红扬. 论不同类型法国乡村的复兴路径与策略[J]. 乡村规划建设，2017 (01)：79-95.
[35] 李炜，缪翼. 筑梦“三农”开新局——党的十八大以来农业农村经济发展成就综述[J]. 中国农业文摘-农业工程，2017 (6).
[36] 廖蓉，杜官印. 荷兰土地整理对我国土地整理发展的启示[J]. 中国国土资源经济，2004 (09)：25-47.
[37] 林俊霞，曾芳芳. 福建特色现代农业与创意文化融合发展模式研究

[J]. 安徽农学通报，2015，21 (24)：25-27.
[38] 刘冬梅，刘伟. 秦巴山片区科技扶贫中心的选取及相关建议 [J]. 中国软科学，2014 (8)：29-37.
[39] 刘汉泽. 从“吃生态”到“养生态”——保康尧治河村全面小康社会建设观察之三[EB/OL].http://www.bkxww.com/2017/0814/642941.shtml.
[40] 刘汉泽. 富了口袋，还要“富脑袋”——保康尧治河村全面小康社会建设观察之二[EB/OL].http://www.bkxww.com/2017/0814/642940.shtml.
[41] 刘汉泽. 集体经济引领共同富裕——保康尧治河村全面小康社会建设观察之一[EB/OL].http://www.bkxww.com/2017/0814/642939.shtml.
[42] 刘建平，陈文琼. “最后一公里”困境与农民动员——对资源下乡背景下基层治理困境的分析 [J]. 中国行政管理，2016 (2)：57-63.
[43] 刘康. 韩国“新村运动”如何改变农村面貌 [N]. 中国县域经济报，2017-08-10 (003).
[44] 刘雪荣，程水源，张正才. 中部欠发达地区新农村建设中“村容整洁”的发展现状与路径选择——基于湖北省黄冈市十个村的调查 [J]. 生态经济，2009 (9)：163-166.
[45] 陆益龙. 后乡土中国 [M]. 北京：商务印书馆，2017.
[46] 马海韵. 生态文明建设中非营利组织的功能定位——主体体系视角下的分析 [J]. 行政论坛，2014，21 (6)：84-87.
[47] 梅珍生. 加快完善湖北生态省建设激励与约束机制 [J]. 决策与信息，2016 (2)：112-116.
[48] 农民日报评论员. 农民日报三论乡村振兴：建设乡村的钱从哪里来？[J]. 吉林农业，2018 (4)：22-23.
[49] 农民日报评论员. 建立健全城乡融合发展体制机制和政策体系 [N]. 农民日报，2017-11-04.
[50] 潘鲁生. 乡村文化振兴是篇大文章 [N]. 大众日报，2018-03-21 (14).
[51] 彭必源，王凯. 关于增加湖北省农民财产性收入的探讨 [J]. 农业经济，2009 (8)：74-75.

[52] 彭建强. 实施乡村振兴战略，推进农业农村现代化 [N]. 河北日报，2017-12-08.
[53] 曲卫东，斯宾德勒. 德国村庄更新规划对中国的借鉴 [J]. 中国土地科学，2012（03）：91-96.
[54] 沈费伟，刘祖云. 发达国家乡村治理的典型模式与经验借鉴 [J]. 农业经济问题，2016（9）：93-102.
[55] 施维. 将深化农村改革进行到底——党的十八大以来农村改革成就综述 [N]. 农民日报，2017-09-20 (1).
[56] 司林波，聂晓云，孟卫东. 跨域生态环境协同治理困境成因及路径选择 [J]. 生态经济，2018，34 (1)：171-175.
[57] 宋圭武. 贫困的危害性研究 [J]. 甘肃农业，2016（1）：20-21.
[58] 苏力. 送法下乡 [M]. 北京：中国政法大学出版社，2000.
[59] 苏林. 乡村振兴离不开组织振兴 [N]. 中国纪检监察报，2018-03-10.
[60] 谭海燕. 日本农村振兴运动对我国新农村建设的启示 [J]. 安徽农业大学学报 (社会科学版)，2014，23（05）：25-28.
[61] 童俊，王凯. 湖北省工业化和城镇化对农民收入影响的实证研究 [J]. 商业经济研究，2017（12）：126-127.
[62] 万敏，胡锦洲，翟娜娜. 绿网城市理论及其武汉在地实验 [J]. 中国园林，2017，33 (2)：5-13.
[63] 王东明. 以幸福美丽新村建设推动乡村振兴 [J]. 吉林农业，2018 (04)：34-35.
[64] 王乐君，寇广增. 促进农村一二三产业融合发展的若干思考 [J]. 农业经济问题，2017，38 (06)：82-88+3.
[65] 王伟华. 新乡村崛起——“四位一体”美丽乡村建设的湖北实践 [J]. 小城镇建设，2017 (3)：82-87.
[66] 王彦彭. 中部六省生态文明建设的测度与比较 [J]. 企业经济，2015 (9)：92-101.
[67] 王影影. 尹成杰：产业兴旺是乡村振兴的根本前提 [N]. 粮油市场

报，2017-12-12 (B02).
[68] 王钰. 让良好生态成为乡村振兴支撑点（两会聚焦）[N]. 中国绿色时报，2018-03-09 (1).
[69]夏红霞.以组织振兴推动乡村振兴[EB/OL].http://www.qstheory.cn/laigao/2018-04/12/c_1122673570.htm.
[70]“乡村振兴”新思路，详细解析法国乡村振兴经验[EB/OL].http: //blog.sina.com.cn/s/blog_76d50bbf0102x8v2.html.
[71]孝感市文明办.湖北省孝感市实施“三大工程”培育文明乡风[EB/OL].http://www.wenming.cn/syjj/dfcz/hb_1679/201510/t20151026_2931369.shtml.
[72]许健松.福建发展特色现代农业的优势、问题及对策思考[J].福建农林大学学报（哲学社会科学版)，2015，18（3）：26-30.
[73]许玲燕，杜建国，汪文丽.农村水环境治理行动的演化博弈分析[J].中国人口·资源与环境，2017，27（5）：17-26.
[74]严立冬，邓远建，屈志光.绿色农业生态资本积累机制与政策研究[J].中国农业科学，2011，44（5）：1046-1055.
[75]扬·范·瑞能.荷兰的土地整理与农业发展[J].中国土地，2017（5）：43-44.
[76]杨明清.十八大以来推进“三农”发展研究[J].理论学刊，2017（5）：25-33.
[77]姚茂华，黄斌欢.生态乡村建设的理论重构与主体整合——基于波兰尼生态政治的反思[J].吉首大学学报（社会科学版），2014，35（2）：27-32.
[78]叶红玲，胡志喜，赵丹.“五小”示范区，城镇化发展与生态文化理念的融合——看湖北宜都如何创新土地整治建设美丽乡村[J].中国土地，2016（6）：4-8.
[79]叶进，周宏彬.构建新农村生态环境保护长效机制探微[J].农村经济，2009（3）：47-49.

[80] 叶兴庆. 实施好乡村振兴战略的原则与抓手 [J]. 农村工作通讯，2018 (07)：11-13.
[81] 叶兴庆. 新时代中国乡村振兴战略论纲 [J]. 改革，2018 (01)：65-73.
[82] 叶兴庆. 以“制度性供给”振兴乡村 [J]. 农村经营管理，2018 (02)：32.
[83] 叶兴庆. 以改革创新促进乡村振兴 [J]. 农村工作通讯，2018 (02)：50.
[84] 叶兴庆. 振兴乡村，“制度性供给”为何重要 [J]. 农村工作通讯，2018 (03)：56.
[85] 叶云，王芊. “美丽乡村建设”项目“异化”的表现、缘由与修正路径——以湖北M村为例 [J]. 湖北社会科学，2016 (9)：72-78+87.
[86] 张白玲. 自然资本核算的理论与实务研究 [J]. 会计之友（下旬刊），2007 (6)：9-13.
[87] 张英魁，曲翠洁. 当前中国乡村精英社会流动的内在机制分析 [J]. 当代世界与社会主义，2014 (3)：112-115.
[88] 中共中央宣传部. 习近平总书记系列重要讲话读本（2016 年版）[M]. 北京：学习出版社、人民出版社，2016.
[89] 周宏春. 解读中央一号文件：乡村振兴须优先打好脱贫攻坚战 [EB/OL] .http：//f.china.com.cn/2018-02/09/content_50463200.htm.
[90] 周建华，贺正楚. 法国农村改革对我国新农村建设的启示 [J]. 求索，2007 (03)：17-19.
[91] 朱本双，梁鹏. 湖北竹山：环境整治 喜迁新居 [J]. 中国财政，2016 (6)：60.